D1634586

Zu diesem Buch

Dieses Buch widmet sich einem Kapitel der jüngeren Geschichte, das bislang weitgehend unbeachtet blieb: Was geschah nach der Vertreibung der Deutschen? Was genau passierte, als sie in Ostpreußen, in Schlesien, im Sudetenland ihre Häuser und ihre Heimat verlassen hatten? Wie haben sich die russischen Besatzer verhalten, wie haben polnische und tschechische Nachbarn und Neusiedler auf die Vertreibung reagiert? Wie erging es Deutschen, die sich weigerten zu gehen oder die gezwungen wurden, Tschechen oder Polen zu werden? Was denken heute die «Dagebliebenen» über die Vergangenheit?

Die Autoren des Buches stellen drei Orte in den Mittelpunkt – Tollmingkehmen in Ostpreußen, Groß Döbern in Schlesien und Gablonz im Sudetenland – und erzählen die Lebensgeschichten der vertriebenen Deutschen und der dagebliebenen oder neu angesiedelten Russen, Polen und Tschechen. So entsteht ein fesselndes Bild davon, wie schwer es den betroffenen Menschen fiel, im ehemals deutschen Osten Wurzeln zu schlagen – als die Deutschen weg waren.

Die Autoren

Ein siebenköpfiges Team von deutschen, polnischen, russischen und tschechischen Autoren um Ulla Lachauer und den Warschauer Historiker Włodzimierz Borodziej hat dieses Buch verfasst, das bisher unveröffentlichtes Material enthält.

Als die Deutschen weg waren

Was nach der Vertreibung geschah:
Ostpreußen, Schlesien, Sudetenland

Mit Beiträgen von:
Adrian von Arburg, Włodzimierz Borodziej, Jurij
Kostjaschow, Ulla Lachauer, Hans-Dieter Rutsch,
Beate Schlanstein, Christian Schulz

Rowohlt Taschenbuch Verlag

Veröffentlicht im Rowohlt Taschenbuch Verlag,
Reinbek bei Hamburg, Januar 2007
Copyright © 2005 by Rowohlt · Berlin Verlag GmbH, Berlin
Karten im Innenteil Peter Palm, Berlin
Bilder im Innenteil
Picture Alliance: 11, 17, 90, 189, 201, 291
Hans-Dieter Rutsch: 22/23, 27, 28, 32, 34, 41, 44, 50, 53,
62, 71, 76, 82, 94, 107
Ulla Lachauer: 116, 151, 170, 173, 178
Christa Petraskova: 112/113, 120, 127, 137, 154, 159
Bezirksarchiv Jablonec nad Nisou: 135, 210
Christian Schulz: 218/219, 222, 228, 239 u., 242, 247, 271, 279, 281
WDR: 233, 239 o., 251, 259, 267
State Archive of Kaliningrad: 300
Ostsicht: 308
Umschlaggestaltung: ZERO Werbeagentur, München,
nach einem Entwurf von any.way, Hamburg
(Foto: Flüchtlingstreck bei Walternienburg, Elbe, 1945.
Hulton-Deutsch Collection/CORBIS)
Gesamtherstellung Clausen & Bosse, Leck
Printed in Germany
ISBN 13: 978 3 499 62204 5
ISBN 10: 3 499 62204 1

Inhalt

Als die Deutschen weg waren: Ostpreußen

Beate Schlanstein

Neue Wurzeln, alte Wunden

Eine andere Geschichte der Vertreibung

«Als die Deutschen weg waren» erzählt von Flucht und Vertreibung am Ende des Zweiten Weltkrieges. Millionen von Deutschen waren davon betroffen – trotzdem ist es längst nicht nur eine deutsche Geschichte. Damals wurden Menschen aus ganz Europa, der Mitte, dem Osten und Südosten, Opfer einer gigantischen Bevölkerungsverschiebung. Heute, im politisch vereinten Europa, ist dies ein heikles Erbe. Wer daran rührt, riskiert immer noch wütende Proteste oder den Applaus von der falschen Seite.

«Als die Deutschen weg waren» erzählt aus einer ungewöhnlichen Perspektive. Die Schilderung folgt nicht den Trecks und den Güterzügen mit deutschen Vertriebenen Richtung Westen, sondern bleibt dort, wo ihre verlorene Heimat liegt. Die Geschichten dreier Orte machen anschaulich, wie das Leben nach dem erzwungenen Abschied weiterging, welche anderen Opfer es gab und wie man heute mit dieser Vergangenheit umgeht.

Die deutschen Bewohner kannten diese Orte als Groß Döbern in Oberschlesien, Gablonz im Sudetenland und Tollmingkehmen in Ostpreußen. Ähnliche Geschichten könnte man auch von Orten in Pommern oder Westpreußen, im Banat oder in Siebenbürgen erzählen.

Menschen wie Tamara Worobjowa, Leopoldine Kutzera und Christa Petrásková bezeugen durch ihre Lebenswege die unbekannte Seite von Flucht und Vertreibung. Manche von ihnen wurden dort angesiedelt, wo bis zum Ende des Zweiten Weltkrieges Deutschland lag und Deutsche zu Hause waren. Manche begannen ihr Leben als Deutsche und blieben in der Heimat, aber mit einem neuen Pass, neuem Namen und einer neuen Sprache. Ihr Schicksal hat bislang kaum jemand zur Kenntnis genommen.

Die Geschichten von der Vertreibung der deutschen Bevölkerung aus dem Osten enden – wenn sie überhaupt erzählt werden – in der Regel mit der Ankunft im «Westen», in einer der vier Besatzungszonen, aus denen später die Bundesrepublik und die DDR wurden.

Am leichtesten ist es den Betroffenen gefallen, sich an die schönen Seiten der alten Heimat zu erinnern, an die Einzigartigkeit der Landschaft, an die Farben, an den besonderen Geruch und Geschmack vertrauter – und verlorener – Dinge. Karger und meist auch klischeehafter sind die Auskünfte über das Kriegsgeschehen, über die konkreten Umstände von Flucht und Vertreibung, über Schrecken und Traumatisierungen beim erzwungenen Weggang aus der Heimat.

Was danach in dieser Heimat passierte, wer sie besiedelte, was aus den Hinterlassenschaften der Deutschen wurde, das scheint über Jahrzehnte keine Frage gewesen zu sein. Vielleicht, weil die Vertriebenen genug damit zu tun hatten, die Schwierigkeiten der Ankunft und des Einlebens in der neuen Heimat zu bewältigen – vielleicht, weil der Kalte Krieg konkrete Nachforschungen ohnehin unmöglich gemacht hätte.

Auch in all den Ländern, aus denen die Deutschen vertrieben worden waren, war dies kein Thema für die öffentliche Diskussion. Heute allerdings, nach dem Zerfall des Ostblocks, in einem Europa, das sich nach Osten und Südosten immer mehr öffnet, werden die Fragen nach den Folgen der Vertreibung gestellt – nicht nur von Deutschen, sondern auch von der jüngeren Generation in Polen und Tschechien, in Russland, Ungarn und Rumänien.

Im polnischen Dobrzeń Wielki, tschechischen Jablonec und russischen Tschistye Prudy erinnert heute wenig daran, dass diese Orte bis vor sechzig Jahren Groß Döbern, Gablonz und Tollmingkehmen hießen. Und dass sie in Gebieten mit deutschen Namen lagen: Schlesien, Sudetenland, Ostpreußen. Die Menschen, die heute dort leben und denen der Krieg und seine Folgen noch im Gedächtnis sind, sprechen nicht aus freien Stücken darüber. Für Deutsche, Polen, Tschechen und Russen sind es keine guten Erinnerungen, eher Bilder, die man am liebsten auslöschen würde und daher verdrängt hat.

Bei den Dagebliebenen und Neuankömmlingen rufen die Fragen nach diesem Ende des Krieges Emotionen wach, die für sie schwer auszuhalten sind: Schmerz und Demütigung, Scham und Schuldgefühl.

In Tollmingkehmen, Groß Döbern und Gablonz haben die grausamen Verwerfungen des Kriegsendes ihre ganz eigenen Spuren hinterlassen, vor allem im Gedächtnis der Bewohner. Die Lebenswege aller Menschen, die hier lebten und noch leben, wurden damals für immer geknickt und verbogen. Keine einzige Biographie blieb davon unberührt, auch unter den Neuankömmlingen nicht. Sie alle spürten, höchst unfreiwillig, die Auswirkungen der «großen Politik» am eigenen Leib und bis in den privatesten Teil ihres Alltags hinein.

In fernen Hauptstädten wurden die Grenzen auf der europäischen Landkarte neu gezogen, wurden Einflusssphären definiert und ganze Bevölkerungsgruppen wie Spielsteine verschoben. Menschen mussten ihr Haus und ihr Stück Land mit wenig Hab und Gut verlassen, ohne zu wissen, wohin die Reise gehen sollte. Andere durften oder mussten bleiben, aber mit neuer Nationalität und Sprache. Aus Tollmingkehmen sollte das rein russische Tschistye Prudy werden, aus Gablonz das rein tschechische Jablonec, aus Groß Döbern das rein polnische Dobrzeń Wielki. Die Fiktion dahinter waren national homogene Staatsterritorien. Heute nennt man eine solche Politik «ethnische Säuberung».

Diese Idee ist am Ende des Zweiten Weltkrieges brutal wie nie umgesetzt worden. Aber die Vorstellung, ein Nationalstaat brauche eine ethnisch homogene Bevölkerung auf seinem Territorium, mit einer einzigen, für alle verbindlichen Sprache und Kultur, stammt schon aus dem 19. Jahrhundert. Ein brisantes Konzept auf einem Kontinent mit solch einer Vielzahl von Minderheiten, vor allem in Mittel-, Ost- und Südosteuropa. Probleme mit diesen Minderheiten ließen sich – so glaubte man seit Beginn des 20. Jahrhunderts – am besten durch Umsiedlung lösen und verhindern.

Das Konzept wurde nach dem Ersten Weltkrieg mit dem «Austausch» der jeweiligen Minderheiten zwischen Griechenland und der Türkei ausprobiert und galt den Großmächten seitdem als erfolgreiche Politik. Ein fataler Vorschub für die Großmachtpolitik der Nationalsozialisten. Ihre wahnhafte Idee von einem Großreich der germanischen Rasse sah vor, das Staatsterritorium durch Grenzverschiebungen und Eroberungen erheblich zu erweitern, die einheimischen Bevölkerungsgruppen aus den eroberten Gebieten zu vertreiben, zu dezimieren oder auszulöschen und Volksdeutsche vor allem aus Südosteuropa dorthin zu verpflanzen.

Die ersten Schritte, die Annexion Österreichs und die Grenzverschiebung gegenüber der Tschechoslowakei, geschahen noch mit Zustimmung der europäischen Großmächte. Seit September 1939 stand das Vorhaben, Platz zu schaffen für das «Volk ohne Raum», im Kern des deutschen Eroberungs- und Vernichtungskrieges in Ost- und Südosteuropa. Die besetzten Gebiete wurden zu Laboratorien der neuen rassistisch motivierten Bevölkerungspolitik, die mit kalter Bürokratie und nackter Gewalt durchgesetzt wurde. Seit dem deutschen Überfall auf die Sowjetunion bedeuteten «Umsiedlung», «Abtransport» und «Deportation» für die jüdische Bevölkerung das Todesurteil. Die letzte Konsequenz der Eroberungs- und Rassenpolitik war Massenmord und Genozid.

Die Verbrechen, die die deutsche Kriegsführung und Besatzungspolitik im Osten begleiteten, beeinflussten auch die Überlegungen der Anti-Hitler-Allianz, wie Europa nach dem Krieg aus-

Einmarsch der deutschen Wehrmacht in Prag, 15. März 1939.

sehen sollte. Als ein Hauptproblem für eine dauerhafte Friedensordnung betrachtete man die deutschen Minderheiten in allen Teilen Ost- und Südosteuropas. Winston Churchill war schon früh davon überzeugt, dass ein weiteres Zusammenleben von Polen und Deutschen oder Tschechen und Deutschen purer Sprengstoff für die Nachkriegsordnung sei. Deshalb unterstützte er die Forderung der bürgerlichen Exilregierungen Polens und der Tschechoslowakei, ihre jeweiligen deutschen Minderheiten nach Kriegsende auszuweisen. Dazu machte Stalin deutlich, dass er die Grenzen der Sowjetunion als Kompensation für die russischen Kriegsschäden nach Westen verschieben wollte. Ostpolen sollte an die Sowjetunion fallen und Polen dafür mit einem großen Teil des deutschen Reichsgebiets östlich von Oder und Neiße entschädigt werden.

So wurde es Anfang 1945 auf der Konferenz von Jalta beschlossen und wenige Monate später, nach der Kapitulation des Deutschen Reiches, im Potsdamer Abkommen festgeschrieben. Historiker gehen heute davon aus, dass am Kriegsende in Europa rund zwanzig Millionen Menschen von Flucht, Vertreibung, Ausweisung und Umsiedlung betroffen waren, davon etwa zwölf Millionen Deutsche. All diese zwanzig Millionen wurden gezwungen, oder fühlten sich gezwungen, die Heimat zu verlassen und vielfach auch ihr Eigentum zurückzulassen. Wie dieser unfreiwillige Weggang für Polen, Ukrainer, Russen, Tschechen, Slowaken, Deutsche und viele andere aussah, unter welchen Bedingungen er sich abspielte – das war allerdings höchst unterschiedlich, je nach Region und Zeitpunkt. Von diesen Gemeinsamkeiten und Unterschieden erzählen die Geschichten aus Tollmingkehmen / Tschistye Prudy, Groß Döbern / Dobrzeń Wielki und Gablonz / Jablonec. Die Lebenswege ihrer ehemaligen und heutigen Bewohner verraten viel Typisches über die Regionen, in denen diese Orte liegen.

Ostpreußen, Schlesien und das 1938 annektierte Sudetenland gehörten bei Kriegsende zum Territorium des Deutschen Reiches. Vom direkten Kriegsgeschehen blieben alle drei Regionen bis weit ins Jahr 1944 hinein verschont. Schlesien etwa galt als «Reichsluftschutzbunker» – die mitleidigen Gedanken gingen in Richtung Westen, wo Köln und Berlin, die Städte im Ruhrgebiet und in anderen Industriezentren längst von Bomben verwüstet waren. Dass das Deutsche Reich gegen alle Nachbarn Krieg führte, merkte man hier an anderen Dingen. Wie überall im Reich und fast überall im besetzten Europa wurden vor allem Juden aus dem öffentlichen Leben ausgeschlossen, verfolgt und deportiert, die slawischen Nachbarn entrechtet und drangsaliert.

In keinem der drei Orte fanden spektakuläre Ausschreitungen oder gar Verbrechen statt – der Rassenwahn äußerte sich in signifikanten kleineren Aktionen: In Groß Döbern wurde 1938 die polnische Schule geschlossen, weil Polen keinen Zugang zu Bildung mehr haben sollten. In Gablonz entstand für die Produktion von Rüstungsgegenständen ein Zweigwerk von Zeiss, mit angeschlossenem «Fremdarbeiterlager». Im Kirchspiel Tollmingkehmen begann man wie überall in Ostpreußen, die Ortsnamen von «fremden» Wurzeln zu «säubern» und einzudeutschen.

Das Ende der «Deutschenzeit» kam in unterschiedlicher Gestalt, je nach Frontverlauf. Als die Rote Armee im Winter 1944 / 45 mit ihrem Vormarsch begann, blieb der Bevölkerung meist nichts anderes als die spontane Flucht. Tollmingkehmen, das kleine ostpreußische Nest nahe der litauischen Grenze, erwischte es in der Nacht vom 19. auf den 20. Oktober. Buchstäblich das ganze Dorf ergriff die Flucht. Am 21. Januar erreichte die Front das oberschlesische Groß Döbern. Die meisten Bewohner erlebten die schweren Kämpfe zu Hause. Sie hatten sich entweder nicht vorstellen können, in die von Bomben zerstörten westlicheren Teile des Reiches zu fliehen, oder sie fanden den Weg über die Oder abgeschnitten, weil die Wehrmacht auf dem Rückzug die Brücken gesprengt hatte. In Nordböhmen, im Bezirk Gablonz, blieb es bis zum Kriegsende weitgehend ruhig, und die allermeisten Bewohner blieben, wo sie waren. Wie hätten sie auch wissen sollen, dass die Entscheidung, sie auf Dauer aus dem Sudentenland auszuweisen, längst gefallen war?

In Schlesien und im Sudetenland wurden sehr schnell vollendete Tatsachen für eine nationale Wende geschaffen, Polen und Tschechen hatten ein besonderes Interesse daran, in den historisch umkämpften Gebieten dauerhaft ihre Fahne aufzuziehen. Dazu wurde die deutsche Sprache aus der Öffentlichkeit verbannt, vorhandener und zurückgelassener Besitz in großem Stil umverteilt und durch eigenmächtig organisierte Bevölkerungsverschiebungen der Druck auf eine internationale Zustimmung zur Vertreibung der Deutschen erhöht.

Unter dem Vorwand der Bestrafung nationalsozialistischer Täter wurden viele persönliche Rechnungen beglichen, Rache und brutale Willkür waren keine seltenen Erscheinungen – auch das war für die Menschen in Groß Döbern und in Gablonz nur in Nuancen unterschiedlich, nicht im Prinzip.

Die neuen Regierungen in Polen und in der Tschechoslowakei hatten es besonders eilig, «ihre» Deutschen außer Landes zu schaffen. Bis 1947 siedelten sie rund 3,5 Millionen Menschen aus Polen östlich der Oder-Neiße-Grenze und rund 2,5 Millionen Menschen aus der Tschechoslowakei aus. Wie viele Deutsche die Ausweisung nicht überlebten, ist bis heute schwer zu ermitteln. Sicher ist, dass es schrecklich viele waren.

Die Sowjetunion hatte zunächst keinen besonderen Druck, die wenigen in Ostpreußen verbliebenen Deutschen nach Westen auszuweisen. Das Land war im Wesentlichen entvölkert, die Deutschen wurden noch zur Arbeit gebraucht. Erst ab Oktober 1947, als allmählich genügend Neusiedler aus Russland und Weißrussland angekommen waren, wurden die Deutschen Region für Region zusammengefasst und in Güterzügen Richtung Mecklenburg transportiert.

In den von Deutschen «frei geräumten» Siedlungsräumen begannen die nun verantwortlichen Regierungen und Behörden mit Bevölkerungsexperimenten im großen Stil. Jede Region erhielt ihre ganz eigene Mischung aus Dagebliebenen und Neuankömmlingen.

Im oberschlesischen Groß Döbern wurden vor allem Vertriebene aus Ostpolen angesiedelt. Sie trafen in der fremden neuen Heimat auf einige wenige ansässige Polen, auf andere Neusiedler aus zerstörten Ortschaften in Zentralpolen – und auf eine nicht unerhebliche Anzahl von «dagebliebenen» Deutschen.

Im ehemaligen Sudetenland wurden tschechische und slowakische Kleinbauern und Arbeiter mit bescheidenem Wohlstand in die «Grenzgebiete» gelockt, dazu Spezialisten, die aus politischer Überzeugung im neuen nationalen Bollwerk leben wollten. Tschechische ehemalige Konkurrenten der vertriebenen Deutschen erhielten ihre Geschäfte und Fabriken zur Übernahme.

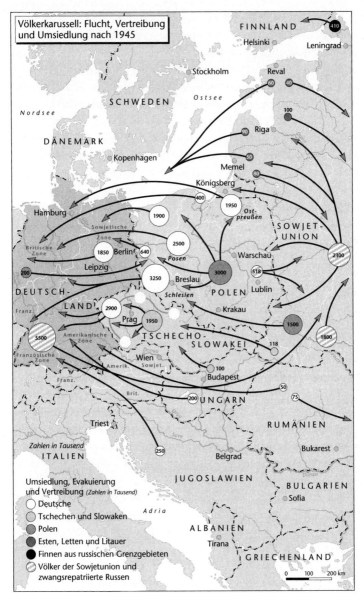

Völkerkarussell: Flucht, Vertreibung und Umsiedlung nach 1945

FINNLAND
410
Helsinki
Leningrad
Stockholm
Reval 60 40
SCHWEDEN
Ostsee
100
Nordsee
Riga 90
DÄNEMARK
50
Kopenhagen
Memel
Königsberg 80
SOWJET-
UNION
Hamburg 400 1950 Ost-
preußen
1900
Sowjetische 2500 Warschau 2300
Zone
Britische 1850 Berlin 640 3000
Zone Leipzig Posen 518
200 3250 Breslau Lublin
DEUTSCH- Schlesien POLEN
Franz. LAND 2900 Krakau
2900 Prag 1950
500 Amerikanische TSCHECHO- 1500 1800
Zone SLOWAKEI 118
Französische Amerik. Wien
Zone Sowjet.
Franz. 100
Budapest
Brit. 50
200 UNGARN 75
Triest
RUMÄNIEN
Zahlen in Tausend 250
ITALIEN Bukarest
Belgrad
JUGOSLAWIEN
Umsiedlung, Evakuierung BULGARIEN
und Vertreibung (Zahlen in Tausend) Sofia
○ Deutsche Adria
○ Tschechen und Slowaken ALBANIEN
● Polen Tirana
● Esten, Letten und Litauer
● Finnen aus russischen Grenzgebieten GRIECHENLAND
◐ Völker der Sowjetunion und 0 100 200 km
zwangsrepatriierte Russen

15

Die Sowjetunion hatte mit ihrem eigenen neuen Siedlungsraum im ehemaligen Ostpreußen besonders ehrgeizige Pläne: Hier sollte ein sozialistisches Musterland entstehen, mit einer sozialistischen Mustergesellschaft. Dazu sollten Menschen aus vielen Teilen der Sowjetunion hierher umsiedeln, mit der Aussicht, im Tausch für das Elend in der völlig zerstörten Heimat ein Haus und ein Stück Land zu erhalten. Vollendet wurde die Umgestaltung der ehemals deutschen Siedlungsgebiete durch eine rigorose Sprachpolitik. Nicht nur die deutschen Menschen mussten weichen, sondern «das Deutsche» schlechthin, vor allem die Sprache und die Kultur. Jetzt gab es nur noch Dobrzeń Wielki, Jablonec und Tschistye Prudy – damit sollten die deutschen Orte mitsamt ihrer Geschichte, ihren Traditionen und ihrer Kultur vollständig dem Vergessen anheim fallen.

Der Furor der Umbenennungen hat in der Rückschau etwas von Exorzismus. Damit einher gingen die Begründungen für die Vertreibung der Deutschen: Es handele sich bei Schlesien um urpolnisches Gebiet, beim Sudetenland um eine urslawische Region und bei Ostpreußen auch um urslawische Erde, «heimgeholt», «wiedergewonnen», «zurückerobert». Vieles davon klingt wie ein getreues Echo auf die propagandistische Begründung für die Germanisierung Osteuropas im Krieg.

Die Lebensgeschichten der Menschen aus Dobrzeń Wielki, Jablonec und Tschistye Prudy lassen erahnen, welche Auswirkungen diese Politik im Alltag hatte. Was Anatolij Schalaev und Felicija Marjowska, Apollonia Celmowska und Christa Petrásková erlebt haben, gilt beispielhaft für Millionen von Menschen, die in Mittel-, Ost- und Südosteuropa ungefragt zu Opfern von Zwangsumsiedlungen geworden sind.

Die einen haben die Vertreibung aus der Heimat erlebt, die anderen, die «Dagebliebenen», die Vertreibung aus der eigenen Sprache und Kultur. Alle berichten vom Gefühl großer Fremdheit, von gegenseitigem Misstrauen und Argwohn, von Verletzungen und Bitterkeit – und von den Anstrengungen, in einem politisch verordneten Zusammenleben eine eigene Identität zu finden.

Für die dagebliebenen Deutschen, die über Jahrzehnte verleugnen mussten, wer sie eigentlich waren, wurde der Preis erst in den sechziger und siebziger Jahren leichter zu tragen. Mit den Ostverträgen entspannte sich auch die politische Situation. Die deutsche Minderheit in der Tschechoslowakei durfte 1968 einen Kulturverband bilden. Die deutsche Minderheit in Oberschlesien existiert offiziell erst wieder seit 1989. Und auch die Menschen im Kaliningrader Gebiet entdecken die deutsche Geschichte Ostpreußens, seitdem nach dem Zusammenbruch der Sowjetunion deutsche «Heimwehtouristen» Kaliningrad bereisen und nach Spuren des 750-jährigen Königsberg suchen.

Über die Flucht und die Vertreibung der Deutschen wird erst seit wenigen Jahren wieder öffentlich geredet. In der alten Bundesrepublik hatte sich seit der Ostpolitik Willy Brandts die Mehrheitsmeinung herausgebildet, der Verlust der deutschen Ostgebiete sei die gerechte Strafe für den von Deutschland angezettelten Krieg

Flucht vor den Truppen der Roten Armee: Ostpreußen, Frühjahr 1945.

und seine unvorstellbaren Verbrechen, und das Klagen über die verlorene Heimat und über die Härten von Flucht und Vertreibung sei allein Sache der Vertriebenenverbände. Die Betroffenen selbst haben ohnehin über viele besonders schreckliche Erlebnisse nie sprechen können.

In der DDR existierte der Tatbestand «Vertreibung» erst gar nicht, nicht einmal das Wort gab es. Schließlich konnte man die neuen sozialistischen Bruderstaaten und allen voran die Sowjetunion unmöglich mit einer solchen Geschichte in Verbindung bringen. Das erforderte von den Betroffenen eine besonders hohe Verdrängungsleistung. Was das gesellschaftlich bedeutete, mag man sich vorstellen, wenn man bedenkt, dass nach einer Statistik von 1950 jeder vierte DDR-Bürger «Umsiedler» war.

Auch in den Nachbarstaaten wurde das Thema strikt beschwiegen. Die deutsche Geschichte ganzer Regionen und die Tradition des Zusammenlebens mit Deutschen in vielen Ländern Mittelosteuropas sollten in Vergessenheit geraten. Vermutlich war vielen Verantwortlichen klar, dass während der Vertreibung Grauenhaftes passiert war, dass vielen Deutschen dabei schlimmes Unrecht angetan worden war und dass die strikte Unterscheidung von Tätern und Opfern in Europa differenziert werden musste. Schließlich hätte man auch über das Schicksal der zwangsumgesiedelten Ostpolen, Tschechen und Slowaken, Russen, Ukrainer und Weißrussen sprechen müssen, die allesamt Opfer des Weltkrieges und Opfer ihrer Regierungen waren.

Erst die Wende in Osteuropa und das Ende des Kalten Krieges haben diese Themen wieder in Reichweite gebracht. Darf man heute als Deutscher darüber reden? Oder ist das unzulässige «neue deutsche Opferlyrik»? Eine Verlängerung der Selbstbespiegelung all derer, die sich, sechzig Jahre nach Kriegsende, am liebsten wieder ausschließlich als Opfer sehen?

Nein, die Beschäftigung mit Flucht und Vertreibung und ihren Folgen überall in Mittel- und Osteuropa erlaubt wichtige Einblicke in eines der dramatischsten Kapitel der Geschichte des 20. Jahrhunderts, wenn man den Rahmen in der Zeit und im Raum richtig setzt: Die Geschichte dieser Vertreibung beginnt 1933, und sie ist eine durch und durch europäische Geschichte.

In diesem Kontext haben die Erlebnisberichte der Zeitzeugen, die so lange verdrängten Leidenserfahrungen der Überlebenden ihren Platz und ihren Sinn. Sie machen nachvollziehbar, wie sich der Einbruch der «großen Geschichte» in den einzelnen Lebensweg anfühlt, sie schärfen die Wahrnehmung für die Konstanten von Gewalt und Willkür ebenso wie für die unterschiedlichen Formen, die Flucht, Vertreibung und Zwangsumsiedlung am Kriegsende annehmen konnten.

Hier geht es nicht um ein Aufrechnen von deutschem Leid gegen anderes Leid oder um die Relativierung der deutschen Verbrechen während des Krieges. Ein verantwortlicher Umgang mit der Geschichte setzt heute auch für einen Deutschen nicht mehr voraus, sich einseitig an der Täter-Rolle festzuklammern. Die steht ohnehin außer Frage. Das Bild kann und muss – solange Zeitzeugen noch erzählen können – differenzierter und vollständiger werden. Wer die Erkenntnisse der Wehrmachtsausstellung im Kopf hat, darf auch Material für ein europäisches Vertreibungszentrum sammeln. Dazu gehören auch die Lebensgeschichten der Menschen aus Groß Döbern, Gablonz und Tollmingkehmen. Die Historikerin und Publizistin Helga Hirsch formuliert es so: «Wer heute nach Auschwitz fährt, muss auf einen Besuch der Heimat seiner Eltern in Schlesien oder Ostpreußen nicht mehr verzichten. Und wer sich der Verantwortung stellt, die aus der Verwicklung seiner Väter oder Großväter in das NS-Regime resultiert, darf sich auch zur Trauer über den Verlust ihrer Heimat bekennen.»

Das Erinnern an deutsche Opfer muss nicht zwangsläufig das Verständnis für die tieferen Ursachen ihres Leids verstellen – solange Perspektive und Kontext das Bild richtig einrahmen. Wichtig ist die klare und unmissverständliche Unterscheidung zwischen individueller, privater Erinnerung und staatlicher, «offizieller» Haltung. Zum Erzählen von deutschen Erlebnis- und Leidensgeschichten gehört zwingend das Bekenntnis zur Unantastbarkeit von Grenzen und Besitzständen in Europa. Wer auch immer im Krieg unter Deutschen gelitten hat, muss darauf vertrauen können, dass die aktuelle Diskussion in die Zukunft gerichtet ist und nicht darauf, die Geschichte nach zwei Generationen wieder zurückzudrehen. Wer nach den Umwälzungen am Kriegsende in der Fremde eine neue Heimat gefunden hat, muss heute sicher sein können, dass die neuen Wurzeln nicht wieder ausgerissen werden.

Das Reden über Flucht und Vertreibung ist immer noch ein Wandern auf dünnem Eis, das regelmäßig Ängste der europäischen Nachbarn hervorruft. Diese Ängste müssen ernst genommen werden, denn mit ihnen lässt sich das Thema Vertreibung immer wieder zum Sprengsatz formen.

Längst haben die Regierungen aller betroffenen Länder versöhnliche Töne angeschlagen, haben die Kirchen ihre Verantwortung für den Dialog entdeckt, haben Intellektuelle und Publizisten, etwa zum sechzigsten Jahrestag des Kriegsendes, Beiträge für eine Auseinandersetzung geleistet, die nach vorne weist. Und doch bleibt der verantwortungslose Umgang mit dem so emotionalen Thema Vertreibung nicht aus. Die Rückforderung von ehemals deutschem Besitz durch die «Preußische Treuhand» hat sofort als Reflex die Ankündigung aus Polen provoziert, nunmehr Wiedergutmachung für die Kriegsverwüstungen durch die Deutschen einzufordern. Solche Situationen zeigen vor allem, dass es höchste Zeit ist, unter Nachbarn und Partnern in der EU das offene Gespräch auch über die schlimmsten Kapitel der gemeinsamen Vergangenheit zu führen.

Historiker der Nachkriegsgenerationen haben in allen betroffenen Ländern damit begonnen, die Geschichte der Vertreibungen und Zwangsumsiedlungen zu erforschen und die unterschiedlichen Gesichter dieser Politik kenntlich zu machen. Noch sind ihre Erkenntnisse nicht tief genug in das kollektive Bewusstsein vorgedrungen – von einer gemeinsamen Geschichtskultur ist Mittel- und Osteuropa noch ein ganzes Stück entfernt.

Für die drei Filme, die der WDR produziert hat, und für das vorliegende Buch haben sich die Autoren Ulla Lachauer, Hans-Dieter Rutsch und Christian Schulz in drei Regionen Europas begeben, in denen vor 1945 Deutsche zu Hause waren, und jeweils einen Ort für ihre Beobachtungen ausgewählt. Die Bilder und Eindrücke, die dabei entstehen, gewinnen ihre Unverwechselbarkeit durch die Zeitzeugen. Es war bei diesem Thema nicht selbstverständlich, Menschen im ehemaligen Schlesien, im ehemaligen Sudentenland oder im ehemaligen Ostpreußen zu finden, die bereit sind, über die schmerzlichen Erlebnisse der Vergangenheit zu sprechen – vor allem, weil sie mit ihren Lebensgeschichten nicht instrumentalisiert werden wollen. Diesen Zeitzeugen gebührt großer Dank für ihr Vertrauen.

Um die deutsche Perspektive zu ergänzen und – wo nötig – zurechtzurücken, wurden für dieses Buch drei renommierte europäische Historiker als Partner gewonnen: Włodzimierz Borodziej aus Warschau, Juri Kostjaschow aus Kaliningrad und Adrian von Arburg aus Prag. Sie geben jedem der drei «Ortsbilder» einen entsprechenden geschichtlichen Rahmen, um verständlich zu machen, wo die Erinnerungen der Zeitzeugen typische Ereignisse wiedergeben und wo sie aus Sicht des Historikers eher von Ausnahmefällen berichten. Gelegentliche feine Unterschiede in der Beschreibung und Bewertung durch die deutschen Autoren und die nichtdeutschen Historiker sind beabsichtigt – und aufschlussreich.

Mit dem Weggang der Deutschen aus dem Osten und der Ankunft der Neusiedler in ihrer Heimat war die Vertreibung keineswegs beendet. Fast sechzig Jahre lang hat sie die Lebenswege der Betroffenen geprägt, immer wieder wurde mit ihr Politik gemacht. Dass über Flucht und Vertreibung in Europa meist nur in Ausschnitten und Bruchstücken geredet wurde, hat die Gräben in Europa noch vertieft. Heute ist es möglich, über Grenzen hinweg über die Verwerfungen des 20. Jahrhunderts miteinander zu sprechen, ohne Anklage und Bitterkeit. Dazu will dieses Buch anregen.

Als die Deutschen weg waren:

Schlesien

Hans-Dieter Rutsch

Aus Mechthild wurde Magda

Groß Döbern: Eine Geschichte aus Oberschlesien

Man nähert sich Schlesien am besten über die Oder. Für die Schlesier ist dieser Fluss das Sinnbild ihrer Heimat. Dichter haben die Oder besungen, Generationen von Kindern sind an ihren Ufern gewandert und später als Schiffer flussaufwärts gefahren, um schlesische Kohle nach Berlin oder Eisenerz, Tuche und Getreide nach Stettin zu liefern. Auf den Oderniederungen weideten die Bauern ihre Kühe und produzierten Butter für die Reichshauptstadt. Die tägliche Unrast an den Ufern war der Grund, weshalb so viele Brücken und Fährstellen entstanden, deren genaue Zahl bis heute niemand kennt. Für jede fanden die Schlesier einen Namen. Die Oder ist die Lebensader Schlesiens: Sie macht den Boden fruchtbar und verbindet diese etwas abseits liegende Region mit dem Handel der Welt.

Der Blick auf die Oder lässt die alten Bewohner von Groß Döbern schwer seufzen. Für Agniäszka Motzko war der Fluss das ganze Leben. Ihr Grundstück reicht direkt an sein Ufer heran, aber bis dorthin kann die fast achtzigjährige Frau nicht mehr gehen. Die Söhne mähen, noch immer mit der Sense, mehrmals im Jahr das hohe Schilf im Garten, damit die Bäuerin den Strom von ihrem Küchenfenster aus sehen kann. Agniäszka zeigt uns die Aussicht und spricht, wie im Gebet, ein Gedicht, das sie in der Schule gelernt hat.

Ach mein Gott.
Du oberschlesische Heimat,
Du wälderrauschendes Land,
Wie festlich schmückt deine Flure
Der Oder silbernes Band
Still betend falte ich die Hände
Schau fromm zum Himmel hinauf
Und seh' mit dankbarem Blicke
Der Oder silbernen Lauf.

Die Liebe zur Oder eint die Schlesier – hier trifft sich die Sehnsucht nach der verlorenen Heimat. Das ist oft missverstanden worden als Lamento über eine versunkene Welt, die aus der Sicht von Nichtschlesiern unmöglich so schön gewesen sein kann.

Die Quelle der Sehnsucht liegt rund vierhundert Kilometer südöstlich von Frankfurt in der Tschechischen Republik bei Olmütz. Von dort fließt die Oder erst in nordöstlicher Richtung nach Polen bis kurz vor Katowice. Dann ändert sich der Flussverlauf: Nach Nordwesten strömt sie weiter durch Oberschlesien. Hinter dem heutigen Opole (früher Oppeln) fließt sie an Groß Döbern vorbei und nimmt wenige Kilometer weiter die Glatzer Neiße in sich auf.

Kurz vor Brzeg, dem früheren Brieg, erreicht sie Niederschlesien. Von dieser alten Verwaltungsgrenze ist es nicht weit bis Wrocław. Die Stadt wurde als Breslau bekannt und wegen der Flusslage eines der Industriezentren des heutigen Polen. Erst nach rund sechshundert Kilometern wird die Oder nördlich von Guben, und nach der Mündung der Görlitzer Neiße, zum deutsch-polnischen Grenzfluss. Dort auch verlässt sie Schlesien.

Schlesien war nicht immer deutsch. Erst Friedrich der Große eroberte bis 1763 fast das ganze Land. Die Verwandlung in eine preußische Provinz – sie war Preußens größte – formte Schlesien zu einem Staatsgebilde. Vorher regierten dort die Habsburger, die polnischen Piasten und im Dreißigjährigen Krieg sogar die Schwe-

Agniäszka Motzko und ihr Sohn Thomas Motzko. Auf dem elterlichen Hof in Dobrzeń Wielki wird bis heute deutsch gesprochen. In ihrem Herzen sind sie Schlesier.

den. Die Herkunft des Namens wird unterschiedlich erklärt, am wahrscheinlichsten ist der Bezug auf die Silingen, einen Teilstamm der Wandalen. Die Silingen siedelten im dritten und vierten Jahrhundert nach Christus an der Oder. Warum sie wieder abzogen, ist bis heute nicht geklärt. Aus dem Osten rückten Slawen in den Siedlungsraum nach. Schon damals gehörte das Leben unter wechselnden Herrschaften zur Erfahrung der Schlesier. So entstand eine eigene schlesische Sprache, gemischt aus polnischen, deutschen und tschechischen Bestandteilen.

Der Streit um Schlesien lebte im zwanzigsten Jahrhundert wieder auf. Nach dem Ersten Weltkrieg beanspruchte Polen ganz Oberschlesien als urpolnisches Gebiet für sich, es gab Abstimmungen und bewaffnete Konflikte und viele Versprechungen von deutscher und polnischer Seite. Schließlich wurde Oberschlesien zwischen Deutschland und Polen geteilt. Glücklich war niemand mit dem Kompromiss, weder die Polen noch die Deutschen. Das friedliche Zusammenleben in Oberschlesien hatte jedenfalls ein Ende.

Die Nazis nutzten die Spannungen und eroberten nach dem 1. September 1939 die an Polen verlorenen Teile Schlesiens zurück. Anschließend liquidierten sie die Rechte der polnischen Minderheit in ganz Schlesien, schlossen die polnischen Schulen und drängten die Schlesier, slawische Namen in germanisch klingende ändern zu lassen. So wurde zum Beispiel aus einer Familie Laschik eine Familie Langhoff. Auch Ortsnamen blieben vom Umbenen-

Die Oder bei Groß Döbern / Dobrzeń Wielki. Der Fluss ist für die Schlesier ein Sinnbild ihrer Heimat. Bis 1945 lebten über einhundert Familien im Ort von der Schifffahrt.

nungswahn der Nationalsozialisten in Schlesien nicht verschont. Aus Niwodniki wurde Fischbach – alles andere als eine Übersetzung. Deutsche und Polen haben unter diesen historischen Wandlungen gelitten. Ihre Nachbarschaft, oft Zaun an Zaun, wurde auf eine harte Probe gestellt. Der Kriegsverlauf und die immer näher rückende Front verstärkten das Gefühl, dass sich sehr viel ändern würde. Nur was – davon hatte Anfang 1945 niemand eine Ahnung.

Der Schrecken des Krieges ist oft beschrieben worden. Für die Einwohner von Groß Döbern beginnt er mit einem Aufschrei: «Die Russen kommen!» Zuerst ist die Front nur zu hören. Die nahe gelegene Stadt Oppeln ist lange umkämpft. Dann geht alles sehr schnell. Am 21. Januar 1945 ist Groß Döbern Frontlinie. Es ist bitterkalt. Die Oder ist nicht ganz zugefroren, es liegt viel Schnee. Wie so oft im schlesischen Winter, weht ein eisiger Wind. Darum warten viele Groß Döberner mit der Flucht bis zum letzten Augenblick. Außerdem weiß keiner, wohin er fliehen soll, denn die deutsche Wehrmacht sprengt Brücke um Brücke und zieht sich hinter die Oder zurück. Bis zum 21. Januar existiert noch ein letztes Nadelöhr für eine Flucht: der Übergang am Oderwehr vor Groß Döbern. Am Morgen dieses Wintertages jagt die Wehrmacht diese letzte Chance in die Luft.

Die Einwohner von Groß Döbern sitzen in der Falle, weil die Rote Armee von allen Seiten auf die Oder zustürmt. Als einzige Alternative bleiben die Wälder. Wer sich dort sicherer wähnt, zieht mit Pferd und Wagen bei Nachttemperaturen von minus zwanzig Grad für ungewisse Zeit zu den Wildschweinen. Die Kühe und Schweine bleiben in den Ställen zurück und werden bei Dunkelheit versorgt, solange die Luft rein ist.

Den ersten sowjetischen Soldaten sieht ein Döberner auf dem Oderdeich. Mit aufgepflanztem Bajonett reitet er auf einem kleinen Pferd über den Oderdamm und sucht eine Brücke. So rasch der Soldat auftaucht, so schnell verschwindet er wieder. Von Oppeln her rollt schweres Gerät nach, die Rote Armee probiert den Aufbau einer Pontonbrücke. Die deutsche Wehrmacht bekämpft diesen Versuch aus der Luft mit Bomben. Damit beginnt auch in Groß Döbern die Schlacht an der Oder. Noch am gleichen Tag sterben Männer, Frauen und Kinder neben Soldaten mit den fremden Uniformen und den roten Sternen an den Mützen.

Bis heute weiß niemand, wie viele Menschen in Groß Döbern umkommen. Kein Denkmal dort erinnert an die Namen der Opfer. Zuerst brennt, von einer Granate der Wehrmacht getroffen, das große Wohnhaus des Sägewerkbesitzers Victor Reginek. Im Haus halten sich Frauen und Kinder auf. Ein sowjetischer Soldat hilft den Bewohnern, dem Feuer zu entkommen, es ist die Rettung im letzten Augenblick. Auch das Haus des Gastwirtes neben der Werft von Döbern steht in Flammen. Im Haus stirbt dessen Eigentümer Peter Kessler, mit ihm verbrennt die Fahne des Döberner Schiffervereins und die Chronik. In der Nähe der Gastwirtschaft wohnt Familie Wieczorek. Auf der Flucht vor den Flammen reißt ein sowjetischer Soldat die Familie auseinander. Der Vater und sein sechzehnjähriger Sohn müssen zurückbleiben. Lebend sieht sie niemand wieder.

Josef Wszyk ist damals, 1945, ein leichtsinniger Jugendlicher. Ihn interessiert der Schlachtenlärm. Von seinem elterlichen Wohnhaus beobachtet er die Flieger am Himmel, den Abwurf von Bomben, die Lichtblitze der Stalinorgeln und die hastigen Truppenbewegungen am Oderufer. Seine Neugier treibt ihn hinaus. Er sieht, wie die Rote Armee sich bemüht, über eine Pontonbrücke das andere Oderufer zu erreichen. Die deutschen Truppen lassen die sowjetischen Soldaten bis kurz vor Fertigstellung gewähren. Dann greifen sie aus der Luft an und zerbomben die Pontons. Aus den hinteren Reihen der Roten Armee kommt Nachschub, ein neuer Brückenbau beginnt. «Das wiederholte sich so lange,» erzählt Josef Wszyk, «bis die Oder sich rot färbte und auf dem Wasser Tausende toter Russen Richtung Breslau trieben.»

Die Einwohner von Groß Döbern erleben diese Tage als ihre Hölle auf Erden. Alois Kokot, seit 1981 Bürgermeister von Groß Döbern, ist als achtjähriges Kind dabei. Er erinnert sich an das, was

Schlesien 1938

Kalisch — *Warthe*

Bober — Glogau — *Prosna*

DEUTSCHES REICH

Niederschlesien — *Oder*

Liegnitz — **POLEN**

Lausitzer Neiße — Bunzlau — Neumarkt — Breslau

Görlitz — *Katzbach* — *Mittelschlesien*

Brieg — Tschenstochau

Reichenberg — Schweidnitz — Mikoline — Groß Döbern — (1921 poln.)

Gablonz — Heinrichau — Oppeln — *Malapane*

Iser — *Elbe* — Neurode — Münsterberg — Lamsdorf — Annaberg

Glatzer Neiße — Neisse — *Oberschlesien* — Beuthen

Glatz — Neustadt — Schwientochlowitz

Gleiwitz

TSCHECHO-SLOWAKEI

Leobschütz — Kattowitz

Kolin — Ratibor — Rybnik — Myslowitz

Pleß (1921 poln.)

Troppau — *Mohra* — **Olsagebiet** 1.10.1938 an Polen

(am 1.10/20.11.1938 von dt. Truppen besetzt) — Stettin

March — *Oder*

Zwittau

0 15 30 km

Schlesien 1948

Kalisz — *Warta*

Bóbr — Głogów — *Prosna*

Niederschlesien — **POLEN**

Nysa Łużycka — Legnica — *Odra*

Görlitz — Bolesławiec — Środa Śląska — Wrocław

unter polnischer Verwaltung — *Mittelschlesien*

Brzeg — Częstochowa

Liberec — Świdnica — Mikolin — Dobrzeń Wielki

Jablonec nad Nisou — Henrykow — Opole — *Mała Panew*

Łaba — *Nysa Kłodzka* — Łambinowice — Góra Świętej Anny

Jizera — Nowa Ruda — Ziębice — Nysa — *Oberschlesien* — Bytom

Kłodzko — Prudnik — Świętochłowice

Gliwice

TSCHECHO-SLOWAKEI

Głubczyce — Katowice

Kolín — Racibórz — Rybnik — Mysolwice

Pszczyna

Opava — *Opava*

Štitina — Olsagebiet 1945 wieder tschechisch

Svitavy — *Morava* — *Odra*

0 15 30 km

Groß Döbern, alte Dorfstraße. Als im Januar 1945 die Rote Armee den Ort erreicht, flüchten viele Bewohner in die umliegenden Wälder.

im Ort geschah: «Aber alles kann ich nicht erzählen. Soll ich Namen nennen von Frauen, die vergewaltigt wurden? Soll ich die Namen von Polen nennen, die russischen Soldaten Verstecke von deutschen Frauen gezeigt haben? Es hat alles gegeben. Die jungen Leute fragen mich heute manchmal ahnungslos, warum das alles geschehen konnte. Ich kann dann nur sagen: Es war ein furchtbarer Krieg, der da auf uns zurollte. Ich habe mir vorher nicht vorstellen können, was dann kam. In ganz kurzer Zeit war alles anders. In Todesangst verändert sich der Mensch ganz schnell, will nur noch überleben. Ich will nicht darüber richten, wer sich wie damals verhalten hat, ob er Angst hatte oder ein Held war. Ich möchte auch anderen keine Chance geben, das zu tun.»

Alois Kokot drängt immer wieder darauf, als Bürgermeister und nicht als Privatperson befragt zu werden. Es gehe nicht darum, etwas zu verheimlichen: «Ich weiß, es fällt Ihnen schwer, meine Bitte zu verstehen und zu akzeptieren. Anders als in Deutschland haben wir hier mit den Folgen des Krieges gelebt. Uns hat man hier vergessen. Wir waren Deutsche, die es nicht mehr gab. Offiziell hieß es immer, in Schlesien leben nur Polen. Heute bin ich Bürgermeister hier. Als Deutscher bin ich geboren. Zum Polen wurde ich gegen meinen Willen gemacht. Ich will darüber nicht mehr richten. Als Bürgermeister trage ich in unserer Gemeinde Verantwortung für die Zukunft von Polen und Deutschen, nicht für die Vergangenheit.»

In der Familie Kokot fuhren die Männer seit Generationen als Schiffer auf der Oder. Dort waren sie wichtiger als an der Front. Vater und Großvater Kokot sind im Januar 1945 in der Heimat. Beide Männer sind sich einig: Eine Flucht durch die Kälte des Winters ist genauso lebensgefährlich wie das Ausharren im eigenen Haus. «Dann», fährt Alois Kokot fort, «war es plötzlich zu spät zum Flüchten. Die Front war so schnell heran, dass an Flucht nicht mehr zu denken war. Für manche war das ein Glück, denn die Häuser waren von den Kämpfen ganz unterschiedlich betroffen. Der Ort liegt lang gestreckt an der Oder. Nicht jede Stelle des Ufers hielt die Rote Armee für einen Brückenkopf geeignet. Deshalb gab es auch Häuser und Wirtschaften, an denen die Rote Armee vorbeirollte. Wo sie Halt machten, war es furchtbar. Ich kann mich noch erinnern: Menschen wurden umgebracht, die Frauen vergewaltigt, und alles wurde geplündert und weggenommen.»

Die Kirchenbücher von Groß Döbern verbrennt die Rote Armee. In Nachbardörfern bleiben einige erhalten. Im Oktober 1945 versieht der Pfarrer den Eintrag mancher Geburten mit einem Zusatz: «Gezeugt vom Russen». Die Mütter schweigen bis heute. Zu groß empfinden sie die Schande, sich nicht zur Wehr gesetzt zu haben.

Wie schwierig das war, davon erzählt Gertrud Gabriel in einem Schulheft. Im Alter von fast neunzig Jahren hat sie aufgeschrieben, woran sie sich beim Einzug der Roten Armee erinnert. Am Abend des 21. Januar 1945 schlagen Soldaten an die Tür ihrer Bauernwirtschaft. Gertrud Gabriel ist mit den drei Töchtern allein im Haus. Den Ehemann Franz zog die Wehrmacht schon Ende Janu-

Name, Stand ...	Name des taufenden Priesters	Knaben		Mädchen		Bemerkungen (Nottaufe, Legitimation, spätere Verehelichung, wann, wo, mit wem)
		ehelich	unehelich	ehelich	unehelich	
Astynach *Borgersdorf*	*ff. Chorba*	1				*gezeugt vom Russen* Matrimonium init 28.10.1967 cum Tojes Ursula (27.02.1946) in Opole 8 MB. Krout-Pang
Kobytzk *die* *Maur*	*ffr. Chorba*			1		Matrimonium init 24.04.1965 cum Szafarz Helmut Bytom-Kel

«Gezeugt vom Russen»: Im Oktober 1945 wird ein Kind getauft, dessen Mutter von sowjetischen Soldaten vergewaltigt wurde. Der Pfarrer vermerkt es im Kirchenbuch.

ar 1944 ein. Als Entschädigung dafür teilte die Gemeindeverwaltung der Wirtschaft zwei Fremdarbeiter zu, die Russen Pjotr und Vera. Gertrud Gabriel erzählt, dass beide unterernährt und ohne ausreichende Kleidung ankamen, auf dem Hof versorgt wurden und bis zum Herbst 1944 widerspruchslos ihre Arbeit verrichteten. Beim Näherrücken der Front im Spätherbst 1944 wurden beide unruhig, verständigten sich mit anderen Fremdarbeitern im Ort und bereiteten gedanklich ihre Flucht in die Heimat vor.

Als die Rote Armee Groß Döbern erreicht, spannen sie zwei Pferde vor einen Wagen und fahren damit zu einem Lebensmittelgeschäft, dessen Besitzer geflüchtet ist. Dort laden sie auf, was der Wagen tragen kann, und fahren in Richtung Wald den Truppen der Roten Armee entgegen. Beide werden nicht wieder gesehen. Ob sie überleben oder von den eigenen Kameraden als Überläufer erschossen wurden, ist ungewiss.

Die Flucht der beiden Fremdarbeiter ist für Gertrud Gabriel ein «Glück», als die Soldaten der Roten Armee an ihre Hoftür klopfen. Sie haben Mitleid mit der Frau und den Kindern, greifen sich die Federbetten und schlafen auf dem Fußboden. Am nächsten Morgen verschwinden die Soldaten und mit ihnen die Puten und Hühner aus dem Stall. Die Nächte verbringen die Frauen mehrerer Bauernhöfe gemeinsam mit den Kindern im Kellerversteck.

Die jüngeren Frauen machen sich alt. Doch es hilft nur manchmal. Gertrud Gabriel muss erleben, dass Soldaten der Roten Armee Frauen aus der Nachbarschaft mit vorgehaltener Waffe zwingen, mit ihnen zu kommen. Ihr selbst bleibt dieses Schicksal erspart. «Einmal hat mich auch einer genötigt und verlangt, dass ich mit ihm gehe. Ich habe geantwortet, ich gehe nicht. Da sagt er, dann wird er das Haus abbrennen. Ich habe ihm geantwortet: Ich denke, die Russen machen so etwas nicht mit Deutschen. Da hat er mir so ins Gesicht geschlagen, dass ich dachte, das Auge fliegt mir raus.» Nach den Prügeln lässt der Soldat ab von der Frau.

Im Vergleich zur Dramatik des Kriegsverlaufs in anderen Orten rund um Oppeln bleibt den Einwohnern von Groß Döbern vieles erspart.

Oppeln selbst versinkt in Schutt und Asche. Von dem einstigen Glanz der schlesischen Metropole ist Ende Januar 1945 nichts mehr zu sehen. Die deutsche Wehrmacht hat mit aller Kraft versucht, die Stadt zu halten. Immer wieder hat sie die Rote Armee mit großem Aufwand einige Kilometer zurückgedrängt.

Zum Beispiel in Gottesdorf. Erst wird das Dorf von der Wehrmacht aufgegeben und von der Roten Armee eingenommen. Dann sammelt die deutsche Wehrmacht neue Kräfte und erobert Gottesdorf zurück. Der zweite Ansturm der Roten Armee geschieht ohne Rücksicht auf die Bevölkerung. Haus für Haus wird beschossen oder in Brand gesetzt. Erst nach dem Ende der Volksrepublik Polen wagen die Überlebenden, an dieses Massaker zu erinnern. Vor der Kirche des Dorfes steht eine Gedenktafel mit zweihundert Namen – es sind die Namen ganzer Familien.

Ein anderer Nachbarort von Groß Döbern ist Kupp. Dort versuchen Truppen der deutschen Wehrmacht, den Vormarsch der Roten Armee in Richtung Oder zu stoppen. Die Rote Armee bleibt vor dem Dorf stehen und schießt es am 22. Januar 1945 in Brand. Im Geschützdonner sterben viele Alte, Frauen und Kinder. Mehr als die Hälfte aller Häuser brennen ab. Über einhundert Tote müssen in einem Massengrab beigesetzt werden. Jugendliche, die in die Wälder geflüchtet waren, versuchen mit zurückgelassenen Waffen der Wehrmacht, die Plünderungen und Vergewaltigungen im Dorf zu verhindern. Bis Anfang Februar halten diese Auseinandersetzungen an. Immer wieder werden deutsche Jugendliche standrechtlich erschossen, weil sie sich am Widerstand gegen die Rote Armee beteiligen oder in Verdacht geraten, ihn zu unterstützen.

Die Frauen und Kinder des Dorfes suchen im Pfarrhaus Schutz vor den Vergewaltigungen durch sowjetische Soldaten. Einen Priester, der sich immer wieder schützend vor die Frauen stellt, erschießen sowjetische Soldaten Anfang Februar in seinem Garten. Überlebende von Kupp haben in der Bundesrepublik über die Ereignisse Zeugnis abgelegt. Das Bundesarchiv in Koblenz sammelte ihre Auskünfte. Diese Zeugenaussagen enthalten aber auch Hinweise, dass Soldaten der Roten Armee deutsche Einwohner geschützt haben, als ihnen offensichtlich Unrecht geschah.

Der große Durchbruch über die Oder gelang der Roten Armee bei Mikoline (heute Mikolin). Ein großes und weithin sichtbares Denkmal auf freiem Feld erinnert an die schweren Kämpfe. Aus dem Denkmal ragen Bootsrümpfe heraus und symbolisieren den vielfachen Versuch der Sowjetarmee, in Schlesien die Oder zu überschreiten. Das Denkmal wird bis heute viel besucht, Polen und Russen legen hier Blumen und Kränze nieder.

Einen Hinweis, wo die Gefallenen der Deutschen Wehrmacht begraben sind, gibt es nicht. Immer wieder fragen ehemalige Schlesier bei ihren Besuchen nach diesen Grabstätten. Den Polen sind die Fragen peinlich.

Denkmal bei Mikoline. Es erinnert an die Schlacht an der Oder im Januar 1945. Tausende sowjetische Soldaten starben. Auf gefallene Deutsche fehlt jeder Hinweis.

Polnische Zeiten beginnen

Ende Februar 1945 gibt es in Groß Döbern keine Staatsmacht mehr. Die sowjetischen Truppen sind weitergezogen. Kleine Einheiten werden zurückgelassen, die versprengte Wehrmachtsangehörige aufspüren sollen. Den Posten eines Bürgermeisters besetzen die Offiziere der Roten Armee in Groß Döbern nicht. In diesem Machtvakuum formiert sich die polnische Minderheit. Polnische Männer beginnen rot-weiße Armbinden zu tragen, Gewehre werden eingesammelt. Eine selbst ernannte Macht beginnt zu handeln und auch zu richten. Ihre einzige moralische Legitimation: Polen sind Opfer des Nationalsozialismus und Sieger des Krieges.

Aus den Wäldern kommen polnische Partisanen, die im Rücken der Front auch als Freibeuter agieren. Diese Trupps spüren leer stehende Häuser auf und beschlagnahmen im Namen der neuen Macht das Inventar. Es gibt Fotos von Pferdewagen, die hoch beladen mit Möbeln, Wäschekörben, Betten und großen Töpfen von polnischen Partisanen geführt werden. Ein Augenblick der Willkür, in dem selbst die Rote Armee hilflos agiert. Die Truppenstärke der verbliebenen Verbände der Roten Armee wird im Verhältnis zu der rasch anwachsenden Zahl bewaffneter polnischer Partisanen und Banden immer kleiner.

Aus den Wäldern kehren nach und nach die geflüchteten Menschen in ihre Häuser zurück. Es gibt keinerlei Hinweis darauf, wie viele Einwohner von Groß Döbern die kalten Wochen im Wald nicht überlebten. Allmählich kommen auch Flüchtlinge wieder, die auf dem Weg nach Brieg oder Breslau von der Front überrollt wurden. Manche Heimkehrer stehen vor verschlossenen Türen: Polen haben sich inzwischen dort einquartiert. Sie stammen aus Groß Döbern, besitzen keinen eigenen Hof oder haben bisher als Knechte bei deutschen Bauern gearbeitet.

Auch der elterliche Hof des damals zwanzigjährigen Hubert Steinborn ist begehrt. Polnische Fremdarbeiter und ehemalige Knechte haben ihn in Besitz genommen und unter sich aufgeteilt. An eine Rückkehr der Familie auf den Hof ist nicht zu denken. Wochen vergehen. Erst als sich die Situation etwas beruhigt, findet die Mutter des jungen Mannes bei einem polnischen Milizionär Gehör. Sie besitzt Papiere und kann beweisen: Das ist ihr Hof, das ist ihr Haus, und im Haus stehen ihre Möbel.

Die Miliz handelt einen Kompromiss aus. Die Polen auf dem Hof müssen die Besitzer aufnehmen und mit ihnen das Anwesen teilen. Den Polen wird ein Anteil an Wohnraum und Inventar zugesprochen. Von nun an gibt es mehrere Wirtschaften auf einem Hof. Doch die Polen und die deutschen Eigentümer finden keinen Weg, sich die Maschinen, die Milch, die Eier, die Ernte auf dem Feld und die Kleider in den Schränken zu teilen.

Im Sommer 1945 kehrt das Familienoberhaupt Josef Steinborn nach Hause zurück. Er beginnt, sich gegen die Doppelherrschaft auf seinem Hof zu wehren. Streit kommt auf. Eines Abends erscheint vor dem Hof der Steinborns polnische Miliz und verhaftet den Bauern. Der Vorwurf lautet, Josef Steinborn sei besonders eng mit dem Nationalsozialismus verbunden gewesen. Er habe freiwillig seinen Namen geändert.

Tatsächlich trug die Familie Steinborn bis 1940 den slawisch klingenden Namen «Skrzypczyk». Die Reichsregierung wies nach Kriegsbeginn 1939 die Verwaltungen in Schlesien an, dort alle slawischen Spuren zu tilgen und diese in Namen deutscher Familien umzuwandeln. Wie groß der Druck auf die Familien in Groß Döbern gewesen ist, den Familiennamen zu ändern, lässt sich heute nicht mehr rekonstruieren. Auch existiert keine Statistik darüber, wie viele Familien dem Aufruf einer Namensänderung nachkamen. Gewiss ist nur, dass Josef Skrzypczyk im Sommer 1940 den Antrag auf Änderung des Familiennamens ausfüllt und sich als neuen Familiennamen «Steinborn» wählt. Ob der neue Familienname vom Amt angeboten oder ausgewählt wurde, ist für die Familie heute nicht mehr nachvollziehbar. Im Sommer 1940 bestätigt das Amt in Oppeln die Namensänderung in den entsprechenden Registern.

Für die Familie war die neue Identität kein Problem. Das Leben mit dem neuen Namen wurde schnell Alltag. Der damals fünfzehnjährige Sohn erinnert sich, dass er über die Namensänderung sogar froh war. Er gehörte in der Schule zu jenen Kindern, die den eigenen Familiennamen lange nicht schreiben konnten und wegen der schwer auszusprechenden Buchstabenfolge von den Mitschülern gehänselt wurde. Nach dem Kriegsende 1945 erwartete niemand aus der Familie, dass ihnen dadurch Probleme erwachsen würden.

Doch die Angehörigen der ehemaligen polnischen Minderheit in Groß Döbern suchen in ihren Reihen nach Kollaborateuren. Nach 1939 stand auch den in Schlesien lebenden Polen die Möglichkeit offen, die deutsche Staatsbürgerschaft oder die deutsche

Nationalität anzunehmen und als sichtbares Zeichen dafür einen deutsch klingenden Namen zu wählen. In Groß Döbern machten einige Polen davon Gebrauch. Mitglieder dieser Familien erleben nach 1945, dass die selbst ernannten neuen polnischen Machthaber in Döbern dies als Verrat am polnischen Vaterland werten und Rache üben. Skrzypczyk klingt polnisch, darum der Verdacht. Die im Haus von Josef Skrzypczyk lebenden Polen bezichtigen den Deutschen, eigentlich ein Pole zu sein und den Deutschen vor dem Krieg freiwillig Informationen über in Groß Döbern lebende Polen geliefert zu haben. Der polnischen Miliz genügt ein solcher Hinweis.

Im Gasthof von Döbern, gegenüber dem heutigen Rathaus, richtet die polnische Miliz mit Duldung der sowjetischen Offiziere ein provisorisches Gefängnis für die Dorfbewohner ein. Hier interniert man die angeblichen polnischen Vaterlandsverräter und aktive Nationalsozialisten. Eine rechtliche Grundlage gibt es nicht. Das kleine Lager in Groß Döbern unterstand, wie der polnische Historiker Edmund Nowak belegen kann, direkt dem polnischen Sicherheitsamt in Opole und galt als so genannter Gewahrsamsort.

Zu den Internierten gehören nicht nur Männer, sondern auch Frauen. Die meisten von ihnen sprechen sehr gut Polnisch. Edmund Nowak recherchierte, dass diese Frauen in Gewahrsam genommen werden, weil sie den privaten «Einladungen» des ersten polnischen Nachkriegsbürgermeisters Podolski nicht folgten. Den internierten Männern wird eine Mitgliedschaft in der NSDAP oder das Tragen deutscher Uniformen bei der Post oder der Reichsbahn zur Last gelegt. Als Träger des nationalsozialistischen Regimes seien sie generell mitverantwortlich für die Verbrechen am polnischen Volk.

Der Hass der Polen auf die Deutschen hatte in den ersten Monaten nach Kriegsende Formen angenommen, die heute schwer zu begreifen sind. Bürgermeister Alois Kokot schildert die damalige Atmosphäre: «Der Deutschhass war so stark, dass jedes deutsche Wort, jeder deutsche Satz schon Konsequenzen hatte. Die Sicherheitsbehörden haben die Leute gequält, eingesperrt und so weiter, Strafe musste man zahlen. Das kann man heute nicht mehr verstehen, aber es war so.»

Und so sitzen Einwohner von Groß Döbern, aus den verschiedensten Gründen interniert, im Saal der einstigen Gastwirtschaft unter polnischer Bewachung zusammen. Für keinen von ihnen gibt es einen Haftbefehl oder verbindliche Regeln für den «Aufenthalt» in dem provisorischen Gefängnis. Wer eine Möglichkeit zur Flucht entdeckt, nutzt sie. Josef Steinborn gelingt die Flucht nicht. Er wird Wochen später in einem Oppelner Gefängnis gesehen. Die dort festgehaltenen Deutschen müssen Trümmer in der nun Opole genannten Stadt beseitigen. Ein Einwohner aus Groß Döbern erkennt den Bauern und verständigt dessen Familie. Die bringt Lebensmittel zum Gefängnis, die den Adressaten auch erreichen. Dann widersprechen sich die Aussagen. Nach der einen Version

Eine alte Gastwirtschaft mitten in Groß Döbern / Dobrzeń Wielki. In den ersten Nachkriegsmonaten internierte die polnische Miliz hier deutsche und auch polnische Einwohner.

wurde Josef Steinborn krank und starb in Oppeln. Niemand weiß, wann das geschehen ist und wo er beerdigt wurde. Die andere Version: Josef Steinborn wird in ein anderes Lager in Schlesien abtransportiert. Welche Variante zutrifft, ist bis heute ungewiss. Es gibt keinen schriftlichen Beleg und keine Notiz, die den Angehörigen Klarheit über das wirkliche Geschehen verschaffen könnte.

Die Nachfahren empfinden sich als Opfer von geschichtlichen Vorgängen, für die sie keinerlei Verantwortung tragen. Für sie starb der Vater und Großvater einen sinnlosen Tod, verschuldet durch Polen und ausgelöst durch Sehnsucht nach Rache. Vor allem die älteren Deutschen in Schlesien meinen, mehr als andere für den durch Deutschland verschuldeten Krieg bezahlt zu haben. Immer wieder fällt in Gesprächen der Satz: «Zu Hause sind wir, aber wir können ja nicht einmal polnisch schreiben. Können ja ohne fremde Hilfe keine Schreiben an Behörden aufsetzen, kaum die Zeitung lesen. Von uns wurde immer nur verlangt, dass wir akzeptieren, was um uns geschieht, und dass wir stillhalten, nichts fordern, nicht laut sind.» Polen und Deutsche haben sechzig Jahre nach dem Ende des Zweiten Weltkrieges noch keine gemeinsame Sprache dafür gefunden, was ihnen nach 1945 widerfahren ist.

Verhaftet, interniert, verschollen

Wer im Oppelner Schlesien verhaftet, interniert oder in Gewahrsam genommen wurde und verschwand, den vermuteten die deutschen Schlesier in Lamsdorf, dem heutigen Łambinowice. Das Dorf liegt rund fünfzig Kilometer südwestlich von Groß Döbern. Hier treffen sich die Nachkriegs- und die Vorkriegsgeschichte. 1939 richteten SS und Wehrmacht in Lamsdorf am Rande eines Truppenübungsplatzes ein «Stralag», ein Kriegsgefangenenlager, ein. Das Lager hat eine lange Vorgeschichte. Schon während des Deutsch-Französischen Krieges von 1871 internierten die preußischen Truppen hier Gefangene. Zwischen 1914 und 1918 bauten belgische und französische Kriegsgefangene unter Aufsicht des deutschen Heeres feste Unterkünfte für Fremdarbeiter. Nach 1939 erfolgte eine Erweiterung des Lagers in großem Stil: Bis zu zweihunderttausend Menschen wurden von Wehrmacht und SS bis 1945 in Lamsdorf festgehalten. Die ersten Gefangenen waren Soldaten der polnischen Armee, die von der Wehrmacht im Herbst 1939 überrollt wurde. Auch die letzten eingelieferten Gefangenen waren Polen. Die Deutschen verschleppten Teilnehmer des Warschauer Aufstandes hierher.

Zehntausende Kriegsgefangene aus allen Ländern Europas überlebten die katastrophalen Verhältnisse in Lamsdorf nicht. Die meisten starben an Krankheit und Unterernährung, vor allem sowjetische Kriegsgefangene. Abgeschirmt in einem speziellen Lager, ließ die deutsche Lagerleitung die «russischen Untermenschen» buchstäblich verhungern. In diesem Sinne war Lamsdorf ein Massenvernichtungslager.

Im März 1945 werden die Gefangenen von der Roten Armee befreit, in den Baracken für sowjetische Kriegsgefangene liegen unbestattet Hunderte Tote. Sie sind alle an Unterernährung gestorben. Offiziere der Roten Armee dokumentieren die Zustände und übergeben das Material später dem internationalen Gerichtshof in Nürnberg. Der Tod von vierzigtausend Kriegsgefangenen ist darin belegt.

Ihre sterblichen Überreste ruhen heute unter einem Hügel. Das Denkmal ist weithin sichtbar: Auf Pfeilern liegen zusammengeschweißte Figuren aus Stahl, die symbolisch die letzten Sekunden des Lebens andeuten. Für Polen ist Łambinowice ein Ort nationalen Gedenkens erster Ordnung, wie auch Auschwitz oder das ehemalige Warschauer Ghetto. Den Hügel haben Deutsche angelegt – unter der «Aufsicht» polnischer Gewehre.

Im Frühjahr 1945 internieren das polnische Militär und später der polnische Sicherheitsdienst zu diesem Zweck im ehemaligen Vernichtungslager Lamsdorf Wehrmachtsangehörige und deutsche Einwohner Schlesiens. Sie müssen die Massengräber öffnen und nach Merkmalen suchen, die eine Identifizierung der Toten ermöglichen. Doch es sind nicht die Kriegsverbrecher oder Funktionäre der NSDAP, die in Łambinowice jeden Morgen mit dem Spaten zur Sühne deutscher Schuld antreten – es sind vor allem Frauen aus Schlesien. Filmaufnahmen der polnischen Wochenschau vom Sommer 1945 zeigen die Öffnung der Massengräber. Am Rand der langen Gräberreihen stehen polnische Wachsoldaten und sowjetische Offiziere. In den Gräbern heben Frauen die sterblichen Überreste der Kriegsgefangenen mit bloßen Händen aus dem Sand. Das ist der Alltag für die Gefangenen.

Nach der Einweihung der Gedenkstätte für die ermordeten Kriegsgefangenen in Łambinowice fördert die polnische Regierung die Eröffnung eines Museums auf dem Gelände des ehemaligen Kriegsgefangenenlagers. Zum Museum gehört ein öffentliches Archiv, das sich in Opole befindet. Die Geschichte des Lagers nach

Deutsche Frauen bei der Exhumierung sowjetischer Kriegsgefangener in Lamsdorf/Łambinowice. Die polnische Miliz internierte Tausende unschuldiger deutscher Zivilisten in Schlesien.

1945 ist Verschlusssache. Dies ändert sich erst nach dem Ende der politischen Wende von 1989. Zu den Zeugnissen aus der Zeit nach 1945 gehören auch zwei Fotos von Öffnungen der Massengräber, die ältere Männer als Gefangene zeigen. Sie ähneln eher schlesischen Bauern als deutschen Wehrmachtsoffizieren.

Polnische Historiker haben alle bis heute bekannten Akten gesichtet und bestätigen, dass im ehemaligen Kriegsgefangenenlager überwiegend unschuldige Menschen interniert wurden. Ihre Schuld bestand darin, Deutsche zu sein. Von den rund fünftausend Personen, die zwischen dem Sommer 1945 und dem Herbst 1946 in dem nun zu Polen gehörenden Dorf Łambinowice interniert werden, stehen lediglich dreihundert unter dem Verdacht, nationalsozialistischen Organisationen angehört zu haben. Vom Sommer 1945 bis zum Herbst des gleichen Jahres gehören Folter, Vergewaltigung und Mord an Frauen, Kindern und Alten zum Alltag in Łambinowice, resümiert der polnische Historiker Edmund Nowak.

Er bestätigt auch die unmenschlichen Umstände der Internierung. Die hygienischen Verhältnisse im Lager waren katastrophal. Für einige Tage gibt es Zahlen. Am 11. November 1945 inspiziert die polnische Kreisverwaltung das Lager und zählt die Lagerinsassen. Ihre Anzahl wird mit 1357 angegeben. 156 Internierte gelten offiziell als krank, 28 von ihnen leiden an Typhus, 30 an Ruhr. Sieben Menschen sterben an diesem Tag. Die Krankenstation leitet ein deutscher Arzt, doch der kann kaum helfen. Es gibt – wie auch außerhalb des Lagers – nahezu keine Medikamente. Die Therapie ist beschränkt auf Isolation der Kranken. Hin und wieder gibt es Chlor oder Kalk, um die Baracken zu desinfizieren.

Die Frage, wie viele Opfer es in Łambinowice bis zur Auflösung des Lagers 1946 überhaupt gab, ist wegen fehlender und lückenhafter Quellen und widersprüchlicher Zeugenaussagen nicht zu beantworten. Namentlich bekannt sind 1137 Tote. Alle deutschen und polnischen Historiker, die sich mit dem Thema und den vorhandenen Akten beschäftigen, sind sich einig, dass die Zahl der Toten größer ist. Aber wie groß? Der ehemalige deutsche Lagerarzt

Heinz Esser schätzte die Zahl der nach 1945 im Lager verstorbenen Deutschen auf rund sechstausend. Die historische Forschung kann das bisher nicht bestätigen. Dafür aber andere Fakten. Im Herbst 1945 löst der polnische Sicherheitsdienst den Lagerkommandanten wegen begangener Gräueltaten an deutschen Internierten ab. Wenn auch die Bestrafung des Lagerkommandanten durch den polnischen Sicherheitsdienst vergleichsweise mild ausfällt – es hat sie gegeben.

Andererseits ist die neue und noch schwache polnische Verwaltung 1945 daran interessiert, sich gegenüber den verbliebenen Deutschen Respekt zu verschaffen. Eines dieser auch in Groß Döbern benutzten Druckmittel war «Lamsdorf». Belegt ist, dass polnische Bürgermeister deutsche Schlesier zur Ausreise aus Polen nötigen und mit der Einweisung nach Łambinowice drohen. So verbreitet sich die Nachricht von der Existenz des Lagers unter den deutschen Schlesiern. Mit ihr grassieren auch Gerüchte. Es heißt, die Einwohner ganzer Dörfer seien in Łambinowice verschwunden. Wahr ist: Je geringer die Entfernung eines Dorfes zum Lager, umso größer die Zahl der Internierten.

Auch Herr G. aus Groß Döbern wurde in Łambinowice gesehen. Er wurde als Lokomotivführer zu Transporten nach Auschwitz eingesetzt. Dafür kam er ins Lager. Vor einem Gericht stand er nicht. Wie viele Einwohner aus Groß Döbern in Łambinowice tatsächlich interniert wurden, lässt sich heute noch nicht sagen. Viele Deutsche kehrten von der Verhaftung auch Jahre später nicht nach Hause zurück.

Fast jede alteingesessene Familie in Groß Döbern ist von dieser Nachkriegsrealität betroffen. Es war das Schicksal vieler Männer aus Groß Döbern, aus irgendeinem Grunde zu «verschwinden». Bürgermeister Alois Kokot resümiert: «Eine gewisse Zeit nach dem Krieg gab es keinen einzigen deutschen Mann in Döbern. Wer sich nicht versteckte, verschwand.»

Selbst im ersten Nachkriegswinter hatte sich wenig an dieser Situation geändert. Der Ehemann von Gertrud Gabriel kehrt im

Januar 1946 aus der Kriegsgefangenschaft nach Hause zurück und wird kurze Zeit später durch die polnische Miliz verhaftet. Der Grund: Franz Gabriel macht aus seiner Wut über die neuen politischen Verhältnisse kein Geheimnis. Außerdem führt er eine gut funktionierende Bauernwirtschaft. An deren Übernahme sind auch polnische Nachbarn sehr interessiert. Darum wird Franz Gabriel zunächst zur freiwilligen Ausreise mit seiner Familie nach Deutschland gedrängt.

Erst als er sich weigert, folgen Verhaftung und Überstellung nach Opole. Auch nach der Freilassung denkt der Bauer nicht daran, seine Wirtschaft aufzugeben. Er wird erneut verhaftet und wieder entlassen. Franz Gabriel bleibt äußerlich von den Vorgängen unberührt. Ihn schreckt die Ungewissheit und der große Hunger in den deutschen Besatzungszonen. Was ihn aber in der schlesischen Heimat erwartet, das ahnt auch er nicht.

Die Ungewissheit gehört nach dem Kriegsende zum Alltag. Die Schlesier wissen nicht, was in der Welt geschieht und wie es um ihr Schicksal steht. Es gibt nur Gerüchte. Die Ordensschwester Raymonda – viele Jahre betreute sie Kinder im katholischen Kindergarten von Groß Döbern – erinnert sich an das damalige Lebensgefühl: «Jede Woche wurde gesagt: Noch drei Wochen, dann kommen die Deutschen wieder. Und die drei Wochen dauern nun schon sechzig Jahre. Es wurde immer wieder gesagt, drei Wochen noch, sie kommen wieder, und es wird wieder Deutschland.»

Manche Nachrichten stammen aus dem Radio, obwohl der Besitz von Radiogeräten auch nach Kriegsende weiter offiziell verboten bleibt. Viele Familien setzen sich über das Verbot hinweg. Hans Gora hat erlebt, dass Radio keineswegs von Ungewissheit befreite: «Es haben doch alle gesagt, es wird wieder Deutschland. Wie meine Oma, die hatte noch ihr Radio, obwohl wir ja alle abgeben mussten vor dem Krieg. Aber die Oma hatte sich ein Radio gelassen. Das stand im Schrank, und die Oma hat davor mit einer Decke über den Kopf Nachrichten gehört. Zu mir hat sie immer gesagt: ‹Junge, Junge bleib ruhig, die Deutschen kommen wieder!› Und die kommen bis heute nicht. Die Oma hat ein halbes Jahr erzählt, die Deutschen kommen, die Russen müssen wieder abhauen.»

Die Existenz dieser Gerüchte zeigt, wie konsequent die Siegermächte auch nach der bedingungslosen Kapitulation Deutschlands über ihre Nachkriegspläne Stillschweigen bewahren. Es gibt nur Spekulationen. Von den Verhandlungen der Siegermächte in Potsdam dringt nichts an die Öffentlichkeit. Schließlich gelangt nach Groß Döbern ein Gerücht über die Festlegung einer neuen deutschen Ostgrenze. Dazu gehören zwei Flussnamen: Oder und Neiße. Die Neiße existiert in Schlesien zweimal. Als Glatzer Neiße fließt sie aus dem Süden Schlesiens kommend zwischen Oppeln und Brieg (heute Brzeg) in die Oder. Wäre diese Neiße gemeint, verblieben sehr große Teile Schlesiens bei Deutschland. Groß Döbern läge dann zwar auf polnischer Seite, aber als Grenzort. Das gibt allen Döbernern, die davon hören, neue Hoffnung. Faktisch würde sich an ihrem Alltag wenig ändern, denn ein Leben im Grenzland ist den Einwohnern von Groß Döbern – wie so vielen Schlesiern – seit Generationen vertraut.

Erst nach dem Potsdamer Abkommen wird allmählich klar: Die Siegermächte des Zweiten Weltkrieges sprachen bei den Verhandlungen über Nachkriegsdeutschland von einer anderen, der Lausitzer Neiße. Sie fließt aus dem Isergebirge kommend Richtung Norden durch Görlitz und mündet südlich von Frankfurt an der Oder in den gleichnamigen Fluss. Die Folge: Im Potsdamer Abkommen wird Schlesien bis auf einen kleinen Zipfel Polen zugesprochen. Aber an die Endgültigkeit dieser Abmachung zwischen England, den USA, Frankreich und der Sowjetunion glauben die Deutschen in Groß Döbern nicht. Sie können sich nicht vorstellen, dass aus dem deutschen Ort der polnische Ort Dobrzeń Wielki wird. So ergeht es vielen Deutschen, die noch in Schlesien leben. Die Grenzziehung ist für sie vorläufig. Undenkbar, dass Schlesien polnisch werden könnte.

Ahnungslose Heimkehrer

In diese Ungewissheit kehrt die in Groß Döbern geborene Leopoldine Kutzera aus dem Sudetengebiet nach Hause zurück. Am Körper trägt sie Reste ihrer BDM-Uniform. In das Sudetengebiet ist Leopoldine Kutzera im Rahmen des Reichsarbeitsdienstes abkommandiert worden. Nach dem Ende des Krieges macht sie sich zu Fuß auf den Weg. Dabei passiert sie das zerstörte Dresden und trifft dort geflüchtete Schlesier. Auch sie wollen nach Hause und schließen sich der resoluten jungen Frau an.

Der zusammengestellte Treck rollt bei Görlitz über die neue grüne Grenze und begegnet Flüchtlingen, die aus Schlesien kommen und Richtung Westen streben. Die Nachrichten der Entgegenkommenden sind ernüchternd. Es heißt, die Zeit der Deutschen in Schlesien sei vorbei. Doch der Treck kehrt nicht um, kommt bis Brieg. Inzwischen befindet sich kein einziger Mann mehr in der Kolonne der Heimkehrer. Die Rote Armee hat sie auf dem Weg nach und nach alle «eingesammelt».

In Brieg können die Frauen nicht weiter. Es gibt kein Wasser mehr und kein Futter für die Pferde. Alle Lebensmittelvorräte sind restlos aufgebraucht. Auf den Straßen in Brieg ziehen viele Polen am Treck vorbei und beschimpfen die deutschen Frauen und Kinder. Leopoldine Kutzera ahnt, dass eine neue Zeit angebrochen ist. In ihrer Hilflosigkeit wendet sie sich an die Kommandantur der Roten Armee. Dort gerät sie an einen Offizier, der sehr gut Deutsch spricht und offen erklärt: «Wissen sie, wir können ihnen nicht helfen. Hier sind die Gebiete schon den Polen übergeben worden. Aber ich werde versuchen, ihnen die Heimkehr zu ermöglichen, und ihren Fuhrwerken Begleitschutz mitgeben.»

So macht sich eine Kolonne von fünfzehn Pferdewagen mit deutschen Frauen und Kindern bewacht von Soldaten der Roten Armee auf den Weg in Richtung Groß Döbern. Kurz vor dem Ziel passiert der Treck mit seiner Bewachung eine Brücke. Dort verwehrt polnische Miliz mit rot-weißen Armbinden die Überfahrt. Es

Leopoldine Kutzera bei Kriegsende. Die junge Frau kehrt im Frühjahr 1945 über Dresden nach Groß Döbern zurück. Aus Angst vor Internierung durch die polnische Miliz hält sie sich versteckt.

kommt zu einem Handgemenge zwischen den sowjetischen und polnischen Soldaten. Der sowjetische Begleitschutz ist besser bewaffnet. Die Polen lassen den Treck passieren.

Auseinandersetzungen zwischen Roter Armee und polnischen Milizen sind in der ersten Nachkriegszeit keine Ausnahme. Die sowjetischen Offiziere registrieren, dass polnische Banden und selbst ernannte Milizen eine radikale Vertreibung der deutschen Bevölkerung aus den ihnen übergebenen Gebieten organisieren. Damit überschreiten die Polen die ihnen zugestandenen Kompetenzen. Außerdem spitzt der nicht abreißende Flüchtlingsstrom von Ost nach West die Lage in den deutschen Besatzungszonen zu. Vielerorts gibt es keinerlei Vorrat an Lebensmitteln. Hunger und Seuchen grassieren. Darum bremst die sowjetische Führung die Vertreibung der Deutschen aus Schlesien: Deren überwiegend ländliche Bevölkerung ist am eigenen Wohnort sehr wohl in der Lage, sich weitgehend selbst mit Nahrung zu versorgen. Deshalb erhält der Treck von Leopoldine Kutzera Begleitschutz und erreicht schließlich das heimatliche Groß Döbern.

Zu Hause lernt Leopoldine Kutzera noch eine andere Wahrheit der Nachkriegszeit kennen. Im Elternhaus trifft sie nur Mutter und Schwester an: «Der Vater war nicht mehr da. Ein russischer Soldat und eine Zivilperson aus der Nachbarschaft haben ihn einfach abgeholt. Mein Vater war sich keiner Schuld bewusst. Als Elektromechaniker war er im Telegrafenbauamt in Oppeln beschäftigt und verbeamtet. Als Beamter trat er der NSDAP bei, um seine Stelle nicht zu verlieren. Bis zum Kriegsende ist er mit der Aufrechterhaltung des Telefonnetzes in Schlesien beschäftigt. Die Front überrollt seine Einheit, und er schlägt sich nach Hause durch.»

Leopoldine Kutzera sieht ihren Vater erst 1950 wieder. Er überlebt ein sowjetisches Arbeitslager im Donezbecken im Südosten der Ukraine. Von der Zeit dort erzählte er seiner Familie fast nichts: «Ein Ziegelstein war mein Kopfkissen.» Und: «Es gab auch dort Russen, die selber nichts hatten, aber geholfen haben.» Die polnische Staatssicherheit verhört den Mann noch viele Jahre nach dem Krieg regelmäßig an seinem Arbeitsort in Dobrzeń Wielki. Immer wieder muss er Papiere unterschreiben: Er darf nichts von dem, was er in der Sowjetunion erlebt hat, seiner Familie erzählen. «Er hatte die Möglichkeit, nach Deutschland zu gehen. Die sowjetischen Behörden haben das bei der Entlassung aus der Gefangenschaft angeboten und auch erklärt, dass er von Deutschland aus die Familienzusammenführung betreiben könne. Mein Vater hat abgelehnt,» erzählt Leopoldine Kutzera, die 1950 schon längst keine Deutsche mehr ist, sondern einen polnischen Ausweis in ihrer Tasche trägt. «Mein Vater wollte nur nach Hause. Es kam für ihn kein anderer Ort als das schlesische Döbern infrage. Darum hat er alle Bedingungen akzeptiert.»

Der Durchzug der Roten Armee mischt auch den Hausrat so mancher Familie in Groß Döbern. Alles, was den Soldaten irgendwie wichtig oder interessant erscheint, nehmen sie bis ins nächste Quartier mit und lassen es dann meistens liegen. So finden viele Sachen neue Eigentümer. Später wird nichts zurückgegeben. Es heißt: «Wir haben das nicht gestohlen, das haben uns die Russen gebracht.» Die polnische Miliz trägt noch mehr zum Durcheinander bei. Wer zur neuen Miliz gehört, darf offiziell die von Deutschen zurückgelassenen Häuser «bewachen» und sehen, was dort noch zu holen ist. Der Name eines Milizionärs ist Leopoldine Kutzera in Erinnerung geblieben. «Er hieß Gladki. Das war ein schlimmer Mensch. Wo es nur ging, bereicherte er sich. Er war es auch, der die erste Station der Miliz einrichtete. Dazu requirierte er ein leer stehendes Haus an der Hauptstraße in der Nähe der alten Kirche. Heute befindet sich darin ein Blumengeschäft.»

Der Punkt ist strategisch gewählt. Wer die Oder überqueren will, muss die provisorische Brücke im nun umbenannten Opole benutzen. Auf dem Weg dorthin passiert er die Wachstation von Gladki. Zwei oder drei bewaffnete Männer mit rot-weißen Armbinden kassieren auf der Straße Wegzoll. Solche skrupellose Bereicherung findet nicht die Zustimmung aller in Döbern lebenden Polen. «Ich erinnere mich», berichtet Leopoldine Kutzera, «noch sehr genau an die erste Zeit nach der Heimkehr von der Flucht. Ich war zu Hause, aber in der vertrauten Welt war mir so vieles fremd. Aber den Polen im Ort auch. Kurz vor Fronleichnam laufe ich zur alten Kirche. Da saß der Gladki auf der Straße. Ganz dicht dabei hatte der alte Herr Mehl seine Schmiede. Herr Mehl war Pole. Ein geachteter Handwerker im Ort. Ich sah ihn nach meiner Rückkehr zum ersten Mal und sprach ihn auf Schlesisch an. Der alte Herr Mehl schaut mich erschrocken an, zeigt auf Gladki und seine Gehilfen und legt den Zeigefinger auf den Mund. Ich soll nicht schlesisch sprechen, bedeutete das. Dann flüstert er mir, damit ich ihn auch verstehe, auf Schlesisch zu: ‹Mädel, glaube nicht, dass das Polen sind, das sind die größten Spitzbuben, die es gibt. Und wenn einer von denen es wagt, dir etwas anzutun, dann brenne ich ihm die Augen aus.›»

Es gibt nicht «die» Polen und nicht «die» Russen, lernt Leopoldine Kutzera in den ersten Nachkriegsmonaten. Es gibt Menschen, die skrupellos rauben und morden, wenn die Verhältnisse es zulassen. Und es gibt Menschen, die sich an Mord und Raub nicht beteiligen, auch wenn die äußeren Umstände dazu einladen. Sie alle leben nun in Groß Döbern.

Die Begegnung mit dem alten Herrn Mehl wirkt in Leopoldine Kutzera nach. Die junge Frau erfährt durch den Schmied an der Kirche, dass nicht nur die Deutschen vor den Polen Angst haben,

Aus Leopoldine Kutzera wurde in Polen Apolonia Chemłowska. Die deutschen Behörden verweigern ihr bis heute die deutsche Staatsbürgerschaft.

sondern auch Polen vor ihren Landsleuten. Das Nachkriegsleben in Groß Döbern ist ein Leben ohne Gesetz. Niemand kann Recht einfordern oder sich auf Recht berufen. Als eine Freundin wegen Mitgliedschaft im BDM von der polnischen Miliz verhaftet wird, ist Leopoldine Kutzera überzeugt: Verhaftung und Internierung erfolgen auf Verdacht und Verleumdung. Von nun an erscheint es ihr riskant, weiter in Groß Döbern zu leben. Im Spätsommer 1945 verlässt sie den Heimatort und taucht bei Verwandten in Nachbardörfern unter. Zunächst nimmt niemand in Groß Döbern Notiz vom Verschwinden der jungen Frau. Dann kommen Nachfragen.

Es ist leicht für die Mutter, eine Legende zu erfinden. Sie erklärt, die Tochter sei in Richtung Deutschland zu Freunden gefahren. Das klingt plausibel, trotzdem bleibt der Verdacht, sie habe etwas zu verbergen gehabt. Ein ganzes Jahr verlässt sie das dreißig Kilometer entfernte Gehöft der Verwandten nicht. Dort taucht auch ein weiterer Verwandter unter: der Bruder des von der Roten Armee in die Sowjetunion verschleppten Vaters. «Der Onkel Simon», erzählt Leopoldine Kutzera, «saß mit mir zusammen dort fest. Er hatte furchtbare Angst, weil er ja das Schicksal seines Bruders kannte. Er kam aus dem Krieg und wollte zusammen mit seiner Familie hinter die polnische Grenze nach Deutschland gehen. Er wurde aber im Ort gesehen und von Polen angezeigt. Vor der Verhaftung konnte er fliehen und sich verstecken. Nach Döbern ist er nicht mehr gegangen. Als ein Jahr vergangen war, fand er die Möglichkeit, auf einem Oderkahn Polen zu verlassen. Natürlich war das illegal. Aber es funktionierte. Viele Männer sind auf diese Weise aus Polen rausgefahren. Manche sind allerdings an der Grenze geschnappt worden. Aber der Onkel Simon kam durch. Die Polen haben ihm diese Flucht nicht verziehen und seine Familie dafür büßen lassen. Seine Frau hat noch lange in Döbern leben müssen, ehe ihr die Ausfahrt gestattet wurde. Aber man darf die Schuld an diesen Verstrickungen nicht nur den Polen geben. Unter den Schlesiern ist eine eigenartige Stimmung entstanden. Mancher wollte seine Haut retten, hat den Nachbarn oder der Miliz irgendetwas erzählt, was so gar nicht stimmte. Ich weiß, dass meine Freundin damals von Schlesiern denunziert wurde. So kam sie in ein Lager in Oppeln.»

Erst 1946 kehrt Leopoldine Kutzera nach Groß Döbern zurück. Der polnische Sicherheitsdienst interessiert sich nicht mehr für die junge Frau. Er ist mit anderem beschäftigt – er stellt Ausweisungslisten zusammen: Ganz oben stehen die unbequemen Deutschen und die deutschen Familien mit attraktiven Häusern.

Aus Deutschen werden Polen gemacht

In der Rückschau scheint es, als sei die Polonisierung Schlesiens ab 1945 nach einem festen Plan verlaufen. Der Schein trügt. Sicher gibt es Beschlüsse der provisorischen Regierung und Befehle innerhalb des entstehenden Sicherheitsapparates. Aber es ist Nachkriegszeit: Kaum ein Telefon funktioniert, die polnische Post ist erst im Aufbau begriffen. Ob Weisungen oder Befehle in Groß Döbern ankommen, hängt von vielen Zufällen ab. Ebenso zufällig ist die jeweilige Interpretation der Anordnungen.

Unklar ist, warum an einem Frühsommertag im Jahre 1945 in Groß Döbern vor der alten Kirche ein Feuer lodert. In den Flammen verbrennt deutsches Schriftgut aus den Bürostuben der Gemeinde, Räumen der Kirche und den Wohnungen der geflüchteten Deutschen. An alle Einwohner von Groß Döbern ergeht zuvor ein Erlass. Ob er schriftlich verfasst und ausgehängt oder mündlich verbreitet wird, ist ungewiss. Alois Kokot weiß nur: «Es hieß, alle deutschen Bücher sind unten bei der alten Kirche abzugeben. Es gab Leute, die haben das gesehen und ebenfalls ihre deutschen Bücher herausgetragen. Aber die meisten Bücher haben wir im Haus behalten und irgendwo eingemauert oder im Schuppen hinter Brettern versteckt.»

Ist aus der Vernichtung deutscher Amtspapiere im Selbstlauf eine solche Bücherverbrennung geworden? Schließlich geht es – im Gegensatz zur Bücherverbrennung der Nazis – nicht um den Inhalt der Bücher, sondern um die Auslöschung der deutschen Buchstaben. Der Lastkraftwagenfahrer Hans Gora erzählt: «Die Polen waren von großem Hass auf uns Deutsche erfüllt. Alles, was eine deutsche Beschriftung trug, sollte raus aus unserem Haus. Meine Mutter hat sich zur Wehr gesetzt, als sie auch die beschriftete Mehlbüchse wegschmeißen und die mit goldener Schrift versehenen Tassen zerschlagen sollte. Die Polen hatten da kein Einsehen. Erst nach langem Hin und Her gab es einen Kompromiss. Wir mussten die deutsche Beschriftung übermalen oder zukleben. Dann durften Sachen aus dem Haushalt in der Wohnung bleiben. Aus diesen Tassen haben wir dann getrunken.»

Polnische Milizen kontrollieren die Verbannung der deutschen Buchstaben mit Strenge. Verstöße ahnden sie nach Belieben. Die Strafe reicht von der einfachen Ermahnung bis zur Enteignung und Ausweisung nach Deutschland. Ist der Hof oder das Haus für die Ansiedlung von Polen besonders geeignet, werden die deutschen Bewohner durch häufige Kontrollen schikaniert und zur Ausreise genötigt.

Zeitgleich verschwindet in Groß Döbern die gesamte deutsche Beschilderung. An den Schulen, an den Geschäften, am Bahnhof, an der Post, in der Kirche und auf dem Friedhof soll kein deutsches Wort zu lesen sein. Wo Beschriftungen mit dem Putz der Häuserfassaden verbunden sind, werden die Buchstaben abgeschlagen. Die Polen bestreichen die Steine auf den Gräbern mit einem zementhaltigen Schlamm. Den Hinterbliebenen wird geraten, die Grabsteine polnisch zu beschriften.

Die katholische Kirche hat sich gegen die Polonisierung der Deutschen nicht zur Wehr gesetzt. Der Erzbischof von Opole Alfons Nossol ist heute bemüht, alle Fakten und Ereignisse des ersten Nachkriegsjahres zu rekonstruieren und das Versagen der Kirche damals konkret zu benennen. Doch das ist schwieriger, als es auf den ersten Blick scheint.

Die Priester der katholischen Kirche beherrschten in Oberschlesien traditionell sowohl die deutsche als auch die polnische Sprache. Manchmal waren sie Polen, manchmal Deutsche. Erzbischof Alfons Nossol wuchs als Kind einer deutschen Familie in Oberschlesien auf. Das Kriegsende erlebt er in einer Priesterschule im heutigen Ostpolen. Dort werden bis 1945 alle Priesterschüler in deutscher und polnischer Sprache unterwiesen, damit sie später in beiden Sprachen die Beichte abnehmen können.

Mit dem Kriegsende stellt die katholische Kirche diese Ausbildung sofort um. Kein deutsches Wort darf in den Priesterseminaren mehr zu hören sein. Die Kirche lenkt gegenüber den neuen Machthabern ein. Erzbischof Alfons Nossol hat diesen Umbruch erlebt und ihn als Verlust der eigenen Identität empfunden. Die Sprache seines Herzens war ihm verboten. Es beginnt ein Leben in Angst.

Die Kirche erlebt den Einmarsch der Roten Armee in Oberschlesien als Angriff auf ihre Existenz. Brennende Gotteshäuser, erschossene Priester und Mönche und Vergewaltigungen in kirchlichen Räumen gehören zu den Grunderfahrungen am Ende des Krieges. Die Schändung der Friedhöfe in der Nachkriegszeit war aus dieser Perspektive – so makaber es klingt – eher ein geringes Übel. Die Priester wollten ihre eigene Lage nicht gefährden und beobachteten, was um sie herum geschah.

Später bemüht sich die Kirche um Korrekturen. Priester und Nonnen treten als Vermittler zwischen Deutschen und Polen auf.

Etwa im katholischen Kindergarten in Groß Döbern. Dort arbeiten Schwestern aus umliegenden Klöstern. Sie sprechen sowohl deutsch als auch polnisch und schreiben den Kindern nicht vor, welche Sprache sie im Alltag benutzen. Ein Cousin von Leopoldine Kutzera kann sich erinnern: «Mich betreute damals sehr liebevoll Schwester Cromatia. Woher sie kam, weiß ich nicht mehr. Sie sprach mit mir deutsch. Ich ging sehr gerne zu ihr, freute mich auf die Vorschule. So hieß der Kindergarten damals. Natürlich nicht auf Deutsch. Man nannte den Kindergarten «Djetskaja schkola», was man mit «Kinderschule» sehr direkt übersetzen kann. Offiziell war dort alles polnisch wie im ganzen Ort, inoffiziell war das anders. Ich erinnere mich nicht, dass ich beschimpft wurde, nur weil ich kaum polnisch sprach. Das passt nicht zu vielem, was um uns in Döbern damals geschah.

Mein Vater hat später bei uns zu Hause die deutsche Sprache verboten, weil Polen von Fenster zu Fenster geschlichen sind und darauf geachtet haben, wie dahinter gesprochen wurde. Aber im Kindergarten war die Benutzung der deutschen Sprache kein Problem. Ich denke heute oft über diese Gegensätze nach, die mir damals begegneten. Die Schwestern haben dann mit uns in spielerischer Form polnische Wörter gelernt. So habe ich angefangen, Polnisch zu sprechen.

In meiner Erinnerung war das alles harmonisch. Als ich in die Schule kam, verstand ich zwar nicht viel von dem, was die Lehrer erzählten, aber ich hatte einen Grundstock, um mühelos weiter zu lernen. Mein Vater hat dann von mir gelernt. Aber nur das Sprechen. Die Schriftsprache blieb ihm fremd. Lebensläufe und Amtspapiere haben ihm Kollegen geschrieben. Man kann es von zwei verschiedenen Seiten sehen. Auf der einen Seite haben die Schwestern toleriert, dass die Kinder in der Spielschule deutsch sprechen. Auf der anderen Seite haben sie für einen fließenden Übergang in die polnische Sprache gesorgt. Man kann dazu sagen, das war tolerant. Man kann aber auch sagen: Die Kirche hat sich den Bedingungen gefügt. Jedenfalls lernte ich akzentfrei polnisch sprechen.

Polen haben später an meiner Aussprache nicht erkannt, dass ein Deutscher vor ihnen steht.»

Johannes Kutzera wird im Herbst 1943 geboren und wächst zusammen mit sieben Geschwistern in Groß Döbern auf. Seinen Vater Johann verschlägt es nach Kriegsende in den Westen Deutschlands. Zu seiner Familie hat der Mann jeden Kontakt verloren. Er sieht nur, dass es für die unzähligen Flüchtlingsfamilien aus Schlesien und Ostpreußen im zerbombten Nachkriegsdeutschland keine Quartiere, keine Lebensmittel und keine Perspektive gibt. Den Gedanken, seine Familie in den Westen zu holen, verwirft er sehr schnell. Schließlich stellen die alliierten Behörden dem ehemaligen Wehrmachtsangehörigen Papiere zur Reise in den Heimatort aus.

Dass hinter der Oder-Neiße-Linie Polen beginnt, interessiert den Postbeamten Johann Kutzera im April 1946 nicht. Gegen jeden Ratschlag fährt er von Münster aus in Richtung Schlesien. Er will nach Hause, nach Groß Döbern. Der Grenzposten in Görlitz weist den ehemaligen Postbeamten darauf hin, dass diese Papiere nur das einmalige Passieren der Grenze ermöglichen. Er darf mit diesen Papieren nicht nach Deutschland zurück. Johann Kutzera ahnt zu diesem Zeitpunkt nicht, dass seine Frau in mehreren Briefen verzweifelt versucht hat, den Ehemann zu warnen: «Komme nicht nach Hause. Hier ist inzwischen Polen. Schreibe uns, wo du bist. Wir kommen zu dir.»

Diese Briefe haben Johann Kutzera nie erreicht. Sein Sohn Johannes Kutzera erinnert sich an die Ankunft des Vaters. «Die Mama und meine Tanten haben bei der Ankunft von Papa bitterlich geweint. Ich hatte keine Ahnung, warum alle in der Stube saßen und schluchzten. Mama hat später erzählt, dass durch diese Heimkehr für sie das Recht auf schnelle Ausreise verwirkt war. Einen Hof, für den sich Polen interessierten, besaßen wir nicht. Wir sollten als Deutsche in Groß Döbern polonisiert werden. Wir waren ja katholisch, wie fast alle Deutschen in Döbern, und galten in den Augen der Polen als Urschlesier, die ja aus ihrer Sicht keine

Deutschen, sondern Polen waren. Außerdem mangelte es in allen Betrieben an Männern. Die Familie saß nun buchstäblich in Döbern fest.»

Die Eheleute fügen sich in die neue Situation und denken an das Überleben und die Zukunft. Da sie – wie fast alle Deutschen in Döbern – die Zugehörigkeit Schlesiens zu Polen für eine Episode halten, fassen sie einen Beschluss: Wir bauen das vor dem Kriegsende begonnene eigene neue Haus fertig. Der Rohbau steht seit 1944. Noch 1946 treiben die Eltern den Innenausbau so voran, dass ein erstes Zimmer bewohnbar wird. Johannes Kutzera erinnert sich an den Einzug. «Sicher war alles noch sehr unfertig, aber die wichtigsten Räume hatten Türen und Fenster und die Familie ein Dach über dem Kopf. Ich erinnere mich, dass sich meine Eltern mit diesem Erfolg getröstet haben. Sie waren der Überzeugung, dass es ihnen in Polen besser gehen würde als den Flüchtlingen im zerstörten Nachkriegsdeutschland. Im Garten bauten wir Kartoffeln und Gemüse an, wir hatten Hühner und später auch ein Schwein. Das alles in einer Zeit, wo um uns nur Hunger und Elend war. Meine Eltern haben sich wirklich damit getröstet. Aber das war ein Trost im Unglück, denn sie wollten ihre deutsche Identität nicht aufgeben.»

Der Vater findet schnell Arbeit. Erst auf der Werft, dann in einer Fabrik. Die ersten Złoty fließen in die Familienkasse. Die Zeiten werden für die Deutschen immer polnischer. Die Kutzeras erwägen mehrfach die Ausreise. Doch die polnischen Behörden lehnen jede Anfrage kategorisch ab. Die Familie muss in Polen bleiben.

Nach welchen Kriterien wird im polnischen Schlesien mit den Deutschen verfahren? Wer muss raus? Wer darf nicht raus? Alle Deutschen müssen 1946 Niederschlesien verlassen. Sie werden Ort für Ort buchstäblich über Nacht vertrieben. In Oberschlesien gibt es die so genannte polnische Option: Deutsche können den Antrag auf die polnische Staatsbürgerschaft stellen. Aber diese Option gilt nicht generell. An ehemaligen deutschen Beamten und Lehrern hat man kein Interesse. Ebenso wenig an Unternehmern des Mittelstandes. Sie werden sehr schnell ausgewiesen. Ingenieure und einfache Arbeitskräfte sind gefragt.

Kaum Interesse besteht an der Polonisierung von Einwohnern in Orten mit überwiegend evangelischer Bevölkerung. Die Vertreibung der Deutschen aus diesen Dörfern läuft schnell und mit Nachdruck an. In Groß Döbern gibt es keine evangelische Kirche. Die schon seit den dreißiger Jahren des zwanzigsten Jahrhunderts stetig wachsende katholische Gemeinde gilt den polnischen Behörden wegen ihres Glaubens als leicht polonisierbar. Außerdem ist Groß Döbern ein Wallfahrtsort. Am nördlichen Ende des Ortes steht die Rochus-Kirche, ein Holzbau. Alljährlich im August treffen sich dort Zehntausende Katholiken zur Verehrung des heiligen Rochus, der die Schlesier vor Seuchen bewahren soll. Diese Bindungen und der hohe Verbreitungsgrad der schlesischen Mundart scheinen den polnischen Behörden Grund genug, mit der Vertreibung der Einwohner zu zögern.

1946 stellt die neue polnische Verwaltung nach und nach jeden Einwohner von Groß Döbern vor die Wahl, provisorisch die polnische Staatsbürgerschaft zu beantragen oder alles Eigentum zu verlieren. Leopoldine Kutzera, nach Groß Döbern zurückgekehrt aus ihrem Versteck, wird von einem Tag auf den anderen Polin. «Ich weiß noch genau, wie ich meinen ersten polnischen Ausweis bekam. Ich lebte ja mit dem Gefühl einer Illegalen, hatte keinerlei gültige Papiere, war vogelfrei. Ein Verwandter hat mich mitgenommen zur Arbeit in die Strumpffabrik. Die Polen suchten nach Leuten, die diese Arbeit schon vor dem Krieg gemacht haben. Eines Tages holte mich jemand weg vom Arbeitsplatz. Ich musste mitkommen, wurde vor eine Wand gestellt und fotografiert. Anschließend hatte ich zu unterschreiben. Damit war ich polnischer Staatsbürger und hieß von nun an Apolonia Kuczera. Man hat sich mit der Unterschrift für Polen bekannt, aber nicht geahnt, was das ist und was das bedeutet. Ich hatte dann einen Zettel, der meinen Aufenthalt in Groß Döbern legitimierte. Da stand aber nicht mehr Groß Döbern geschrieben, sondern schon Dobrzeń Wielki.

Das Ende der deutschen Sprache

Noch vor der Polonisierung der Erwachsenen beginnt in Groß Döbern die Polonisierung der Kinder. Die Schule ist die erste offizielle polnische Institution im Ort. Ihre Gründungsurkunde ist erhalten, ausgefertigt in zwei Sprachen: Russisch und Polnisch. Darin verfügt das gerade gegründete Kuratorium für Schulwesen in Katowice, den Unterricht am 1. Mai 1945 aufzunehmen. Alois Kokot hat diesen Anfang erlebt: «Da kamen ein polnischer Hauptlehrer und einige Lehrerinnen. Die gehörten zur ehemaligen polnischen Minderheit in Döbern, die es bis 1938 offiziell gab. Bis 1938 hatte sie eine eigene polnische Schule. Die Nazis haben sie geschlossen. Nach dem Krieg waren Mitglieder der polnischen Minderheit die ersten Lehrer. Sie haben den Unterricht aufgenommen und auch angefangen, die Namen umzuschreiben. Ich hatte Glück. Ich blieb Kokot. Der Nachname hört sich unverändert an. Nur das zweite ‹t› wurde mir vom Nachnamen weggestrichen. Aus meiner Sicht war das nicht so schlimm, denn auf einen Buchstaben konnte ich verzichten.» Andere haben es schwerer.

Einer von ihnen ist Hubert Steinborn, dessen Vater von der polnischen Miliz 1945 verhaftet wird und an einem unbekannten Ort an den Folgen der Haft stirbt. Hubert Steinborn tauft seine Tochter Mechthild. «Da war ein Lehrer in der Schule, den hat dieser Name gestört. Einmal rief er meine Tochter an die Tafel und war ganz in Zorn. Den Namen Mechthild konnte er nicht ausstehen. In seinem Zorn schrie er: ‹Mechthild kannst du in Berlin heißen, aber nicht in Polen!› Anschließend nahm er einen Stift und strich im Klassenbuch den Vornamen Mechthild durch und schrieb Magda darüber. Meine Tochter hat furchtbar geweint und ist aus der Schule nach Hause gerannt. Den Lehrer hat das nicht gestört. Der war so fanatisch, so deutschfeindlich. Seine Frau, die auch als Lehrerin gearbeitet hat, war nicht so eingestellt. Mit ihr konnte man reden. Das haben wir auch gemacht. Aber sie konnte ihren Mann nicht dazu bewegen, die willkürliche Namensänderung rückgängig zu

Eine Schulklasse in Dobrzeń Wielki Anfang der fünfziger Jahre. Alle Kinder stammen aus deutschen Familien. Die Lehrerin ist Polin, im Unterricht wird ausschließlich polnisch gesprochen.

machen.» Hubert Steinborn hat diese Geschichte nicht verwunden.

Und was wurde aus den entlassenen Lehrern? In Döbern gab es einen deutschen Lehrer namens Kolibabe. Er war bei den Familien sehr geschätzt, denn er sah in seiner Arbeit eine Berufung. Außerdem war für ihn selbstverständlich, dass alle Erziehung in der Schule auf christlichen Werten basierte. Er war so sehr Katholik, dass er sich weigerte, bestimmte Anordnungen der Nazis zu befolgen. So gab es nach 1933 Streit um den Verbleib des gekreuzigten Christus im Klassenzimmer. Die Nazis hatten alle religiösen Symbole in der Schule verboten. Kolibabe tat zunächst so, als habe er von dieser Anordnung nie etwas gehört. Dann lehnte er die Durchführung der Anordnung ab. Der gekreuzigte Christus verblieb in der Schule. Erst nach Kriegsende entfernten die neuen polnischen Lehrer die Kreuze. Der alte Lehrer war da schon entlassen. Er weigerte sich, Pole zu werden und auf der Straße und in den Geschäften polnisch zu sprechen. Die neuen Machthaber im Ort wollten das nicht hinnehmen. Sie «verurteilten» die Frau des Lehrers zum Putzen der Amtsstuben auf der Gemeinde. Die Demütigung der Besiegten durch die Sieger – sie fand selbst auf der untersten Ebene statt.

Auch die Kinder von Gertrud Gabriel wachsen heran und werden eingeschult. Die Eltern entscheiden sich, mit den Kindern zu Hause schlesisch zu sprechen. Die Tochter kann sich noch genau erinnern: «Wir haben in der Schule Polnisch gelernt, aber zu Hause haben wir schlesisch gesprochen. Die Sprache war mit vielen deutschen Wörtern gespickt und unser Vater hatte immer vor, mit uns deutsch zu sprechen. Aber da wir sehr viele Kinder waren, einer konnte schon etwas, der andere konnte nicht, kamen wir nicht dazu. Und die Zeit war auch manchmal knapp. Wir kannten zwar viele Wörter, aber deutsch sprechen konnten wir nicht.»

Das Erlernen der deutschen Sprache vertagen die Eltern, wie sie glauben, nur vorläufig. Doch dieses Provisorium wird zum Dauerzustand. Die Eltern haben Angst vor den Behörden, Angst vor Internierung oder Ausweisung. Also lernen die Kinder der ehemaligen deutschen Familien die deutsche Sprache nicht mehr. Ganz allmählich wachsen sie in die polnische Sprache hinein. Deutsch wird für sie eine Fremdsprache.

Der kleine Johannes Kutzera, dessen Vater Anfang 1946 nach Hause kommt, bringt gute Zensuren nach Hause, macht Fortschritte beim Lernen. Glücklich ist er darüber später nicht: «Heute bin ich manchmal sehr böse, dass man uns einfach verbogen hat, gänzlich so geformt hat, wie es dem polnischen Staate passte. Es war eine geistige Vergewaltigung, anders kann man es nicht sagen. Alle Spuren des Deutschtums, konkret die Familiennamen, wurden umgeschrieben. Aus einer Familie Wolf machten die Lehrer eine Familie Wilk. Meine Schwester hieß Brunhilde. Daraus machte man Bronisława, das heißt Ehre oder Waffe. Ich wurde dann von Johannes auf Jan umgeschrieben. Allerdings war das nicht schlimm. Denn Jan ist ein holländischer Name. Die Polen meinen bis heute, dass das ein polnischer Name ist, aber da stand ich drüber.»

Von den ersten polnischen Lehrern lebt heute niemand mehr in Groß Döbern. Damals setzen sie beharrlich durch, dass im Unterricht und in den Pausen kein deutsches Wort zu hören ist. Vergehen gegen diese Anordnung werden mit Strafen geahndet. So verbreitet sich ein Klima der Angst. Die Kinder flüstern in den Pausen und verstecken sich, um ungestört reden zu können.

Kinder wie Alois Kokot lernen, zwischen einem privaten und einem öffentlichen Leben zu unterscheiden. «Der Druck war groß, weil wir in den Pausen und auf der Straße nur deutsch geredet haben. Natürlich konnten wir das nicht laut. Wir hatten Angst vor den Lehrern. Aber nicht jeder Lehrer war gleich. Manche haben über unser Vergehen hinweggesehen. Manche haben geschimpft, waren grob. Dann waren da noch die Behörden. Wenn von den neuen Beamten jemand in den Unterricht kam, haben wir einfach nichts gesagt. So konnte niemand beurteilen, wie gut oder schlecht wir schon Polnisch konnten. Ganz langsam haben wir neu sprechen gelernt. 1952 war ich schon in Oppeln auf dem Gymnasium. Da wurde nur noch polnisch gesprochen. Es war sieben Jahre nach dem Krieg. Da konnten Kinder von ehemaligen Deutschen wieder den Weg zum Abitur einschlagen, aber nur als Polen und mit guten polnischen Sprachkenntnissen.»

Nach der Entlassung der alten Lehrer fehlen in der Schule ausgebildete Pädagogen. In Neulehrerkursen und kurzen Studiengängen erweitern junge polnische Schulabgänger ihr Wissen und werden anschließend aus ganz Polen nach Schlesien geschickt. Von dem, was sie dort erwartet, hat niemand der jungen Lehrer eine Ahnung. Freiwillig kommen die wenigsten Absolventen der Lehrerausbildung hierher, erzählt Kazimiera Mozdzioch: «Man hat mich zur Arbeit hierher verpflichtet. Und ich bin zuerst von Dorf zu Dorf gezogen. Als ich hier ankam, wusste ich von Schlesien und seiner Besonderheit gar nichts. Ich kam mit viel Lust zur Arbeit vom Studium hierher. Und ich habe meinen Beruf so geliebt, vom Anfang bis zum Ende. Aber es war furchtbar schwer hier, ich habe gar nicht begriffen, was und wie die Leute hier reden. Ich kannte den schlesischen Dialekt nicht. Zu Hause hatte ich nie davon etwas gehört. Ich hatte mein Lyzeum ja in den Beskiden absolviert. Hier waren die Bedingungen schrecklich, die meisten Lehrer verschwanden hier nach einem halben Jahr.»

Die vertriebenen Polen kommen

Doch zuvor ändert sich viel. Seit dem Sommer 1945 passieren unaufhörlich Güterzüge die schlesischen Bahnhöfe. Zwangsweise ausgesiedelte Polen aus dem westlichen Teil der Ukraine, die nun zur Sowjetunion gehört, kommen mit ihrem Eigentum hier an. Filmaufnahmen von dieser Ankunft in Schlesien zeigen das Elend der aus ihrer Heimat vertriebenen Polen. Der erste Wohnort ist der Bahnsteig. In Bündeln zusammengeschnürte Kleidung liegt zu Haufen getürmt neben Wartebänken. Auf denen schlafen Alte und Kinder. Die Frauen hocken zwischen den Bahngleisen und bereiten auf kleinen mitgebrachten Öfen die Mahlzeiten zu.

Aus heutiger Sicht ist völlig unverständlich, warum Moskau in diesem traditionell multikulturellen Teil der Westukraine keine Bevölkerung polnischer Nationalität geduldet hat. Gleiches gilt für das Baltikum. Der einzige Grund für die Vertreibung dieser Polen ist ihre Nationalität. In den nichtrussischen Mitgliedsstaaten der «Union der sozialistischen Sowjetrepubliken», so lautete die offizielle Staatsbezeichnung, schafft Moskau Strukturen, die nationale Selbstbestimmung von Minderheiten künftig unmöglich machen soll.

Diese Vorgänge widersprechen zwar der offiziellen Haltung Stalins zur nationalen Frage. Doch seine inoffiziellen Äußerungen zur Entpolonisierung in der Westukraine sind durch Zeugen überliefert. Während der Verhandlungen der Siegermächte im Sommer 1945 in Potsdam fragen die Briten an, wie die Bevölkerung in den von der Sowjetunion besetzten Territorien strukturiert sei. Die sowjetische Delegation erklärt, in der Westukraine lebten kaum noch Polen. Und dort, wo sie noch vertreten seien, würde man die Bedingungen dafür schaffen, dass die Betreffenden einer Umsiedlung von sich aus zustimmen können.

Wie diese und ähnliche Äußerungen gemeint waren, hat der polnische Teil der Bevölkerung vor allem im Lemberger Gebiet erfahren. «Der Hauptgrund dafür, dass meine Familie aus Ostpolen wegging, ist ganz einfach erklärt: Dort haben die ukrainischen Banditen die Polen massenweise umgebracht. Sie haben die Polen in Scheunen gesperrt und lebend verbrannt. Meine Eltern sollten da weg, obwohl das Land sehr fruchtbar und die Häuser in gutem Zustand waren. Aber sie mussten weg aus Rücksicht auf ihr Leben und um die Familie zu retten», berichtet Felicja Marjowska.

Die Beschreibungen der Geschehnisse in der Ukraine unterscheiden sich nur in Nuancen. Übereinstimmend berichten die Betroffenen von Folter, Qual und Mord. Offiziell hat es das Leid der Polen weder in der sowjetischen noch in der polnischen Geschichtsschreibung gegeben. Erst nach 1989, nach der Öffnung der so lange geheimen Archive, werden die Lügen der sozialistischen Geschichtsschreibung offenbar. Die Zahlen der Opfer werden veröffentlicht und Jahr für Jahr nach oben korrigiert. Die Gründe für die Vertreibung der Polen werden dadurch nachvollziehbar. Moskau hat kein Interesse am Selbstbewusstsein der polnischen Intellektuellen, an den wirtschaftlichen und kulturellen Wurzeln des polnischen Bürgertums. Anna Zakrzewska erzählt, was sie von ihren Vorfahren weiß: «Wir sind die Nachfahren einer berühmten Lemberger Familie, der Familie Skarbek. Diese Familie war im 19. Jahrhundert sehr vermögend. Mit diesem Vermögen haben die Väter immer Politik gemacht und Einfluss auf das Geschehen in der Stadt genommen. Mein Urgroßvater hat ein Waisenhaus gestiftet, mein Großvater ein Theater gebaut. Er schrieb Stücke und probierte sich als Schriftsteller. Eine Zeit lang hat er das Theater sogar geleitet. Dann bemühte er sich um eine große Galerie und stellte dort polnische, deutsche und russische Künstler aus. Er hätte in Lemberg niemals die Unterstützung für die Schaffung einer Galerie erhalten, in der nur Polen ausstellen durften. Es lebten ja so viele verschiedene Menschen in Lemberg, auch viele Deutsche. Im Theater und in der Galerie hat er sie zusammengeführt.» Stalin misstraut der kulturellen Identität der polnischen Minderheit. Er vermutet, dass sie einen dauerhaften Anschluss der Westukraine an die Sowjetunion irgendwann nicht mehr akzeptieren wird.

Die vertriebenen Polen und die deutschen Schlesier wissen nichts voneinander, als sie Nachbarn werden. Aber in allen Orten Schlesiens, in denen die Vertriebenen aus dem Osten Polens und die polonisierten Schlesier aufeinander treffen, beginnt schon bald eine Annäherung. Die neuen Nachbarn erkennen: Wir tragen ähnliches Leid. Doch die Nachbarschaft ist belastet. Die polnischen Familien beziehen die von den Deutschen freiwillig und unfreiwillig verlassenen Häuser, mehr als eine Million Polen erhalten auf diese Weise wieder ein Dach über den Kopf. Wie das geschah, davon berichten polnische Wochenschauen. Zuerst erscheinen Vertreter der polnischen Behörden zur Zählung der «neuen» Schlesier auf den Bahnhöfen. Dann machen sich die Ausgesetzten auf die Suche nach freien oder leeren Häusern. Władysław Szymkaruk erinnert sich, wie seine Familie dann zu einem Haus kam. «Ja, die Sache mit dem Schlüssel: Der lag auf der Gemeinde. Man musste die Nummer von dem Haus sagen, welches man wollte, und dann bekam man den Schlüssel dazu.»

Von dieser Ankunft erzählen Polen bis heute nicht gerne. Zum einen aus Scham. Zum anderen wissen sie nicht, ob sie heute für diese Besitzergreifung verantwortlich gemacht werden können. Sie zweifeln daran, dass die von der Volksrepublik Polen geschaffenen juristischen Verhältnisse Bestand haben werden. Das Gefühl von Rechtssicherheit wird auch von deutscher Seite untergraben. Allein die Existenz einer «Preußischen Treuhand» und die von einzelnen Vertriebenen geäußerte Idee, verlorenen Besitz beim Internationalen Gerichtshof in Den Haag einzuklagen, weckt Angst vor erneuter Vertreibung. Und die polnischen Medien bestärken die Furcht vor den Alteigentümern.

Auch vom Einzug polnischer Familien in die verlassenen und geräumten Häuser der Deutschen existieren Filmaufnahmen. Die Maschinen in den Scheunen werden begutachtet und polnische Fahnen an den Häusern gehisst. Man sieht, wie den ankommenden Familien Tiere für die Wirtschaft zugeteilt werden. Am Bildrand stehen Zuschauer. Die Deutschen beobachten diese Vorgänge mit Angst. Für sie ist wichtig, ob die Anzahl verlassener Häuser und Wohnungen ausreicht, um die vertriebenen Polen unterzubringen. Bleiben polnische Familien «übrig», handelt der polnische Sicherheitsdienst und räumt Häuser von Deutschen leer.

Der polnische Journalist Engelbert Mies hat recherchiert, ob es einen Zusammenhang zwischen der Internierung im Lager Łambinowice und der Besiedlung der Dörfer durch vertriebene polnische Familien gibt. Er kommt zu einem ernüchternden Ergebnis: «Fehlten Häuser, wurden deutsche Familien innerhalb einer Stunde aus ihren Häusern rausgeworfen. In diesen Häusern waren dann die Öfen noch warm, wenn die Polen einzogen. Das ist leider wahr. Wir müssen das zur Kenntnis nehmen. Aber das war nicht die Regel, war nicht in jedem Fall so.» Die meisten polnischen Familien beginnen ihr neues Leben in «vorsortierten» Haushalten. Die polnische Miliz und auch die schlesischen Nachbarn haben sich vorher geholt, was sie gebrauchen konnten.

Glücklich sind die betroffenen polnischen Familien nicht. Auch Anna Zakrzewska bestätigt das Heimweh ihrer Familie. «Meine Eltern sehnten sich nach dem eigenen Land. Das Land hier blieb ihnen ihr Leben lang fremd. Die tragischen Erlebnisse in der Lemberger Gegend haben sie auch später daran gehindert, in die alte Heimat zu Besuch zu fahren und sich anzuschauen, was daraus geworden ist. Sie hatten immer großes Heimweh, aber gewusst: Es gibt keinen Ausweg, keine Alternative. Sie mussten hier leben. Alle haben gehofft, dass dies alles nicht endgültig bleibt.»

Erst in den fünfziger Jahren beginnen die polnischen Behörden, die neuen Besitzverhältnisse juristisch zu fixieren. In die von den deutschen Behörden übernommenen Grundbücher tragen sie die neuen polnischen Eigentümer ein. Die neuen Eigentümer erhalten Dokumente, auf denen zu lesen ist: «Urkunde über das Eigentum an Grund und Boden in den wieder gewonnenen Gebieten». Es wird suggeriert, dass die Vertreibung der Deutschen aus Schlesien historisch gerechtfertigt ist, schließlich handele es sich um urpolnisches Gebiet.

Dies ist das Erklärungsmuster, das bis 1989 alle polnischen Geschichtsbücher dominiert. Die historische Forschung im sozialistischen Polen erklärte diesen Anspruch aus der Geschichte: Die einstigen schlesischen Fürstenhäuser waren verwandt mit dem polnischen Königshaus. Darum sei Schlesien urpolnisch. Die neuen Eigentümer in Schlesien haben allerdings diesen Thesen wenig Glauben geschenkt. Über Jahrzehnte investierten sie nicht in das neue Eigentum. Sie hatten nicht das Gefühl, in Schlesien die alte Heimat gefunden zu haben.

Die Nachricht von der Übergabe verlassener Häuser und Grundstücke an Polen dringt in den ersten Nachkriegsjahren in alle deutschen Besatzungszonen und löst heftige Reaktionen aus. Deutsche Flüchtlinge kehren in ihre alte Heimat zurück. Dort wollen sie das Schlimmste verhindern und ihren Besitz an Grund und Boden retten. Doch mit der Heimkehr erfahren die Betroffenen zu ihrem Entsetzen, dass sie als Deutsche keinerlei Anspruch mehr auf ihr Eigentum haben. Inga Reichert erinnert sich, wie die Mutter Haus und Hof verteidigte. «In der Zeit, in der meine Tante die Mama aus Deutschland zurückholte, war das Haus schon besetzt. Die Mama fuhr nach Oppeln und musste beweisen, dass es ihr Haus ist, und die Leute mussten dann wieder raus. Mama hat das Haus zurückbekommen. Aber nur unter der Bedingung, dass sie den polnischen Ausweis annimmt. Die Leute, die den polnischen

Ausweis nicht angenommen haben, erhielten ihr Haus nicht zurück. Auf keinen Fall. Es gab solche Fälle, dass Leute nicht den polnischen Ausweis angenommen haben. Sie verloren ihr Haus.»

Viele deutsche Familien bleiben auf Verdacht in Groß Döbern. Sie wollen abwarten, wie sich die Verhältnisse entwickeln. Sie erdulden die Polonisierung als das kleinere Übel und spekulieren auf eine Ausreise für den Fall, dass die Verhältnisse sich zuspitzen. Schätzungsweise die Hälfte der deutschen Familien im Ort denkt so.

Doch die Betroffenen wissen nicht, dass wenige Jahre später die polnischen Behörden mit den ehemaligen Deutschen nicht mehr verhandeln. Die Option, die polnische Staatsbürgerschaft anzunehmen und das Eigentum zu behalten oder enteignet und ausgewiesen zu werden, existiert nur für eine kurze Zeit. Sie sitzen in der Falle. Es beginnen lange Jahre des Antragstellens und Wartens auf die Genehmigung der «Ausfahrt» – so nennen die Schlesier den ersehnten Abschied aus den neuen Verhältnissen in ihrer Heimat.

Doch auch ganz praktische Fragen müssen die neuen mit den alten Bewohnern klären. Die Führung der Wirtschaft unterscheidet sich von Haus zu Haus. Zum Beispiel die Milchwirtschaft. Sie liegt traditionell in den Händen der Frauen. Sie wissen seit Generationen, wann ihre Kühe auf ihren Wiesen weiden können. Doch nun ist alles anders. «Die Polen haben das Vieh einfach in das Dorf laufen lassen. Ein Hirte ist dann mit dem Vieh gegangen und hat es irgendwo weiden lassen. Abends hat er die Tiere wieder ins Dorf zurückgetrieben. Jeder hat seine Kuh genommen oder sie sind alleine in ihren Stall gegangen, sie wussten ja, wohin. Die Hirten haben nicht geguckt, ist das meine Wiese oder deine Wiese. Sie haben das Vieh dort angebunden, wo Gras war. Meine Tante ist gegangen und hat gesagt, das ist meine Wiese, warum bindet ihr die Kuh hier an. Natürlich ist es zum Krach gekommen. Es war so schlimm, dass die Tante ins Krankenhaus musste. Es war so. Es wird keiner sagen, aber es war so. Die sind mit Stöcken zusammengelaufen und

1952 bricht Leopoldine Kutzera ein Tabu: Sie heiratet einen Polen. Fortan trägt sie den Familiennamen Chemłowska.

haben sie so verdroschen, dass sie im Krankenhaus gelandet ist. Das war die erste Zeit so, aber dann hat sich das alles normalisiert.»

So nah die alten und die neuen Polen als Nachbarn auch zusammenrücken, sosehr sie lernen, im Alltag miteinander auszukommen – emotional bleiben sie auf Distanz. An eine gemeinsame Zukunft denken sie nicht. Sie ermahnen ihre Kinder: Hochzeiten zwischen deutschen und polnischen Familien kommen nicht infrage. Doch die jungen Leute in Dobrzeń Wielki gehen einander nicht immer aus dem Weg. Apolonia Kutzera verliebt sich in einen jungen Polen. 1939 diente er in der polnischen Armee und geriet mit dem Vorrücken der sowjetischen Truppen auf polnisches Territorium in sowjetische Kriegsgefangenschaft. Die Rote Armee lieferte ihn nach Deutschland aus. Dort kommandierte man ihn als Fremdarbeiter zu einem Bauern bei Nürnberg, weiter nach Bremen zur Arbeit im Hafen und schließlich zum Bau von U-Boot-Häfen in Norwegen.

Nach dem Krieg sucht er Arbeit in Schlesien und wird – wie Apolonia – in der Strumpffabrik angestellt. Er empfindet den Umgang seiner Landsleute mit den Deutschen als ungerecht. In Deutschland hatte er am eigenen Leib erfahren, dass deutsche Familien trotz bestehender Verbote ausländischen Fremdarbeitern behilflich waren. Jetzt bemüht er sich um eine gerechte Verteilung der Lebensmittel unter den Einwohnern.

Die Liebesbeziehung zwischen ihm und Apolonia wird misstrauisch beäugt: «Das wurde nicht gern gesehen von den Schlesiern. Selbst nicht von der nächsten Familie. Jeder hatte etwas zu sagen, die Tanten, der Onkel, jeder, jeder, jeder. Man sollte das nicht tun, einen Polen heiraten. Für mich war das selbstverständlich. Kein Gedanke war mir aufgekommen, dass ich diesen Mann nicht heirate.» Die Vorbereitung der Hochzeit ist unter solchen Bedingungen nicht einfach. Traditionell liegt die Zuständigkeit bei den Eltern der Braut. Doch die halten sich zurück, möchten die Hochzeit verhindern. Das Brautpaar spart, kauft ein Schwein und organisiert den Fleischer. Dann schließt sich die Großfamilie doch an. Die Frauen backen und kochen, wie es in Schlesien üblich ist. Aber die Spannung der Zeit lag über der Feier.

Deutsche und Polen 1952 an einem Tisch mitten in Schlesien – ein Bild, das erst Jahrzehnte später normal wird. «Später konnte man mit dem Nachbarn am Gartenzaun einen Schnaps trinken und zusammen Geburtstag feiern. Aber nach dem dritten oder vierten Schnaps kam dann doch noch der Vorwurf an meinen Mann: ‹Du bist ein Hadjai, ein Pole, auch wenn du ein guter Mensch bist, du bist keiner von uns.› Ähnlich erging es mir. Ich hatte nicht immer das Gefühl, zu den Polen dazuzugehören, auch wenn wir ja buchstäblich eine Familie waren.» Mit der Heirat ändert sich erneut der Name im polnischen Ausweis. Familienname: Chemłowska, Vorname: Apolonia. Von der deutschen Herkunft bleibt nur die Erinnerung.

Bleiben oder gehen?

Nichts beschäftigt die ehemaligen deutschen Schlesier im ersten Nachkriegsjahrzehnt so sehr wie die Frage, ob es richtig war, dass sie geblieben sind. Sie leben in ihrer Heimat, aber mit einer fremden Sprache. Selbst wer die polnische Sprache spricht und versteht, was im Radio gesprochen wird, hat Schwierigkeiten zu begreifen, was gemeint ist. Die auf Polnisch artikulierte Aufforderung, Freundschaft mit den Völkern der Sowjetunion zu schließen, erreicht weder die deutschen noch die polnischen Schlesier.

Und der Druck auf die Bauern erhöht sich. Immer größer wird die geforderte Menge Milch, Kartoffeln, Getreide und Fleisch, die sie abliefern müssen. Die Befreiung von diesem Druck ist nur möglich durch den Eintritt in eine Kollektivwirtschaft. Für die polonisierten Schlesier kommt diese Möglichkeit nicht in Betracht. Freiwillig verschreibt keiner, wie sie sagen, sein Land dem polnischen Staat. Die Sehnsucht nach Ausreise wächst in der ersten Hälfte der fünfziger Jahre umso mehr.

Die polnische Regierung ahnt, dass die Polonisierung der deutschen Schlesier zu scheitern droht, und öffnet 1956 ein Ventil: Wer von den ehemaligen Deutschen das Land verlassen möchte, kann einen Antrag stellen. Unter den Schlesiern bricht die Debatte über Bleiben oder Gehen aus. Vielen fällt die entschädigungslose Übergabe allen Eigentums an den polnischen Staat schwer. Doch mehr als die Hälfte der Familien von Groß Döbern stellt den Antrag, Polen in Richtung Bundesrepublik verlassen zu dürfen. Viele träumen vom wachsenden Wohlstand im Westen und scheuen einen totalen Neuanfang nicht mehr.

Die Regierung wird von der Antragsflut überrascht und beginnt, die Ausreise zu kontingentieren. Der Grund ist einfach: Der polnische Staat kann den Verlust an funktionierenden Bauernwirtschaften nicht kompensieren. Zuerst dürfen die Familien ausreisen, die ihre Höfe schlecht führen oder durch Bummelei bekannt sind. Familie für Familie reist ab und überschreibt ihr Eigentum dem polnischen Staat. Mit der ersten großen Ausreisewelle in den fünfziger Jahren verliert Groß Döbern mehr als eintausend Einwohner.

In den sechziger und siebziger Jahren öffnet die polnische Regierung für die ehemaligen Deutschen immer wieder ihre Grenzen. Mehr als dreitausend Menschen aus Groß Döbern reisen so schon vor der Wende von 1989 offiziell aus Polen aus. Doch längst nicht alle Anträge auf Ausreise werden so bearbeitet wie erhofft. Mancher Schlesier wundert sich, warum sein Nachbar, den er als gebürtigen Polen kennt, in die Bundesrepublik ausreisen darf und er nicht. Der Nachbar hat seine Papiere mit Hilfe von Beamten «umgearbeitet» und gilt nun als Deutscher. Nach dem Ende der Volksrepublik Polen haben Journalisten diese Vorgänge recherchiert, Staatsanwälte Anklage erhoben und Richter die Schreibtischtäter von einst verurteilt. Den Betroffenen hilft es wenig.

Das Schicksal von Hilde und Willibald Kolanus steht stellvertretend für die vielen deutschen Schlesier, die sich über Jahrzehnte um Ausreise bemühten. Jahr für Jahr die Ablehnung. Immer wieder die Hoffnung, im nächsten Jahr die Ausreise zu bekommen: «Wir haben viel versäumt in unserem Leben. Wir haben immer die Gedanken gehabt: Nicht zu viel anschaffen, arbeiten, wir fahren raus! Die Papiere sind wieder abgegeben, und dann kam nach Monaten erneut die Nachricht: abgelehnt. Und das letzte Mal waren wir fünf Familien, die nach Brzeg zum Militär gefahren sind. Die Polen haben die Ausfahrt bekommen, und wir Schlesier sitzen bis heute hier.»

Den Jüngeren fällt es schwer, diese Ungewissheit zu akzeptieren. Wer es ablehnt, unter diesen Bedingungen seine Zukunft zu planen, dem bleibt als Alternative nur die illegale Ausreise. Johannes Kutzera entscheidet sich für diesen Weg. Während des Studiums delegiert ihn die Universität Poznan zu einem Studienaufenthalt nach England. Die Rückreise nach Polen tritt er nicht mehr an. Der polnische Sicherheitsdienst belegt darauf seine Familie mit Sanktionen. Kein Angehöriger hat die Chance auf beruflichen Aufstieg in Polen. Johannes Kutzera darf seine Familie erst zur Beerdigung des Vaters wiedersehen.

Die große Liebe von Johannes Kutzera lebt in Dobrzeń Wielki und stammt aus der Familie Gabriel. Beide haben sich vor seiner Abreise nach England die Ehe versprochen. Nach dem Verrat des jungen Mannes an der Volksrepublik Polen – so die offizielle Sprachregelung – organisiert eine Freundin den Briefkontakt zwischen beiden. Nach zwei Jahren gelingt Gertrud Gabriel die Teilnahme an einer offiziellen Urlaubsreise für Lehrer nach Jugoslawien. Dort trifft sie heimlich ihren Verlobten. Für die Flucht über Österreich nach Deutschland hat er alles vorbereitet. Beide heiraten in Hannover.

In den siebziger Jahren verändert sich das Verhältnis zwischen den ehemaligen Deutschen und den gebürtigen Polen in Dobrzeń Wielki. Viel von dem neuen Leben ist Alltag geworden. Die älteren ehemaligen Deutschen fügen sich den Umständen. Wer bis jetzt keine Möglichkeit zur Ausreise gefunden hat, rechnet damit, als Pole zu sterben. Aus der Bundesrepublik halten nur die Vertriebenenverbände Kontakt zu den ehemaligen Deutschen.

Die Ostverträge der sozialliberalen Koalition empfinden die vergessenen Deutschen als Enttäuschung. Von ihrem Leidensweg scheint in Deutschland niemand etwas wissen zu wollen. Sie selbst fühlen sich verraten, weil die Regierung Brandt bei der Abfassung des Vertragswerkes mit Polen nicht den Versuch unternimmt, die Anerkennung der deutschen Minderheit in Polen durchzusetzen. Faktisch bestätigt dieses Vertragswerk die Position der polnischen Seite. Offiziell gibt es in Polen keine einzige deutsche Familie.

Die Jugendlichen wachsen in diese Verhältnisse hinein, als hätte es sie immer schon gegeben. Der Zugang zum Abitur in Dobrzeń Wielki und das Recht auf ein Hochschulstudium ist ihnen gewiss. Es gibt nur eine wesentliche Einschränkung: Keines der Kinder der ehemaligen Deutschen darf mit der deutschen Sprache in Berührung kommen, auf keinen Fall Germanistik studieren. In anderen Teilen Volkspolens wird das Unterrichtsfach Deutsch als Wahlfach angeboten – für Schlesien gilt das nicht.

Erst in den achtziger Jahren entschließt sich das Bildungsministerium in Warschau, der Pädagogischen Hochschule in Opole die Einrichtung des Fachbereiches Germanistik zu gestatten. Der Druck des Erzbischofs von Opole Alfons Nossol ist so groß, dass die Warschauer Funktionäre nachgeben.

Jetzt wird die deutsche Sprache in Schlesien zwar wieder gelehrt, doch den Lehrstuhl besetzen die Funktionäre mit gebürtigen Polen. Nachfahren aus ehemaligen deutschen Familien erhalten keinen Zugang zu diesen Fachbereichen – weder als Studenten noch als Lehrer.

Auf legalem Wege können die Kinder und Kindeskinder der ehemaligen deutschen Schlesier nur durch die Wahl des Priesterberufes die deutsche Sprache erlernen. Die katholische Kirche steht aufgrund alter Kirchengesetze in der Pflicht, in Schlesien nur Priester mit deutschsprachigen Kenntnissen einzusetzen. An diese Verpflichtung sieht sich die katholische Kirche auch in der Volksrepublik Polen gebunden. Darum besteht für die Einwohner von Dobrzeń Wielki nach Jahrzehnten der Polonisierung noch die Möglichkeit, die Beichte in deutscher Sprache abzulegen.

Aufmarsch zu einem Staatsfeiertag in Dobrzeń Wielki. Offiziell gibt es keine Deutschen mehr im Ort. Doch Hunderte Familien warten auf die Genehmigung zur Ausreise in die Bundesrepublik.

Für die Berufswahl hat dies Konsequenzen. Die Kirche repräsentiert ein Stück Heimat, das nicht untergegangen ist. Die Familien der polonisierten Deutschen erkennen, dass sie ihre Interessen selbst vertreten können. Sie sorgen dafür, dass die Priester in Schlesien möglichst aus ihren Reihen kommen. Auffällig viele Jungen in Dobrzeń Wielki erklären, nach dem Gymnasium die Ausbildung zum Priester aufnehmen zu wollen. Der Schuldirektor gerät immer wieder in die Kritik der Schulfunktionäre, nichts dagegen zu unternehmen.

Einer der betroffenen Jugendlichen ist Thomas Motzko: «Natürlich erfuhr der Direktor, dass ich mich entschlossen hatte, den Weg eines Priesters zu gehen. Er kam eines Tages zu mir und sagte ganz offen, was er von meinen Zukunftsplänen wisse. Das Besondere für uns in Döbern war, dass er nicht versuchte, mich davon abzubringen. Die Leviten, die ihm dafür gelesen würden, damit könne er leben. Ich solle nur ruhig meinen Weg gehen. Natürlich waren das schon die siebziger Jahre. Aber diese Situation beschreibt einen Kompromiss: Wer sich an die Spielregeln hält, wird nicht schikaniert.»

In diesem Fall lautet der Kompromiss, hochpolnisch zu sprechen und die schlesische Herkunft zu verbergen. Thematisiere nicht, dass du ein Schlesier bist. Von den Betroffenen wird das nicht als Heuchelei empfunden. Auch der polnische Staat findet sich damit ab – für ihn ist das Verhalten der Jugendlichen nur der Beweis für die erfolgreiche Integration in die polnische Gesellschaft. Doch seine Herkunft erweist sich auch für Thomas Motzko als ein Schatten, der ihn stets begleitet. Auf dem Priesterseminar diskutieren die Schüler eine Textstelle in der Bibel. Ein Kommilitone beschimpft im Streit Thomas Motzko als Hitlerjungen, als Faschisten. Für den angehenden Priester ist dies eine Beleidigung, die ihn tief verletzt.

Die anderen Absolventen der Schule erkennen nach und nach, dass sie nur wenig Chancen haben, in der Volksrepublik Polen Karriere zu machen. Der Staat misstraut ihnen. Das hat Folgen: Die Kinder und Kindeskinder der deutschen Schlesier vermeiden die

Teilnahme an allen Veranstaltungen, in denen die Treue zum polnischen Staat bekundet wird. Das ist die unausgesprochene Verabredung der Schlesier, die über Generationen weitergegeben wird.

Sehnsucht nach Vergebung

Der Untergang der Volksrepublik Polen hat eine Vorgeschichte, von der auch Dobrzeń Wielki betroffen ist. Schon 1980 bricht das kommunistische Polen zusammen. Nach den Streiks und der Zulassung der Oppositionsgewerkschaft «Solidarność» verlieren die kommunistischen Funktionäre rasch jede Autorität. Die Regierung sucht nach Auswegen aus der Krise, verhängt das Kriegsrecht und macht Zugeständnisse. Dazu gehört die Möglichkeit, auf kommunaler Ebene unabhängige und parteilose Kandidaten als Bürgermeister zu wählen. Die Einwohner von Dobrzeń Wielki nutzen diese Chance sofort und wählen Alois Kokot in das Amt des Bürgermeisters. Jetzt ergreift ein ehemaliger Deutscher die Fäden der Macht.

Mit dieser Entscheidung beginnt ein Reformprozess, der bis heute nicht abgeschlossen ist. Nach außen nutzt Alois Kokot alle Möglichkeiten zu Verbindungen ins deutschsprachige Ausland, etwa Städtepartnerschaften mit Orten in der Bundesrepublik und der Schweiz. Delegationen der kommunalen Parlamente statten sich gegenseitige Besuche ab. Die Einwohner von Dobrzeń Wielki kommen somit ganz amtlich in Kontakt mit deutschsprachigen Ausländern.

So beginnt sich die deutsche Minderheit zu formieren und greift 1989 wie von einem Dornröschenschlaf erwacht in das politische Geschehen ein. Seit 1990 verfügen die Vertreter der deutschen Minderheit über die Mehrheit in der Gemeindevertretung. Der Bürgermeister sieht das gelassen, weil das eindeutige Wahlergebnis nur durch die Stimmen der polnischen Bewohner zustande kommt. Doch die Ungewissheit unter den Polen im Ort ist groß.

«Natürlich haben die Polen das alles mit großer Skepsis betrachtet und gesagt: Die Deutschen deklarieren sich als Deutsche, weil sie von der Bundesrepublik Geld für sich wollen. Natürlich haben wir auch aus der Bundesrepublik Unterstützung bekommen. Aber mit dieser Unterstützung haben wir hier in Döbern angefangen, die Gemeinde zu entwickeln. Ich bin als Deutscher geboren und habe als Pole leben müssen. Jetzt haben mich Deutsche und Polen in dieses Amt gewählt und ich fühle mich für beide verantwortlich. Heute gibt es im Kulturhaus deutschsprachige Chöre, Musikgruppen und sie werden genauso finanziert wie polnische. In der Schule legen Kinder aus deutschen und polnischen Familien das Abitur ab. In jedem Jahrgang gibt es eine Klasse, in der Fächer wie Mathematik in deutscher Sprache erteilt werden. Nach dem Abitur haben die Absolventen ein Diplom, das sie zu einem Studium in Deutschland berechtigt.»

Das Comeback der deutschen Sprache in Schlesien wird von der katholischen Kirche arrangiert. 1989 hält der Erzbischof von Opole auf dem St. Annaberg, dem oberschlesischen Wallfahrtsort zwischen Gliwice (Gleiwitz) und Opole, nach fast fünfundfünfzig Jahren den Gottesdienst vor Zehntausenden Katholiken aus Schlesien erstmals auch wieder in deutscher Sprache ab. St. Annaberg besitzt auch für die Polen in Schlesien eine große symbolische Bedeutung. Es sei ein Ort polnischer Geschichte, erklären polnische Historiker immer wieder.

Bei seinem Besuch in der Volksrepublik Polen im November 1989 bestand Bundeskanzler Helmut Kohl auf einer Begegnung mit den ehemaligen Deutschen in Schlesien. Das Treffen sollte auf dem St. Annaberg stattfinden. Die polnische Regierung lehnte das Ansinnen ab. Der Bundeskanzler, hieß es aus dem polnischen Außenministerium, könne sich an jedem anderen Ort mit polnischen Bürgern treffen, aber nicht in St. Annaberg. Während des Staatsbesuches erreicht die deutsche Delegation die Nachricht vom Fall der Mauer. Der Bundeskanzler unterbricht die Reise, fliegt nach Berlin und setzt anschließend den Staatsbesuch in Polen mit geändertem

Programm fort. Dazu gehören auch Gespräche mit polonisierten Deutschen in Schlesien. Dabei verspricht der Kanzler, sich für die Anerkennung der deutschen Minderheit einzusetzen.

Seit 1990 betrachtet die Kirche die polnische und die deutsche Sprache in Schlesien als gleichberechtigt. In allen Orten mit Angehörigen der deutschen Minderheit bietet sie regelmäßig Gottesdienste in deutscher Sprache an. Auch im ehemaligen Groß Döbern. Der Zulauf ist groß, doch es sind vor allem ältere Bürger, die in die deutschsprachige Messe gehen. Die Kinder und Kindeskinder der Deutschen erlernen die deutsche Sprache als Fremdsprache. Sie besuchen die polnische Messe.

Die Schule im Ort ist inzwischen in ganz Polen bekannt, die Ausbildung dort erfüllt höchste internationale Standards. Die Hauptfächer werden sowohl in polnischer als auch deutscher Sprache erteilt. Lehrer aus allen Landesteilen unterrichten inzwischen gerne an dieser Schule und begegnen nach und nach schlesischer Tradition und Geschichte. Nicht jedem fällt das leicht: «In meinem Heimatort riecht die Erde anders, und zwar ganz anders, und man hat andere Assoziationen. Aber ich bemühe mich, Schlesien als Heimat anzunehmen, versuche auch, mit schlesischer Kultur und Tradition zu leben. Deshalb interessiere ich mich sehr für die Vergangenheit. Aber die Geschichte lässt sich ja nicht ändern.» Lydia Majchrak kommt in den neunziger Jahren aus Zentralpolen nach Dobrzeń Wielki. Ihr Ehemann arbeitet im Kraftwerk. Eine schöne kleine Wohnung haben beide auch.

Die Veränderungen der letzten Jahre führten neben der politischen Anerkennung auch zu einer größeren Akzeptanz der Deutschen in Polen. Viele Mitglieder der deutschen Minderheit besitzen zwei Pässe, einen deutschen und einen polnischen. Legalisiert ist dieser Zustand nicht. Ebenso wenig geklärt ist der Status jener Frauen, die wie Apolonia Cełmowska einst einen Polen heirateten. Die deutschen Behörden vertreten die Auffassung, dass durch diese Eheschließungen die Frauen das Recht auf Wiedererlangung der deutschen Staatsbürgerschaft verwirkt haben.

Viele Väter aus deutschen Familien nutzen die Möglichkeit, legal in Deutschland arbeiten zu können. Doch sie sind Wanderarbeiter, ziehen von den Spargelfeldern Brandenburgs weiter bis nach Holland. Zu einem Umzug nach Deutschland können sich unter diesen Bedingungen die wenigsten entschließen. Die Frauen und Kinder bleiben darum zu Hause. Jedes zweite Kind aus diesen Familien möchte Polen nicht mehr verlassen. Eine Ausbildung innerhalb Europas gilt zwar als erstrebenswert, aber auch Polens Universitäten haben bei den Schlesiern einen guten Ruf. Außerdem schreckt die Jugendlichen eine mögliche Diskriminierung in Deutschland ab.

Eine Geburtstagsfeier am Rande der Straße in Dobrzeń Wielki: vier Generationen auf dem Hof einer deutschen Familie. Gesungen wird polnisch und deutsch. Manche Familienmitglieder kommen eigens aus Deutschland zu Besuch nach Hause. Dorthin sind sie in den siebziger Jahren illegal oder legal ausgereist. Doch in ihrer schlesischen Heimat sind sie tief verwurzelt, und die Arbeit in der Fremde ist für sie oft bitter. In absehbarer Zeit werden sie sich alle wiedersehen.

Die jüngste Tochter der Familie Kociok heiratet: Christina möchte mit ihrem künftigen Ehemann Schlesien nicht mehr verlassen. «Wir verbinden unsere Zukunft mit Schlesien, und wir denken beide, dass wir hier etwas erreichen und hier aufbauen können, dass wir besser leben können, dass wir nicht nach Deutschland arbeiten gehen müssen.»

Das Schwerste bleibt für die Schlesier noch zu tun. Sie müssen eine gemeinsame Sprache dafür finden, was sie nach 1945 erlebt haben. Unmöglich ist das nicht. Abseits der deutsch-polnischen Dispute in den Medien haben deutsche und polnische Historiker die ihnen zugänglichen Fakten über das Internierungslager Łambinowice zusammengetragen und veröffentlicht. Strittige Punkte sind benannt, unterschiedliche Deutungen von Fakten nachlesbar. Sie alle wollen Wege zur gegenseitigen Versöhnung und dauerhaften Aussöhnung zwischen Deutschen und Polen ebnen.

VERGIB	ODPUŚĆ
UNS UNSERE	NAM
SCHULD	NASZE WINY
WIE AUCH	JAKO I MY
WIR VERGEBEN	ODPUSZCZAMY
UNSEREN	NASZYM
SCHULDIGERN	WINOWAJCOM

Gedenktafel in Lamsdorf / Łambinowice. Mehr als zehn Jahre haben polnische und deutsche Außenpolitiker über diese Inschrift debattiert.

Das Ergebnis kann sich sehen lassen. Auf dem Gelände des ehemaligen Lagers ist unter freiem Himmel eine Gedenkstätte entstanden. Auf Tafeln sind die Namen von Deutschen aufgeführt, die hier zu Tode kamen. In den Sprachen ihrer Länder bitten Polen und Deutsche einander um Vergebung. Wörtlich ist zu lesen: «Vergib uns unsere Schuld wie auch wir vergeben unseren Schuldigern». Ohne die Vermittlung der katholischen Kirche wäre dieser Ort des Gedenkens heute undenkbar.

Viele Betroffene ahnen, dass es nicht weiterhilft, die jeweilige Schuld aufzurechnen. Joachim Kobina liest die Messe in verschiedenen Orten Schlesiens. Der in den sechziger Jahren im polonisierten Schlesien geborene Priester hat deutsche Vorfahren. In seiner Familie ist überliefert, wie das Ende des Krieges aus dem deutschen Großvater einen Polen «gemacht» hat. Kobina erzählt die Geschichte so: «Als die russische Armee kam, da kam ein Soldat zu meinem Großvater und fragte: ‹Bist du ein Deutscher oder ein Pole? Wenn du ein Deutscher bist, dann schieße ich sofort.› Und da hat mein Großvater geantwortet: ‹Ja, ich bin ein Pole, mein Herr, ein Pole.›»

Der Großvater blieb in seiner schlesischen Heimat, lebte weiter auf seinem Hof. Seine Kinder auch. Als Deutsche gab es sie nicht mehr. Das Credo des Enkels ist unmissverständlich. «Der einzige Ausweg ist immer: verzeihen. Es wurde den Deutschen und den Polen Unrecht getan. Das ist eine Tatsache, die kann man nicht verschweigen. Die beiden Seiten haben im Krieg gelitten und nach dem Krieg auch. Das muss man einfach verzeihen. Es geht nicht anders.»

Dobrzeń Wielki, das einstige Groß Döbern in Oberschlesien, ist ein kleiner Ort an der Oder. In den Nachrichten ist selten von ihm die Rede. Die Geschichte hat es mit den Menschen hier nicht besonders gut gemeint, aber sie sind auf dem Wege, in schlesischer Tradition, die schmerzvolle Vergangenheit zum Guten zu wenden. Das wird dauern und es wird vielleicht Rückschläge geben. Doch den Wunsch nach Vergeltung haben die Deutschen und die Polen in den sechzig Jahren seit dem Krieg wohl verloren.

Włodzimierz Borodziej
Die Katastrophe
Schlesien nach dem Zweiten Weltkrieg

Die Welle der deutschen Flüchtlinge erreichte Warschau um den 20. Juli 1944, etwa zur gleichen Zeit, als das Attentat auf Hitler die letzten Stunden des Dritten Reiches anzukündigen schien. Es waren die ersten armseligen Deutschen, die man seit 1939 sah: ermüdet, durstig, verstaubt, auf Pferdewagen oder zu Fuß, ganze Familien. Einige von ihnen waren Nachkommen deutscher Siedler, die sich noch im 19. Jahrhundert in den westlichen Provinzen des Zarenreichs, also im östlichen Polen, niedergelassen hatten. Die meisten aber waren Volksdeutsche aus Südosteuropa, die im Rahmen der «Heim ins Reich»-Bewegung seit 1940 im nationalsozialistisch besetzten Polen angesiedelt worden waren. Allein im Kreis Zamość mussten 1942/43 über hunderttausend Polen ihre Höfe räumen, um knapp zehntausend Volksdeutschen Platz zu machen; viele Polen kamen in Konzentrationslager, Tausende von «gutrassigen» Kindern wurden ihren Eltern entrissen und zur Adoption ins Reich geschickt.

Nun, anderthalb Jahre später, schauten die Warschauer den nach Westen flüchtenden deutschen Bauern – die Familie vom deutschen Bundespräsidenten Horst Köhler mochte unter ihnen gewesen sein – ohne Mitleid zu: Die Flucht der Deutschen aus dem Osten erschien als das logische und gerechte Ende von fünf Jahren grausamer Besatzung, als die Polen den «Herrenmenschen» weichen mussten, die im Namen des Großdeutschen Reich ihren Besitz an sich rissen. Nun war das Reich offenbar am Ende und die Freiheit in greifbarer Nähe.

Es kam bekanntlich anders. Bis zur Kapitulation Deutschland sollten noch gut neun Monate vergehen – die blutigsten in diesem von Beginn an erbarmungslosen Krieg, in dem erstmals Zivilisten die Mehrzahl der Opfer stellten. Der Warschauer Aufstand vom 1. August 1944 mündete in einem Massaker, in dem symbolisch das alte Polen unterging, 150 000 bis 180 000 Menschen umkamen und die Stadt nahezu vollständig zerstört wurde. Diese Niederlage bedeutete, dass das neue Polen ein Satellit der Sowjetunion werden würde; dieser Satellit wiederum hatte keine Wahl, als Moskau fast die Hälfte des alten Staatsterritoriums (das die Sowjets 1939, noch als Komplizen des Dritten Reiches, besetzt hatten) abzutreten – und dafür bei den Alliierten um möglichst große Entschädigung im Westen, das heißt auf Kosten des nationalsozialistischen Deutschland, zu ersuchen.

Die Westverschiebung Polens, angedacht von Stalin und Churchill 1943 in Teheran, wurde 1945 auf den Konferenzen in Jalta und Potsdam von den Großen Drei in die Form von politischen Entscheidungen gegossen, deren völkerrechtliche Verbindlichkeit noch lange umstritten bleiben sollte. Die normative Kraft der von den drei Staatschefs gefassten Beschlüsse sollte indessen die Schicksale von Deutschen und Polen, aber auch von Ukrainern und Juden, mehr prägen als jede juristische Haarspalterei.

Die neue Welt, die nach Potsdam entstand, hatte freilich weitaus ältere Wurzeln. Da waren zum einen die Teilungen Polens Ende des 18. Jahrhunderts, die von Preußen im 19. Jahrhundert betriebene Germanisierungspolitik und der Kulturkampf, der sich in den altpolnischen Gebieten gegen eine römisch-katholische Kirche richtete, deren Gläubige zumeist Polen waren. 1918 bis 1921 kam es zwischen dem wiedererstandenen Polen und der Weimarer Republik zu mehreren Auseinandersetzungen und Kämpfen um die künftige Grenze. Sie hinterließen auf beiden Seiten ein Gefühl der

Verbitterung, spalteten die ethnisch gemischte Bevölkerung in den Grenzgebieten, machten die polnische und die deutsche Republik zu Gegnern, deren Feindseligkeit zu den festen Größen der europäischen Staatenordnung zählte. Der Unterschied bestand lediglich darin, dass Warschau mit seiner West- und Nordgrenze im Großen und Ganzen durchaus zufrieden war, während die Weimarer Parteien die «brennende Grenze im Osten» stets als revisionsbedürftige Herausforderung empfanden.

1939, mit dem deutschen Angriff auf Polen, änderte sich für wenige Jahre die Lage. Die Deutschen, die sich das eroberte Gebiet mit den Sowjets teilten und die westlichen sowie zentralen Gebieten für sich behielten, sprachen von «Wiedergewonnenen Gebieten», die nun endgültig germanisiert werden sollten: Die Rückkehr in altes deutsches (oder gar germanisches) Siedlungsgebiet schaffe nun die Gelegenheit, endlich aufzuräumen. Die polnischen Eliten wurden zu Zehntausenden umgebracht oder in Konzentrationslager verschleppt, die übrige Bevölkerung sollte als billige Arbeitskraft zum «Endsieg» verhelfen. Für die «eingegliederten Gebiete» (Westpreußen, Posen, Oberschlesien) ließ sich Berlin eine Lösung einfallen, die den nationalpolitischen Gegensatz beseitigen und zugleich den Zugriff auf die Bevölkerung, nicht zuletzt als Wehrdienstpflichtige, sichern sollte: die «Deutsche Volksliste». Ab 1941 wurden die Bewohner der Grenzgebiete in die DVL eingetragen, die in vier Kategorien geteilt war. In die ersten zwei kamen «reine» Deutsche, in die übrigen Personen deutscher Abstammung, die als Objekte künftiger Germanisierung von Interesse waren. Insgesamt zählte die DVL in den drei «Reichsgauen» fast 2,8 Millionen Menschen, wobei im «Wartheland» (Posen) klar die ersten beiden Gruppen überwogen, in Westpreußen und in Oberschlesien hingegen die Gruppen 3 und 4, deren Angehörige oft als «schwebendes Volkstum» bezeichnet wurden. Gleichzeitig wurden Hunderttausende von Volksdeutschen (vor allem aus Südost- und Osteuropa) in den eingegliederten Gebieten angesiedelt. Sie alle fanden auf den Höfen und in den Wohnungen der vertriebenen Polen Unterkunft.

Dieses «Hin- und Hersiedeln» (wie der Historiker Hans Lemberg es nennt) stellte einerseits Vorstufe und Experimentierfeld des «Generalplans Ost» dar: In kleinerem Maßstab wurde hier erprobt, was nach dem «Endsieg» über die Sowjetunion in ganz Ostmittel- und Osteuropa vorgesehen war, nämlich die Vertreibung von Dutzenden von Millionen von Slawen, die von Millionen von Germanen als neue Herren ersetzt werden sollten. Andererseits bestand ein unmittelbarer Zusammenhang zwischen Germanisierungspolitik und Judenvernichtung.

Nachdem Hitler am 6. Oktober 1939 die nationale «Entmischung», also die Umsiedlung der «unhaltbaren Splitter deutschen Volkstums» aus ihren alten Siedlungsgebieten östlich und südöstlich der Reichsgrenzen, verkündet hatte, übernahm die SS die Federführung, Heinrich Himmler wurde zum «Reichskommissar für die Festigung deutschen Volkstums» ernannt. Die Aktion sollte innerhalb kurzer Zeit zur ethnischen Neuordnung Ostmitteleuropas unter deutscher Besatzung führen. Die Südtiroler, Balten-, Rumänien- Bosnien- und Wolhyniendeutschen brauchten Höfe und Wohnungen. Diese wurden «frei gemacht», indem die Polen aus den eingegliederten Gebieten vertrieben wurden. Da nur ein Teil als Zwangsarbeiter «verwendbar» war, wurden Hunderttausende ins Generalgouvernement deportiert. Um für sie auch nur notdürftig Platz zu machen, wurden die Juden in den zentralpolnischen Städten in Ghettos zusammengepfercht, wo das Massensterben durch Hunger und Krankheiten begann, noch bevor die «Endlösung» in Gestalt industrialisierten Mordes beschlossen wurde.

Der für die Betroffenen unsichtbare Zusammenhang zwischen der «Heim ins Reich»-Aktion für Volksdeutsche, der NS-Besatzungspolitik gegenüber den Polen und der Judenvernichtung reichte bis zu organisationstechnischen Details. Niemand hat ihn besser beleuchtet als Götz Aly, der das Beispiel des eingangs erwähnten Zamość wählte: «Am 25. Januar 1943 fuhr vom ostpolnischen Zamość ein Güterzug mit 1000 jungen Zwangsarbeitern und Zwangsarbeiterinnen ohne ‹unproduktiven Anhang›, wie es hieß, nach

Berlin. Sie mussten die Arbeitsplätze von ‹Rüstungsjuden› einnehmen, die nun – einschließlich ihrer ‹unproduktiven› Familienmitglieder – mit demselben Zug nach Auschwitz deportiert wurden. Dort wurde der Zug mit dem Gepäck deutschstämmiger Umsiedler aus Südosteuropa, darunter vieler Bosniendeutscher, beladen, dann fuhr er zurück nach Zamość. Hier wurden die Deutschen vom SS-Ansiedlungsstab empfangen und in dem von Polen und zuvor schon von den Juden ‹geräumten› Gebiet angesiedelt; die Deutschen erhielten 20-Hektar-Höfe, die aus jeweils fünf verschiedenen (‹unproduktiven›) Bauernwirtschaften zusammengelegt worden waren. Von Zamość fuhr der Zug noch einmal nach Auschwitz – beladen mit 1000 Polen, die von der Sicherheitspolizei und den Rasseprüfern der SS als besonders ‹unerwünscht› eingestuft worden waren.»

Es war dieser Erfahrungshintergrund von Massenmord, Bedrohung und Entwurzelung, der das Denken der Polen über das künftige Verhältnis zum deutschen Nachbarn während der Besatzungszeit prägte. Das Verlangen nach Rache und Wiedergutmachung für die Jahre der Erniedrigung mündete in verschiedenen Entwürfen, deren gemeinsamen Nenner eine so weit gehende Schwächung Deutschlands bildete, dass eine deutsche Aggression auf absehbare Zeit unmöglich geworden wäre. Der zweite Grundgedanke ging von der deutschen Kollektivschuld für Nationalsozialismus, Krieg und Besatzung aus und schlug sich in unterschiedlichen Ansätzen nieder, das «Volk der Verbrecher» zu bestrafen.

So entwickelten Politiker und Publizisten im Exil und im Widerstand Ideen für die Nachkriegsordnung, wie sie etwa in Versailles 1919 noch undenkbar gewesen waren: Erst die nationalsozialistische Menschenverachtung hatte massenhafte Zwangsumsiedlungen zu einem legitimen Instrument europäischer Politik gemacht. Griechenland, Türkei und Bulgarien, wo bereits 1912 bis 1923 ein massenhafter «Bevölkerungsaustausch» stattgefunden hat, galten bis zu diesem Zeitpunkt als Ausnahmegebiet («der

Balkan»), wo andere Maßstäbe angelegt werden dürfen und müssen.

Den Ausgangspunkt bildete im polnischen Fall die vorhersehbare, in Jalta faktisch entschiedene «Westverschiebung» der neuen Staatlichkeit. Polen würde als Kompensation für seinen verlorenen Osten mehrere deutsche Provinzen erhalten, so viel stand im Frühjahr 1945 fest. Kein Politiker, egal ob Kommunist oder Demokrat, wollte diese Gebiete mit den dort wohnenden Deutschen übernehmen: Ein friedliches Zusammenleben mit einer millionenstarken deutschen Minderheit im neuen Staatsgebiet lag nach den Erfahrungen der Besatzungszeit schlicht außerhalb jeder Vorstellung. Dieser Ansatz stieß bei den Alliierten auf Verständnis. Für die Sowjets gehörten Massendeportationen ohnehin zu den gerne praktizierten Maßnahmen der Bevölkerungspolitik. Die Briten machten sich nun schon seit Jahren Gedanken über das Praktische, rechneten nach, mit wie vielen Ausgesiedelten man im Fall dieses oder jenes Grenzverlaufs zu rechnen habe bzw. welche Probleme die Aufnahme dieser Menschen für ihre künftige Besatzungszone in Deutschland nach sich ziehen würde. Und auch die Amerikaner brachten keine Einwände vor.

Dieser grundsätzliche Konsens bedeutete, dass die deutsche Zivilbevölkerung in den Ostprovinzen des Reiches als «Hitlers letzte Opfer» den Preis für die im deutschen Namen begangenen Verbrechen zahlen würde. Eine Differenzierung von individueller Schuld und Verantwortlichkeit war nicht vorgesehen.

In Potsdam einigten sich die Großen Drei definitiv auf die Aussiedlung der Deutschen aus Polen, Ungarn und der Tschechoslowakei. Der entsprechende Beschluss konzentrierte sich auf die Organisation der Zwangsumsiedlung: Sie sollte «ordnungsgemäß» und «human», also ohne unnötige Härten für die Betroffenen, durchgeführt werden, in Abstimmung mit dem Alliierten Kontrollrat und den Behörden in den einzelnen Zonen. In der Praxis bedeutete das einen Befehl an Polen und die Tschechoslowakei, die bereits in Gang gesetzte Ausweisung der Deutschen abzubrechen

Breslau 1945: Blick vom Rathaus über die zerstörte Innenstadt. Die Stadt wird zum Symbol für sinnlosen Widerstand der Deutschen Wehrmacht gegen die Rote Armee.

und sie erst nach Absprache mit den für die Aufnahme Verantwortlichen fortzusetzen.

Die Aussiedlung nach Potsdamer Richtlinien, die die große Mehrheit der Deutschen betreffen sollte, stellte nämlich erst den folgenden Akt eines Dramas dar, das schon seit Monaten das Schicksal von Millionen von Menschen bestimmte. Der erste Teil begann im Sommer davor mit der Flucht der deutschen Siedler aus dem Baltikum und Ostpolen. In den Ostgebieten des Altreichs, außer in Teilen von Ostpreußen, blieb es erst mal ruhig. Die Bevölkerung hatte den Krieg bislang nur aus der Ferne erlebt. Man arbeitete – auf vielen Bauernhöfen gehörten Zwangsarbeiter zur Grundausstattung, worüber man sich offenbar keine Gedanken machte –, machte sich Sorgen um die Männer an der Front, hörte von den in die «Reichsluftschutzkeller» im Osten Evakuierten schreckliche Geschichten über den Bombenkrieg, vertraute aber wohl noch immer der Propaganda, dass die Sowjets altes Reichsgebiet nie betreten würden.

Dies änderte sich innerhalb von Tagen nach Beginn der sowjetischen Januaroffensive 1945, die nahezu sofort Zentralpolen befreite und in Richtung der alten deutsch-polnischen Grenze vorstieß. Plötzlich machten sich in Ost- und Westpreußen, in Ober- und Niederschlesien, im «Reichsgau Wartheland» und in Ostbrandenburg Menschen auf den Weg Richtung Westen. Theoretisch sollten sie evakuiert werden. Die Pläne der nationalsozialistischen Behörden waren in einigen Regionen mit ebenso erstaunlicher wie wirklichkeitsfremder Präzision ausgearbeitet. Im Januar und Februar fand aber nur eine kleine Minderheit der Zivilisten Platz in Zügen, die tatsächlich abfuhren. Einige der Gauleiter, so Erich Koch in Ostpreußen, erlaubten die Evakuierung zu spät, nämlich als die Bahnlinien bereits von der Roten Armee zerschnitten waren. Andere, so Karl Hanke in Niederschlesien am 19. Januar, ließen die Bevölkerung im eiskalten Winter zur Evakuierung aufrufen, ohne an grundlegende Versorgung zu denken. Im oberschlesischen Industriegebiet erging der Evakuierungsbefehl bereits einen Tag nach Beginn der sowjetischen Offensive, am 13. Januar.

Bis Ende des Monats brachten sich etwa 750 000(?) Menschen in den Gebieten westlich der Oder in Sicherheit; bis zu diesem Zeitpunkt besetzte die Rote Armee ohne größere Kämpfe das praktisch unzerstörte Industrierevier. Eine zweite große Flüchtlingswelle aus dem Teil Schlesiens zwischen Oder und Neiße setzte sich Mitte März in Bewegung und rollte hauptsächlich Richtung Südwesten, in den vom Krieg unzerstörten «Reichsgau Sudetenland».

Die einzelnen Teile Oberschlesiens sind von diesen Vorgängen in sehr unterschiedlicher Intensität erfasst worden: Während im polnischen Industrierevier im Osten die Mehrheit der Bevölkerung, hauptsächlich Frauen und Minderjährige, in ihren Wohnungen geblieben war, wirkten mehrere Teile des Oppelner Schlesien am 8. Mai 1945 wie menschenleer: In der Stadt Oppeln waren von 50000 Menschen nur 300 nicht geflüchtet.

Die Geschichte von Flucht und Evakuierung ist schon oft beschrieben worden. Die Ströme der Flüchtlinge kollidierten mit den Absetzbewegungen der Wehrmacht, die Trecks wurden von der Roten Armee und den eigenen Truppen beschossen, oft genug standen Flüchtlinge einander im Wege und blockierten die Straßen, bis sie von den Sowjets eingeholt wurden. Im Zuge dieser Todesmärsche in den ersten Monaten von 1945 dürften Hunderttausende von Menschen umgekommen seien. Es ist später fast völlig in Vergessenheit geraten, dass es zumindest für die Flüchtlinge im Norden einen relativ sicheren Evakuierungsweg gegeben hat: Trotz der Untergänge der «Gustloff» und «Steuben», die die Erinnerung an diese Ereignisse geprägt haben, war der Weg über die Ostsee der bei weitem sicherste. Die Todesrate bei den Schiffstransporten war insgesamt erstaunlich gering (unter 1 Prozent), und die Kriegsmarine rettete Zivilisten bis in die letzten Stunden des Krieges hinein.

Ungeachtet der hohen Verluste hatten die Deutschen gute Gründe, vor der Roten Armee zu fliehen. Die Sowjets zahlten der Zivilbevölkerung vielerorts heim, was ihre Heimat in den letzten Jahren von den Besatzungstruppen erlitten hatte. Es gab Massenerschießungen und -vergewaltigungen, Auskämmung von ganzen Orten und Verschleppung zur Zwangarbeit in die Sowjetunion, Raub und Plünderung; überall wurden deutsche Konzentrationslager übernommen und mit «verdächtigen Elementen» neu aufgefüllt.

Umsichtige Schätzungen gehen davon aus, dass östlich von Oder und Neiße infolge der Verbrechen und Sicherungsmaßnahmen der Sowjets über zweihunderttausend Zivilisten zu Tode gekommen sind. Überraschenderweise dürfte die Mehrheit von ihnen aber nicht vor Ort gestorben sein, sondern infolge der Deportationen in das sowjetische Hinterland, wo sie als Zwangsarbeiter eingesetzt wurden. Wie überall, deportierten die Sowjets nicht nur Menschen, sondern demontierten auch ganze Betriebe.

Die polnische Zentralverwaltung der Hüttenindustrie befürchtete im Frühjahr 1945 nicht ohne Grund, man werde statt der noch im Januar intakten Stahlwerke «nackte Wände übernehmen».

Die Plünderung von Land und Menschen blieb für Wochen ein Dauerzustand. Im April, fast zehn Wochen nach dem Ende der Kriegshandlungen, berichtete die neue polnische Stadtverwaltung Gleiwitz von ihren ersten Eindrücken: «Das Verhalten der Roten Armee gegenüber der Bevölkerung ist generell rücksichtslos», «nach der Aussage des (sowjetischen) Kommandanten der Militär-kommandantur der Roten Armee können die Soldaten keinen Unterschied zwischen der deutschen und der polnischen Bevölke-rung machen». Ein Offizier, der die ersten Wochen polnischer Herrschaft zusammenzufassen versuchte, notierte einen Monat später: «Die Armee requiriert Lebensmittel und Vieh ohne Rück-sicht auf das Ausmaß der bisher erbrachten Leistungen und ohne irgendein System. Aber das schlimmste Übel sind die willkürlichen Plünderungen und Gewalttaten, die grauenhafte Ausmaße ange-nommen haben (...) Die Bevölkerung des Oppelner Landes, das seit 120 Jahren keinen Krieg auf seinem Territorium erlebt hat, ist ganz einfach entsetzt und hält die Russen für völlige Barbaren.»

Der Grad der Zerstörung im ehemals deutschen Teil Oberschle-siens sei sehr unterschiedlich, heißt es in dem Bericht, Städte seien weit mehr als verwüstet als Dörfer, das Problem liege jedoch hauptsächlich darin, dass die Zerstörungen nicht aufhören: «Die Brände sind vorwiegend das Ergebnis der Brandstiftungen sowje-tischer Soldaten, obwohl es in den ersten Tagen auch vereinzelte Fälle von deutscher Sabotage gegeben hat. Die Brände dauern an. Während der einen Nacht, die ich in Opole zubrachte» (es handel-te sich um einen der letzten Tage des April) «gingen in der Innen-stadt drei Häuser in Flammen auf, am Tag war ich Zeuge, wie das vierte in Brand geriet.»

Diese Langsamkeit des Übergangs von Krieg zu Frieden, die monatelange Angst und Unsicherheit dürfte eines der wichtigsten kollektiven Erlebnisse der Deutschen östlich von Oder und Neiße

Ein Plakat aus Niederschlesien. Polnische Behörden erzwingen die Ausreise aller deutschen Familien binnen vierundzwanzig Stunden. Bis auf ein Handgepäck müssen die Deutschen ihr Eigentum zurücklassen.

gewesen sein. In diesem Zustand warteten etwa fünf Millionen von ihnen, in der Regel apathisch, erschrocken, von den Nachrichten abgeschnitten, auf den weiteren Gang der Ereignisse. Die wenigsten werden geglaubt haben, dass Breslau (das erst am 6. Mai kapitulierte und wo während der Belagerung rund 40000 Menschen umgekommen waren) oder die ebenfalls weitgehend zerstörten Stettin und Königsberg nicht zum Reich zurückkehren würden.

Indessen übergaben die Sowjets nach und nach die zivile Verwaltung in den meisten Gebieten östlich von Oder und Neiße an die Polen. Hier und da herrschte noch die reine Militärverwaltung, die Regel war jedoch ein Nebeneinander von polnischen Zivil- und sowjetischen Militärbehörden, wobei Letztere im Zweifelsfall weiterhin das Sagen hatten. Diese Dominanz der Sowjets entschied auch über den Ausgang der ersten Welle der Zwangsausiedlung vor der Potsdamer Konferenz, als die polnischen Behörden versuchten, möglichst viele Deutsche so schnell wie möglich zu vertreiben und damit vor dem Gipfeltreffen der Großen Drei vollendete Tatsachen zu schaffen. Die so genannten Militäraussiedlungen im Juni und Juli 1945 mussten nach wenigen Wochen abgebrochen werden, da die sowjetische Besatzungszone in Deutschland nicht bereit war, Hunderttausende hungriger, arbeits- und obdachloser Menschen aufzunehmen. Im Ergebnis sind vor Potsdam wohl nicht mehr als eine viertel Million Menschen aus ihrer bisherigen Heimat vertrieben worden; Hunderttausende kehrten nach oft tagelangen Fußmärschen von der Grenze zurück in ihren alten Heimatort.

Der Sonderfall Oberschlesien

In der polnischen Öffentlichkeit vor 1939 war oft die Rede gewesen von einer bis zwei Millionen Polen in Deutschland, deren Mehrheit im westlichen Teil Oberschlesiens lebte. Indessen bekannte sich vor 1939 die Mehrheit der Oberschlesier wohl weder zum Deutsch- noch zum Polentum. Sie sprachen «Wasserpolnisch» bzw. «Schlonsakisch», einen Dialekt, in dem sich die beiden Hochsprachen Deutsch und Polnisch vermischten. Sie fühlten sich vor allem als Schlesier («Schlonsaken», «Slonzoki») und Katholiken. Der Trennung in zwei Nationen stellten sie sich lange Zeit passiv entgegen, indem sie weder der einen noch der anderen Nationalbewegung den Vorzug gaben. Bis Anfang des 20. Jahrhunderts beherrschte das katholische Zentrum die oberschlesischen Wahlbezirke souverän, der erste nationalpolnische Abgeordnete kam erst 1903 in den Reichstag. Infolge der in Versailles festgelegten Abstimmung, des polnischen Aufstands und des wochenlangen, beide Seiten traumatisierenden Bürgerkriegs 1921 wurde Oberschlesien ein Jahr später geteilt. Die Grenze zwischen zwei Nationalstaaten vertiefte die 1918 bis 1921 begonnene, aber keineswegs überall vollzogene Spaltung in deutsche und polnische Schlesier.

Die preußische Statistik von 1925 zeigte im Regierungsbezirk

Oppeln 540 000 Menschen (knapp vierzig Prozent der Bevölkerung des Bezirks) auf, die entweder polnisch oder polnisch und deutsch sprachen. Nach sechs Jahren nationalsozialistischer Germanisierung ergab die Volkszählung von 1939 nur noch 2800 Polen; zumindest aus der Statistik waren sie nahezu vollständig verschwunden. Auf der anderen Seite der neuen Grenze, in der polnischen (autonomen) Wojewodschaft Schlesien, dürften vor dem Ersten Weltkrieg mehr als 260 000 deutschsprachige Schlesier (dreißig Prozent der Bevölkerung) gelebt haben. In der offiziellen Volkszählung von 1931 wurden aber weniger als 70 000 erfasst (sechs Prozent der Bevölkerung); die polnischen Behörden hatten es ebenfalls eilig, die Minderheiten zumindest auf dem Papier zu dezimieren.

Nach dem Überfall auf Polen im September 1939 freuten sich die deutschen Oberschlesier, knapp 4500 von ihnen beteiligten sich an den deutschen Sabotage- und Kampforganisationen. Aus der Sicht der Polen hatte sich damit die Gesamtheit der Deutschen als «Fünfte Kolonne» entlarvt – eine Überzeugung, die 1945 eine wichtige Rolle spielen sollte. Die nationalsozialistischen Behörden lösten das Problem des lästigen «schwebenden Volkstums» auf bewährte Art, indem sie ca. 95 Prozent der Bewohner der ehemaligen Wojewodschaft Kattowitz in die oben erwähnte Deutsche Volksliste aufnahmen. Auf dem Papier stimmte wieder einmal alles.

1945 standen wiederum die polnischen Behörden vor dem Problem der Schlonsaken im ehemaligen Regierungsbezirk Oppeln, der nun der Wojewodschaft Kattowitz angeschlossen wurde. Für jene «germanisierten Polen», die polnisch sprachen, römisch-katholisch waren oder halbwegs polnische Namen trugen, entwickelte Warschau das so genannte Verifizierungsverfahren, in dem deutschen Staatsbürgern der Nachweis polnischer Nationalität (oder wenigstens Abstammung oder Sprachkenntnis) genügte, um von der Ausweisung ausgenommen zu werden.

Die Strenge der Prüfung variierte, mancherorts drückten die zuständigen Beamten beide Augen zu und begnügten sich mit einer individuell begründeten Aussicht auf Polonisierung; anderswo schlossen sie der Sicherheit halber Polnischstämmige aus, damit ja kein Deutscher bleibe. Grundsätzlich überwog jedoch der Wille, die «autochthonen» Bewohner Oppelns im Land zu belassen. Man brauchte möglichst große Zahlen polonisierungs- bzw. repolonisierungsfähiger Menschen erstens aus Prestigegründen – als Beleg dafür, dass Polen 1945 ehemals polnische, im Verlauf der Jahrhunderte nur oberflächlich germanisierte Gebiete «wiedergewonnen» hatte. Zweitens und ebenso wichtig waren Wiederaufbau und Arbeitskraft: Infolge von Krieg, Besatzung und Grenzverschiebungen war die Bevölkerung Polens auf etwa zwei Drittel des Standes von 1939 gefallen (von 35 auf 24 Millionen). Die «Schlonsaken» im ehemals deutschen Oppeln wurden ebenso gebraucht wie jene, die schon vor 1939 polnische Staatsbürger gewesen waren.

Die Vorstellung, wie man die nationalpolitisch unübersichtliche Lage vor Ort in den Griff bekommt, dürfte sich schnell herauskristallisiert haben. Zwar sei das Nationalbewusstsein «schwach ausgeprägt», klagten die polnischen Behörden schon im Mai 1945, («die Stimmung ist nicht so sehr antideutsch wie antihitleristisch»), umso bessere Ergebnisse versprach man sich von einer energischen «Entdeutschung», die die Zweifler auf die Seite der Sieger zwingen würde.

Die Aktion im Oppelner Schlesien begann dann auch sofort, im Juni, mit der Zwangsumsiedlung der Deutschen innerhalb der Städte, wo sie massenhaft in schlechtere Bezirke ausgewiesen wurden. Zugleich, ordnete der Wojewode (Chef der Verwaltung) von Schlesien an, «sind bis zum 15. Juli 1945 sämtliche Spuren des Deutschtums in diesen Gebieten zu tilgen. Insbesondere sind deutsche Aufschriften an Häusern, Geschäften, Lokalen, deutsche Wegweiser, Luftschutzschilder sowie sämtliche von der Besatzungsmacht hinterlassenen Bekanntmachungen zu entfernen.»

Die Vorstellung, auch nur die sichtbarsten Zeichen der deutschen materiellen Kultur innerhalb eines Monats zu beseitigen, erwies sich natürlich als illusorisch. Vielmehr begann im Juni 1945 ein jahrelanger Prozess der «Entdeutschung», in dem die Behörden immer wieder auf irritierende, neue Spuren des Deutschtums stießen, die das Bild des polnischen Oppeln trübten. Noch 1947 forderte eine diesbezügliche Anordnung «deutsche Aschenbecher, deutsche Bierglasuntersetzer, deutsche Hinweisschilder, Rechnungen in Restaurants in deutscher Sprache, Inschriften in Kapellen am Straßenrand und auf Wegekreuzen», schließlich auch «deutsche Grabinschriften» zu entfernen; ebenso wurden «deutsche Schlager und deutsche Musikstücke» verboten. Polonisiert wurden nicht nur Friedhöfe und Kneipen, sondern auch Orts-, Familien- und Vornamen.

Der Kampf gegen den Gebrauch deutscher Sprache zog sich ebenfalls jahrelang hin. Im Dezember 1949 klagte das Zentralkomitee der Polnischen Vereinigten Arbeiter Partei (PVAP), dass «immer mehr deutsche Bücher gelesen» werden und in den Städten noch immer deutsch gesprochen wird: Man höre die «deutsche Sprache auf den Hauptstraßen, in den Lokalen, in den Schlangen vor Geschäften usw. Es kommt häufig vor, dass nachts laut deutsch gesungen wird.» In derselben Bestandsaufnahme stellten die Parteifunktionäre eine massive Benachteiligung der «Autochthonen» in der Verwaltung fest, wo die Schlesier ebenso wie im Parteiapparat kaum vertreten waren. Diese Berichte ebneten den Weg für einen Versuch der Neugestaltung der Nationalitätenpolitik unter stalinistischem Vorzeichen.

Die «Verifizierung» war bis zu diesem Zeitpunkt weitgehend abgeschlossen: Zwischen April 1946 und Ende 1948 wurden knapp 870 000 Personen (also etwa 56 Prozent der Bevölkerung der Vorkriegszeit im Oppelner Schlesien) als Polen anerkannt. Damit war aus der Sicht der kommunistischen Partei das nationale Problem weitgehend gelöst. Hingegen stellte sich das soziale Problem einer weiterhin benachteiligten Unterschicht, die man nun für das System zu gewinnen versuchte. 1950 wurden dann einerseits die aus der unmittelbaren Nachkriegszeit stammenden Überreste der sozialen und arbeitsrechtlichen Diskriminierung abgeschafft. Andererseits wurde jenem Rest der Bewohner, der sich noch immer gegen die Annahme der polnischen Staatsbürgerschaft sträubte, der Personalausweis aufgezwungen. Etwa 80 000 Oberschlesier bestanden trotz Einschüchterung und drohender Benachteiligung darauf, in ihren Ausweis die Nationalität mit «deutsch» einzutragen.

In der Blütezeit des Stalinismus, der im polnischen Fall bis Mitte der fünfziger Jahre dauerte, erging es Schlesiern nicht viel anders als polnischen Bauern oder Arbeitern: Sie waren ebenso entmündigt, im Fall der Dorfbewohner von der Zwangskollektivierung bedroht, wurden ausgebeutet – hatten aber auch Aufstiegschancen, wie sie für diese Zeit des Wiederaufbaus und der rapiden Industrialisierung charakteristisch waren. Einen bestimmten Makel, der in einem Polizeisystem stets den Eintrag in die Personalakte zur Folge hat, wurden sie freilich nicht los: Sie hatten überdurchschnittlich viele Verwandte im westlichen Ausland, genauer genommen in dem feindlichen «Westdeutschland», und standen damit unter einer Art Generalverdacht, weniger verlässlich als andere volkspolnische Bürger zu sein.

Aussiedlung und Lager

Nach dem Abbruch der Militäraussiedlungen im Frühsommer 1945 trat eine Pause ein. Bis zum Abschluss der entsprechenden Vereinbarungen mit Briten und Sowjets (die im Februar bzw. Mai 1946 zustande kamen) verlegten sich die polnischen Behörden auf eine andere Taktik: Sie übten Druck auf die Deutschen aus, das Land «freiwillig» zu verlassen. Eine unbekannte Zahl der Bewohner Oberschlesiens machte von dieser Möglichkeit Gebrauch. Andere machten sich von selbst auf den Weg nach Westen, noch andere, die vorher geflüchtet oder evakuiert worden waren, kehrten auf eigene Faust zurück. Es gibt keine genauen Zahlen über diese Bewegungen. Relativ sicher scheint lediglich, dass bis Ende 1945 etwa 150 000 Menschen aus Oberschlesien vertrieben bzw. ausgesiedelt wurden und «freiwillig» ausgereist sind; vermutlich stammte mehr als die Hälfte aus dem Oppelner Schlesien. Im folgenden Jahr verzeichnete man die größten Veränderungen im Mai, als innerhalb von zwei Wochen etwa 20 000 Deutsche aus Oppeln «abtransportiert» worden sind.

Die Mehrheit blieb. Sofern nicht positiv «verifiziert», wurde sie nach und nach enteignet, in «deutsche Wohnbezirke» innerhalb der Städte umgesiedelt, zur Zwangsarbeit – vor allem beim Wiederaufbau und in der Landwirtschaft – eingezogen; während die einen gehen mussten, durften andere nicht. Zehntausende kamen in die von den Nazis bzw. von den Sowjets übernommenen Lager. Einige von ihnen (in Schlesien war es u. a. Myslowitz und Schwientochlowitz im Industrierevier und Lamsdorf im Kreis Falkenberg) standen bald in dem Ruf von «Todeslagern». Viele Häftlinge wurden durch die Wachmannschaften permanent misshandelt und starben, die meisten an Hunger und Epidemien.

Der Aufschrei der Opfer war selbst im fernen Warschau vernehmbar. Eine Sonderkommission der kommunistischen Partei und des Sicherheitsdienstes berichtete im Februar 1946 sichtlich erschüttert über die Zustände in und um Lamsdorf: «Im gesamten Kreis herrscht eine erschreckende Gesetzlosigkeit. Die Leute haben schon jetzt jedes Gefühl für Recht und Unrecht verloren. Kein Verbrechen ist geeignet, Erstaunen hervorzurufen. Die Miliz [d.h. die Polizei] und teilweise auch die Organe des Sicherheitsdienstes vergewaltigen und berauben die Menschen. Das führt dazu, dass die Leute in panischer Angst flüchten, sobald sie einen Milizionär sehen.» Die Kommission forderte eine Bestrafung aller Verantwortlichen für die Lage im und um das Lager. Indes war der Lagerkommandant von Lamsdorf schon im Herbst des vergangenen Jahres nach einem spektakulären Massenmord an den Häftlingen vorübergehend festgenommen und bald entlassen worden. Mehr passierte ihm und seiner Mannschaft auch nach dem Bericht der Warschauer Prüfer nicht.

Der Skandal um Lamsdorf – über andere Lager, wo ähnliche Zustände herrschten, ist kein vergleichbarer Bericht der Obrigkeit bekannt – hatte mehrere Hintergründe, die weit über das Thema «Vertreibung» in herkömmlichen Sinne hinausreichten. Da waren zum einen die «Repatrianten», die auf den Höfen jener angesiedelt wurden, die in das Lager gebracht worden sind. Aus- und umgesiedelt wurden nach dem Zweiten Weltkrieg keineswegs nur Deutsche. Entlang der neuen polnischen Ostgrenze ging, verstärkt ab Frühjahr 1945, ein ebenso massenhafter Bevölkerungsaustausch vonstatten, der die Staats- und Siedlungsgrenzen in Einklang bringen sollte. In die Sowjetunion ausgesiedelt wurden dabei fast eine halbe Million Ukrainer und wesentlich geringere Gruppen von Belorussen und Litauern. Aus den alten polnischen Ostgebieten kamen im Gegenzug mindestens 1,2 Millionen Polen, zusätzlich durften knapp 300 000 der 1940/41 in verschiedene Teile der Sowjetunion verschleppten Polen und Juden in ihre Heimat zurückkommen. Diese «Repatrianten» kamen in teils wochenlangen Bahntransporten in den ehemals deutschen Gebieten an (im zerstörten Altpolen gab es keine Möglichkeit, sie anzusiedeln), wo die ortsansässige Bevölkerung gezwungen wurde, ihre Höfe und Wohnungen zu räumen, um den Neuankömmlingen Platz zu verschaffen.

Die zweite große Welle der Rückwanderer kam aus dem Westen: aus deutschen Arbeits-, Konzentrations- und Gefangenenlagern, oft nach jahrelanger Zwangsarbeit. Die Mehrheit dieser geschätzt 1,5 Millionen Menschen versuchte ebenfalls, in den ehemals deutschen Gebieten einen neuen Platz für sich zu finden. Gleichzeitig, oft genug vor den Ostpolen und den Zwangsarbeitern, kamen in Schlesien und anderswo die Polen aus den zentralen Landesteilen an. Die meisten suchten im Westen eine neue Bleibe, nachdem ihr altes Haus im Krieg zerstört worden war. Viele wollten jedoch anderes: einen schnellen Gewinn machen, Möbel, Haushalt und alles, was sich sonst noch auf dem nach sechs Jahren Armut und Zerstörung unersättlichen Markt in Altpolen verkaufen ließ.

Die so genannten *szabrownicy* (in etwa: Schmuggler) handelten gegen Recht und Vorschriften, waren jedoch oft klug genug, um den Massenraub mit dem Schein der Legalität zu versehen. Sonderlich kompliziert brauchte das Verfahren gar nicht zu sein: Die Staatsmacht verfügte in den ehemals deutschen Gebieten 1945 über kein Personal, die Verwaltungsstrukturen entstanden aus einem – auch personellen – Nichts und waren auf Freiwillige angewiesen. Was lag da näher, als dass der *szabrownik* seinen Vetter oder Nachbarn in die entstehende Polizei oder Kommunalverwaltung gehen ließ – und dieser ihm dann die notwendigen Unterlagen ausstellte, die die Einweisung des bisherigen Besitzers ins Lager als sicherheitspolizeilich erforderlich und die Beschlagnahmung seiner Habe als legitime Wiedergutmachung auswiesen? Es sollte Jahre dauern, bis der Staat die solcherart entstandene organisierte Kriminalität in den Griff bekam.

Der dritte Grund, warum Lamsdorf Gegenstand einer gesonderten Untersuchung wurde, war die oben skizzierte offizielle Bevölkerungspolitik des entstehenden kommunistischen Polen. Gerade im Kreis Falkenberg hatten fast alle nach dem Krieg verbliebenen Bewohner einen Antrag auf Verifizierung gestellt, d.h. ihren Willen bekundet, in Polen zu bleiben. Das Lager Lamsdorf, dessen Insassen unter anderem aus den umliegenden Dörfern stammten, war unter diesen Umständen mehr als ein Verbrechen, es kollidierte mit den grundsätzlichen Zielen der staatlichen Bevölkerungspolitik.

Im Februar 1946, genau zur Zeit, wo die Sonderkommission die Zustände in Falkenberg und Umgebung untersuchte, begann der große Abtransport der Deutschen aus Polen. Sie kamen in die britische und die sowjetische Zone. Die Aktion wurde mehrmals unterbrochen, weil die Transportmittel nicht ausreichten, weil die Deutschen als Arbeitskraft in der Erntezeit gebraucht wurden, weil die Behörden in beiden Zonen sich gegen die Aufnahme kranker und arbeitsunfähiger Menschen sperrten, weil die Transporte – besonders im Winter 1946/47 – unzureichend versorgt waren, was in einigen Zügen zu Dutzenden von Todesfällen führte. Im Spätherbst 1947 verebbte die große Welle der Zwangsumsiedlung. In den kommenden Jahren stellte sich viel öfter das umgekehrte Problem: Viele (besonders Frauen, deren Männer im Westen waren) wollten gehen, der Staat ließ sie nicht oder ließ sich zumindest lange bitten.

Für die von 1948 bis 1950 vorgenommenen, zahlenmäßig geringen Umsiedlungen, deren Summe nur einen Bruchteil jener von 1946 bis 1947 erreichte (erfasst wurden knapp 140000 Personen), wäre schon der Begriff der Zwangaussiedlung, geschweige denn der Vertreibung, irreführend. Bereits in diesen Jahren dürfte die Zahl der freiwillig Ausreisenden – die in Polen schlicht nicht bleiben wollten – größer gewesen sein als der der Ausgesiedelten. Nach 1951 handelte es sich um noch kleinere Gruppen, die im Rahmen der Familienzusammenführung nach Deutschland ausreisten; die Umsiedlung wurde jetzt von dem staatlichen Touristikunternehmen «Orbis» durchgeführt. Die Ausreise über die im Stalinismus dicht geschlossene Grenze war zu einem Privileg geworden und sollte es im Wesentlichen bis in die späten achtziger Jahre hinein bleiben.

Blickt man auf den gesamten Zeitraum von 1945 bis 1950 zurück, in dem insgesamt etwa 3,5 Millionen Deutsche Polen verlassen mussten, fallen vor allem drei Umstände auf. Erstens die extrem unterschiedlichen Lebensbedingungen der Deutschen: Das meiste Leid erlitten jene, die in die Lager kamen (wobei die Unterschiede zwischen der einzelnen Lagern ebenfalls beachtlich waren). Unter den weniger als zweihunderttausend Toten unter polnischer Herrschaft dürften gerade die Lagerinsassen die Mehrheit ausgemacht haben. Die meisten verloren nach und nach den ganzen oder fast den ganzen Besitz. Zehntausende leisteten innerhalb und außerhalb der Lager Zwangsarbeit, ebenfalls unter unterschiedlichen Bedingungen. Zehntausende arbeiteten in polnischen Betrieben, ohne Zwangsarbeiter zu sein, ein Teil davon als unentbehrliche Fachleute, die vor dem polizeilichen Zugriff offiziell geschützt und entsprechend entlohnt wurden. Tausende von jungen

Frauen dienten als Kindermädchen und Haushälterinnen bei Familien.

Wir wissen nicht, wie viele Bauernfamilien monatelang auf demselben – bisher ihrem eigenen – Hof mit einer polnischen Familie lebten; es hatte jedenfalls keinen Seltenheitswert und die Berichte der Ostpolen über eine solche Zeit sprechen eher von Mitgefühl («Bald sind die dran und werden erleben, was wir gerade hinter uns gebracht haben») als von Hass und Streit. Der Schriftsteller Stefan Chwin hat ein solches Zusammenleben von Polen und einem dagebliebenen Deutschen vorzüglich porträtiert in seinem Roman «Tod in Danzig».

Der zweite wichtige Umstand war das spürbare Nachlassen der Gewalt, die zwischen 1945 und 1947 in entscheidendem Maße zurückging. Der Hass ließ nach, der anfangs erstaunlich schwache Staat setzte sich allmählich gegen seine eigenen Beamten und Kriminelle durch, die Allgegenwart von Hunger und Bedrohung nahm ab. Den letzten Deutschen, die Polen von 1948 bis 1950 verließen, ging es schlecht bis sehr schlecht, von willkürlicher Verfolgung bedroht waren sie aber nur noch in Ausnahmefällen. Kein Wunder freilich, dass die Erinnerung an die Nachkriegsmonate durch jene Mehrheit geprägt wurde, die 1945 und 1946 ihre Heimat verlassen musste: Sie hatten die schlimmsten Geschichten zu erzählen, und die Statistik gab ihnen Recht.

Als letzter Umstand sei die Fremdbestimmung als durchgängige Erfahrung herausgehoben. Im Frühjahr und Sommer 1945 wussten die wenigsten Deutschen östlich von Oder und Neiße, dass sie sich in Polen befanden. Noch weniger hatten vermutlich eine Vorstellung davon, dass ihr Dorf oder ihre Stadt nun auch in Polen bleiben würde. Sie wurden vertrieben, um- und ausgesiedelt – die meisten gegen ihren Willen. Wie viele erblickten aber in der Aufgabe der Heimat die einzige Chance, nach dem Krieg wieder auf die Beine zu kommen, was ja nur in Deutschland vorstellbar schien? Die Entscheidung «zu gehen» war auch dann keine wirklich freiwillige, wenn sie ohne die persönliche Erfahrung von Drohung und Erpressung getroffen wurde – ganz ähnlich wie im Fall der Ostpolen. Sie blieb dennoch oft der einzige vernünftige Ausweg aus einer Zwangslage, in die deutsche Zivilisten nach dem Krieg geraten waren: knapp zwei Drittel von ihnen Frauen, mehr als ein Drittel Kinder, ein Sechstel Personen von über 60 Jahren. Die weitaus meisten waren unschuldig. Die meisten Schuldigen wiederum, denen sie ihr Schicksal zu verdanken hatten, gingen straffrei aus. Der Neubeginn eines «im Westen» angekommenen Angehörigen der Gestapo, der sich ja als bescheidener Kriminalbeamter ausgab und überdies auf ein Netzwerk Gleichgesinnter vertrauen konnte, wird unvergleichlich einfacher gewesen sein als der einer ihm altersgleichen Witwe, die alles «im Osten» zurückgelassen hatte und mit den Kindern mittellos im Durchgangslager angekommen war.

Nach- und Wirkungsgeschichte

Der offiziellen Sprachregelung zufolge gab es im Oppelner Schlesien ab etwa 1947, spätestens ab 1948 keine Deutschen mehr. Die Berichte der Geheimpolizei sprachen freilich eine andere Sprache, viele der Zurückgebliebenen wollten ihre alte Heimat verlassen. Der Druck der Ausreisewilligen erwies sich in der Periode der Entstalinisierung ab 1955 als stark genug, um Warschau zu einem partiellen Zugeständnis zu bewegen. Im Rahmen einer Abmachung zwischen dem Polnischen und dem Deutschen Roten Kreuz verließen 1956 bis 1958 über 250 000 Deutsche Polen. Nicht nur sie profitierten von der Entstalinisierung: Etwa zur selben Zeit durfte eine ähnlich große Zahl von Polen und Juden die Sowjetunion verlassen und in ihre alte Heimat umsiedeln. Die Deutschen begaben sich mehrheitlich in die Bundesrepublik.

Auch in den nächsten Jahren siedelten immer weniger in die DDR um, der «Magnet Westdeutschland» zog die Mehrheit jener über 140 000 Menschen an, die sich in den sechziger Jahren ihre Ausreiseerlaubnis erkämpften. Warschau gab dann noch zweimal

nach. Am Rande des im Dezember 1970 unterzeichneten Warschauer Vertrags und beim KSZE-Gipfel in Helsinki 1975 wurde die
Ausreise von erst 45 000, dann 125 000 Personen gestattet. Damit
glaubte die PVAP, das Problem der deutschen Minderheit, die es im
offiziellen Sprachgebrauch weiterhin nicht geben durfte, endgültig
gelöst zu haben. Der Optimismus erwies sich als gänzlich unbe-
gründet. Nachdem Volkspolen um 1975 von einer anfangs schlei-
chenden, später offenen und bis 1989 anhaltenden Wirtschaftskri-
se erfasst worden war, blieb der Ausreisedruck konstant.

Er erreichte einen neuen Höhepunkt 1988, als einerseits die
Vergabe von Reisepässen relativ liberal gehandhabt wurde, andererseits der Glaube an die Überwindung der Krise des staatssozia-
listischen Systems auf den Nullpunkt gesunken war. Auch diesmal
wanderten die Bewohner der ehemals deutschen Gebiete nicht alleine aus: Schätzungen zufolge kehrten in den achtziger Jahren
eine Million Menschen Volkspolen den Rücken. Alleine 1989 bemühten sich etwa 250 000 Menschen um einen deutschen Pass
bzw. um eine neue Existenz in der Bundesrepublik.

Zur gleichen Zeit verleugneten die polnischen Behörden weiterhin das Vorhandensein einer deutschen Minderheit: In den letzten fünf Jahren des realsozialistischen Polen lehnten Behörden
und Gerichte vierzehn Versuche der Eintragung von regionalen
deutschen Minderheitenverbänden ab. Das letzte Mal wurde ein
solcher Antrag von einem Gericht in Oppeln im Juli 1989 abgelehnt, als die Presse offen von «Deutschen in Polen» schrieb, die
Macht der PVAP offensichtlich auseinander fiel, und Vertreter der
bisher illegalen «Solidarność» bereits im Parlament dominierten.

Der erste nichtkommunistische Ministerpräsident Tadeusz Ma-
zowiecki bekannte sich in seiner Antrittsrede im August zu dem
Grundsatz, dass jeder polnische Staatsbürger in dem angestrebten
Rechtsstaat alle international üblichen Rechte genießen werde. In
den Erklärungen und Verträgen, die Polen mit der Bundesrepublik
von 1989 bis 1991 unterzeichnete, wurden den Deutschen jene
Minderheitenrechte zuerkannt, die von der KSZE im Juni 1990 im

Gedenkstein in deutscher und polnischer Sprache für die deutschen Toten im Internierungslager Łambinowice 1945/46. Deutsche und Polen finden eine gemeinsame Sprache für die Verbrechen der Nachkriegszeit.

«Kopenhagener Dokument» als europäischer Standard festgelegt worden waren. Aufgrund des polnischen Wahlgesetzes unterliegen darüber hinaus die Listen der nationalen Minderheiten bei den Parlamentswahlen nicht der Fünf-Prozent-Sperrklausel. Aufgrund dieser «positiven Diskriminierung» nehmen Vertreter der deutschen Minderheit im polnischen Sejm seit 14 Jahren Abgeordnetenmandate wahr.

Nun soll dies nicht bedeuten, dass über die Deutschen in Polen 1989 eine Idylle eingebrochen ist. Polen in der Transformation ist keine Idylle, was alle seine Staatsbürger alltäglich zu spüren bekommen. Die Deutschen bildeten bis zum EU-Beitritt am 1. Mai 2004 insofern eine privilegierte Gruppe, als die Mehrheit der Erwerbsfähigen einen bundesdeutschen Pass und damit das Recht auf legale Arbeit in den Ländern der Europäischen Union besaß. Daraus ergaben sich natürlich Vorteile, aber auch enorme Belastungen des familiären und sozialen Lebens, die jedes Gastarbeiterland kennt:

Die langfristige Abwesenheit des Mannes – oft des Vaters – dient weder dem einen noch dem anderen. Auch politisch gab es im Oppelner Schlesien, das die einzige polnische Provinz mit einem auffälligen Anteil von Nichtpolen darstellt, national aufgeladene Konflikte – um Denkmäler und Schulen, um Eigentums- und Machtverhältnisse. Aus Warschauer Sicht handelte es sich dabei um Randerscheinungen, lokal mochten sich die Emotionen gelegentlich hochschaukeln. Entgegen den Befürchtungen der Skeptiker überschritten die Auseinandersetzungen jedoch in keinem Fall das in einer Demokratie übliche und erträgliche Maß.

Und es gab auch substanzielle Gemeinsamkeiten: Als vor wenigen Jahren die Wojewodschaft Oppeln im Zuge der landesweiten Verwaltungsreform aufgelöst und in die benachbarten, größeren Verwaltungsbezirke aufgeteilt werden sollte, protestierten Polen und Deutsche gemeinsam: Ihre geballte Stimme wog derart schwer, dass die kleine Wojewodschaft bestehen blieb.

Die große Überraschung kam mit der Volkszählung 2002. Bis dahin hatte man sich an die Existenz einer klar vernehmbaren deutschen Minderheit in Oppeln und in der benachbarten Wojewodschaft Kattowitz gewöhnt. Die Volkszählung wies nun nach, dass es in beiden Wojewodschaften 140 000 (landesweit 153 000) Personen gibt, die sich zur deutschen Nationalität bekennen. Diese Zahl lag weit unter den niedrigsten Schätzungen, die vor der Volkszählung angestellt worden waren. Hingegen erklärten deutlich mehr – 173 000 Menschen – in den Wojewodschaften Oppeln und Kattowitz ihre Zugehörigkeit zur «schlesischen» Nation, die damit aus dem Nichts zur größten Minderheit der Republik aufstieg.

Die amtliche Anerkennung als Nation oder Nationalität blieb den Schlesiern erst mal versagt – wie schon so oft in der Geschichte –, das Problem jedoch hat sich dadurch nicht gelöst: Es steht nirgendwo geschrieben, dass es in Schlesien nur Polen und Deutsche geben darf. Die Anerkennung von «geschichtslosen» Nationen hingegen (also von solchen, die in der Neuzeit keine eigene Staatlichkeit kannten) dürfte im Zeitalter der Menschen- und Minderheitenrechte leichter erfolgen als je zuvor – unabhängig davon, wie schwer sich der entsprechende «alte» Nationalstaat damit tut.

Auch die Auseinandersetzung mit der Vergangenheit trug erheblich zur Einkehr von Normalität und Stabilität in den neunziger Jahren bei. In Volkspolen, also bis 1989, war die «Vertreibung» der Deutschen (diese irreführende Bezeichnung dient im Deutschen in der Regel als Sammelbegriff für mehrere Vorgänge: von Flucht und Evakuierung im Winter und Frühjahr 1945 über die Vertreibungen des Sommers und die Zwangsaussiedlung 1946 – 1947 bis hin zur Umsiedlung und Familienzusammenführung 1948 – 1950) gewissermaßen doppelt tabuisiert. Die kommunistische Obrigkeit behauptete, mit der Ausweisung der Deutschen – im Namen historischer Gerechtigkeit – die polnische Besiedlung der «Wiedergewonnenen Gebiete» ermöglicht zu haben, und leugnete die Verantwortung für jegliche Unregelmäßigkeiten, Vergehen geschweige denn Verbrechen; diese seien schlicht eine Erfindung der Vertriebenenlobby in der Bundesrepublik.

Ebenso überging die Mehrheit jener fünf Millionen Polen, die bereits 1950 in den ehemals deutschen Gebieten wohnten, die Frage, wo ihre Vorgänger geblieben waren. In einer Demokratie mit einer normal funktionierenden Öffentlichkeit wäre diese Frage gewiss früher gestellt worden. Im Kalten Krieg, der den alten deutsch-polnischen Gegensatz mit dem ideologischen zwischen Ost und West verband und dadurch potenzierte, wurde sie jahrzehntelang mit bestem Erfolg ausgeblendet. Ein erster polnischer Aufruf, sich auch diesem Kapitel der Vergangenheit zu stellen, wurde bezeichnenderweise 1981 laut, als die «Solidarność» die Grundfesten des Staatssozialismus erschütterte.

Erst nach 1989, mit dem Zerfall des Systems und der Entstehung einer pluralistischen Öffentlichkeit, rückte die Frage nach der Geschichte der heutigen polnischen Nord- und Westgebiete in den späten vierziger Jahren in den Mittelpunkt wissenschaftlicher Arbeit und publizistischer Auseinandersetzungen. Die Historiker produzierten Dutzende von Büchern: über die Lager und die «Verifizierung» der «Autochthonen», über Zwangsaussiedlung und Minderheitenpolitik des entstehenden kommunistischen Polen. Das Fazit dieser Arbeiten läuft darauf hinaus, dass weder das alte polnische Bild von historischer Gerechtigkeit und ordnungsgemäßer Umsetzung der Potsdamer Beschlüsse noch das alte deutsche Bild der «Vertreibung» als Kette von Racheakten «der Polen» an ihren deutschen Opfern zutreffen.

Anders formuliert: Die Umstände der Aussiedlung der Deutschen und die Behandlung der Verbliebenen sind gewiss keine Ruhmesblätter der polnischen Geschichte. Sie lassen sich nicht alleine mit den 1945 bis 1947 bereits erkennbaren stalinistischen Zügen der neuen Staatlichkeit erklären; es war nicht nur die aus der östlichen Despotie importierte Gewalt, die hier einschlug. Freilich wäre jeder Erklärungsversuch, der den Nationalsozialismus und die deutsche Besatzung in Polen außer Acht lässt, ebenso falsch.

In der öffentlichen Diskussion war es gerade dieser letzte Punkt, der ein besonderes Interesse auf sich zog. Knapp gesagt, ging es um die Sorge, dass die seriöse Aufarbeitung der Ereignisse nach dem 8. Mai 1945 nicht die Zeit vor diesem Datum in den Hintergrund drängen darf; es ging und soll dabei nicht gehen um Aufrechnung, sondern um die Berücksichtigung der kausalen und temporären Zusammenhänge. Schlüsselbedeutung erlangte ebenfalls die Frage nach der Verantwortlichkeit: Das Dritte Reich hatte die Grundlagen der europäischen Zivilisation zerstört und trägt daher die ursächliche Verantwortung für das Schicksal der Deutschen – wie der anderen gleichzeitig vertriebenen und umgesiedelten Völker. Die Alliierten übernahmen in Potsdam die völkerrechtliche Verantwortung für die Ausweisung, indem sie den entsprechenden Beschluss fassten. Die Polen bleiben aber verantwortlich für die Art der Durchführung – und auch das ist nicht wenig.

Ende der neunziger Jahre mochte man geglaubt haben, dass die heftige – vor allem innerpolnische – Diskussion dem Stichwort «Vertreibung» endlich seine für die deutsch-polnischen Beziehungen zerstörerische Potenz genommen hat. Die Bezeichnung selbst, lange Zeit Inbegriff des Kalten Krieges und Synonym der Nichtanerkennung der Oder-Neiße-Grenze durch die Bundesrepublik, hatte sich inzwischen in der polnischen Diskussion halbwegs eingebürgert und wurde hier und da sogar für die Beschreibung der Schicksale der Ostpolen in den vierziger Jahren verwendet.

Der Eindruck, Deutsche und Polen hätten auch dieses Kapitel ihrer dramatischen Vergangenheit abgearbeitet, verflog indessen schnell, nachdem die Idee eines «Zentrums gegen Vertreibungen» als bundesdeutsche Gedenkstätte aufgekommen war. In der polnischen Öffentlichkeit rief das vom Bundestag 2002 gebilligte Projekt all die alten Befürchtungen wach, von denen soeben die Rede war: dass die Deutschen sich zu Opfern umkodieren und ihre Verbrechen in Polen – wie schon in der so genannten Wehrmachtsausstellung passiert – mit Schweigen übergehen. Deutlicher formuliert: dass sie die Geschichte, wie zur Zeit Konrad Adenauers, abermals mit dem 8. Mai 1945 beginnen lassen wollen. Auf den Punkt brachte diese Ängste ein Krakauer Publizist, der sich die offiziellen Berliner Feierlichkeiten zum 100. Jahrestag des Kriegsausbruchs am 1. September 2039 vorzustellen versuchte. Der Bundespräsident, so die Vision, legt zu Beginn der Veranstaltung einen Kranz am Mahnmal des Holocaust nieder. Zum Schluss tut er dasselbe vor dem «Zentrum gegen Vertreibungen», wo er der deutschen Opfer gedenkt; der Rest bleibt Schweigen.

Die Befürchtung, mit dem geplanten «Zentrum» vollziehe die Berliner Republik eine grundsätzliche Weichenstellung ihrer Vergangenheitspolitik, in deren Vollzug die Opfer seines östlichen Nachbarn ausgeklammert werden, bestimmte die Temperatur der polnischen Debatten in den letzten Jahren ganz offensichtlich. Dies mag man für berechtigt oder für übertrieben halten. Dennoch: Solange diese Ängste nicht durch die Realität widerlegt werden, sind kaum größere Veränderungen zu erwarten. Zum Nachteil der heute Lebenden und vor allem der Jugend, die in dem Bewusstsein aufwachsen wird, dass deutsche und polnische Geschichte zweierlei Dinge sind.

Als die Deutschen weg waren:

Sudetenland

Ulla Lachauer
Abschied von der Krokuslwiese
Lebensweg einer deutschen Böhmin

«Brutíku, na procházku!» Auf das Signal zum Gassigehen hat der
junge Hund gewartet. Er stürmt hinaus, springt vergnügt über die
Schneewehe, die sich in der Nacht vors Haus gelegt hat, Christa
Petrásková leineschwingend ihm nach. Hinter ihr, etwas unsicher,
weil mit majestätischen Wintern nicht sehr vertraut, eine Journalistin aus Deutschland. Der morgendliche Weg mit Brutík führt ein
Stück bergab in Richtung Jablonec, dann links hoch, in mehreren
Windungen, zur «Butterwecke». Es schneit und schneit und hört
nicht auf. Alles und jedes trägt hohe weiße Kappen – Gartenmau-
ern und kahle Sträucher, selbst die krummsten Zaunpfähle, die
Schornsteine und Dächer der Glasdrückereien, die Arbeiterhäus-
chen am Berghang und die zwölfstöckigen Plattenbauten im Tal.
Die größte, eine enorme, leicht verrutschte Zipfelmütze, schmückt
den Jeschken, den Gipfel, der das Panaroma beherrscht – die Heimat von Christa Petrásková. Auch unser Ziel, ein Granitfelsen auf
einer Anhöhe, ist völlig zugeschneit. Gestern noch sah er einem
enormen Butterklumpen ähnlich, einer Butterwecke, wie die Iser-
gebirgler sagen. Heute ist er wie verschwunden, nichts als ein wei-
ßer Huckel, selbst Brutík schaut einen Moment lang verdutzt. Der
Schnee hat die Gerüche zugedeckt, seine höchstpersönlichen Mar-
kierungen. Wo um Himmels willen, scheint sein lustiges braun-
schwarzes Gesicht zu sagen, habe ich immer das Bein gehoben?

An diesem Januartag ist die spröde Industrielandschaft am Südrand des Isergebirges, einem Höhenzug der Sudeten, verzuckert und verzaubert. Christa Petrásková hat hier fast ihr ganzes Leben verbracht, im Umkreis von vielleicht zehn Kilometern: in der Hüttenstrasse, die zu Grünwald gehört, dem ältesten Glasmacherdorf der Region, das an Gablonz grenzt, eine nordböhmische Stadt, die früher weltberühmt war für Glas und Modeschmuck.

Christa Petrásková nennt alle heimatlichen Orte bei ihrem deutschen Namen: «Grünwald», nicht «Mšeno». «Gablonz», nicht «Jablonec». So, wie sie bis zum Mai 1945 hießen, als sie ein Kind war. Sechs Jahrzehnte unter Tschechen, äußerer und innerer Verwandlungen, haben nichts daran ändern können: Sie ist Christa, das deutsche Mädchen aus der Hüttenstraße 81, Tochter von Wendelin Tippelt und seiner Frau Hermine, geborene Klamt. Der glücklichste Platz ihrer Kindheit ist die «Krokuslwiese» und wird es immer bleiben.

«Dorthin werden wir bei besserem Wetter gehen», sagt sie und schüttelt den Schnee aus den Haaren, «über Reinowitz nach Lux-

Christa Petrásková. Eine der wenigen böhmischen Deutschen, die in der Heimat geblieben sind.

dorf, das ist ein Muss.» In ihrer Stimme liegt eine Entschlossenheit, die mich erstaunt. Denn sie hatte sich zunächst gegen ein Gespräch über ihr Leben gesträubt. Ich dürfe sie als Expertin für Gablonzer Glasknöpfe befragen, den kostbarsten ihrer Sammlung, einen für den kaiserlichen Hof in Wien gefertigten Livreeknopf, werde sie mir zeigen – und Schluss. Ihr Leben? «No comment!»

«Dort wohnte Heinz!» Sie deutet ins Weiß. «Da hinten Zdeněk und Lád'a.» Ihr Finger zeigt mal hierhin, mal dahin, mal in die Richtung, wo Brutik gerade läuft. «Dort!» Der Schnee verschluckt ihre Stimme fast. «Dort habe ich 1945 meinen ersten tschechischen Satz gesagt: ‹Ja jsem Čech!› Wir wurden so lange geschlagen, bis wir diese Losung sagten: ‹Ich bin ein Tscheche.›»

Ich würde jetzt gerne ihr Gesicht sehen, doch die Flocken treiben so dicht, wir können einander kaum mehr erkennen.

Ungebetener Besuch

Wir sitzen im Halbdunkel der kleinen, mollig warmen Wohnküche, Brutík schläft zu unseren Füßen. «Man sagt, Kinder haben es leichter als Erwachsene, aber das ist nicht wahr.» Dieser Satz steht am Anfang und oft auch am Ende vieler Kindheitsgeschichten, die Christa Petrásková im Laufe der Woche erzählen wird. Sie spricht langsam, bedachtsam. Nach jedem Wort eine Pause, die Pausen sind oft länger als die Wörter, wenn das zu schildernde Geschehen dramatisch wird, dehnen sie sich endlos. Bis sich irgendwann aus der Stille wieder ein Wort löst, ein wohldurchdachter Satz.

«Sorry, mein Deutsch ist schwerfällig», entschuldigt sich die 63-Jährige, ihr Tschechisch sei viel, viel besser. Außerdem sei Deutsch nicht ihre Muttersprache. Ihre erste Sprache, die sie als Kind lernte, die «tiefste, dem Herzen nächste», ist «Paurisch.» Eine mitteldeutsche Mundart, die dem Oberlausitzischen zugeordnet wird, dem Schlesischen nahe verwandt, welche im Bezirk Gablonz, bevor die Deutschen vertrieben wurden, noch in Gebrauch war.

Nicht nur unter Bauern («Paurn»), auch unter den kleinen Leuten in der Stadt und in den sie umgebenden Industriedörfern. Christa Petráskovás Deutsch, ein reiches Hochdeutsch mit winzigen Unsicherheiten, ist davon gefärbt. Sie sagt «schen», statt «schön», «Hitte» statt «Hütte», erkundigt sich «heflich», ob ich den Kaffee «siß» trinke, noch nicht «mide» bin. Zur Eigenart des Dialekts, heißt es in einem alten Heimatkundebuch, gehört auch «ein gemächliches Sprechtempo».

«Glick», sie berichtigt sich: «Glück, also die glücklichste Zeit war die Kindheit mit der Mutter. Sie war eine alte Mutti, aber lustig und behände. Und ich war ihr drittes Kind und ihr einziges.» Ein Glück, das in denkbar krassem Widerspruch zu den Zeitläuften stand. Das Kind wurde 1941 in Grünwald geboren, am 26. Juni, wenige Tage nach Hitlers Überfall auf die Sowjetunion. Christas Heimat gehörte seit kurzem zum «Großdeutschen Reich», dieses hielt ganz Böhmen besetzt, überzog das Land mit Terror. Für die Eltern war Christas Geburt ein schon nicht mehr erwartetes Geschenk. Wendelin und Hermine Tippelt hatten zwei Kinder verloren, eines kam 1931 tot zur Welt, das nächste, ein Wendelin, fiel durch Unachtsamkeit einer Säuglingsschwester 1936, im Alter von sieben Tagen, auf den Steinboden des Hospitals und starb. Nun waren sie beide über vierzig, und ihre ganze Liebe fiel auf das späte Kind, das «Herzl».

An den Vater hat Christa keine Erinnerung, er ist seit 1943 als Sanitäter bei der Deutschen Wehrmacht. Abends betet sie mit der Mutter: «Oh du liebes Jesulein, bring mir meinen Vati heim.» Ihr Gedächtnis – es reicht ungewöhnlich weit zurück – hat Bilder und Szenen inniger Zweisamkeit mit der Mutter bewahrt. An «Mutters Schwanzl», an ihren Schürzenbändern zu hängen ist das Allerschönste. Auch wenn die Mutter nicht in der Nähe ist, fühlt sie sich geborgen. Irgendwann wird sie ganz sicher wieder auftauchen, rufen: «Herzl, wo biste denn?», oder: «Herzl, kumm ok hejm!»

Fotos dieser Jahre zeigen ein dralles, blondes Mädchen, das vertrauensvoll in die Welt blickt: Christa auf Mutters Arm. Christa an

Sudetenland 1938

DEUTSCHES REICH

Leipzig

Oder

Breslau

Dresden
Elbe
Neiße
Schlesien

Sachsen

Reichen-berg
Gablonz

Groß Döbern

Oppeln

Aussig
Glatz

Gleiwitz

Theresienstadt

Olsa-gebiet
1.10.1938 an Polen

Karlsbad
Prag
Pardubitz

Eger

Troppau
Marienbad
Böhmen
Sazawa
Mährisch-Ostrau

Pilsen

TSCHECHO-
(ab 16.3.1939 Protektorat Böhmen und Mähren)

Olmütz

Moldau
Tabor
Iglau
Mähren

Bayrische Ostmark

Brünn

Regensburg
Budweis
March

Znaim

Nieder-Donau

SLOWAKEI
16.10.1938 autonom

Die am 1.10/20.11.1938 von deutschen Truppen besetzten «Sudetendeutschen Gebiete»

Donau
Linz

0   25   50 km

Wien

Sudetenland 1948

Odra

POLEN

Leipzig
Elbe
Görlitz

Wrocław

DDR
Dresden
Schlesien
Dobrzeń Wielki

Sachsen
Liberec
Opole

Jablonec nad Nisou

Ústí n. L.
Kłodzko

Gliwice

Terezín

Karlovy Vary
Praha

Cheb

Opava
Sázava
Pardubice
Ostrava

Mariánské Lázně
Böhmen

Plzeň

TSCHECHO-
Olomouc

Vltava
Tábor
Jihlava
Mähren
Morava

Bayern

Brno

Regensburg
České Budějovice

SLOWAKEI

Znojmo

DEUTSCH-LAND

Niederösterreich

ÖSTERREICH

Bratislava

0   25   50 km

Linz
Donau
Wien

119

Auf der «Krokuslwiese».
Sie ist für Christa ihr ganzes
Leben lang ein Ort des
Glücks.

ihrem zweiten Geburtstag mit verrutschter Haartolle vor einem Strauch «Pumpelrosen». Christa mit Hut, inmitten blühender Krokusse. Diese «Krokuslwiese» in Luxdorf, wo ihr Onkel Josef und die Tante Marie damals gerade ein Haus gebaut hatten, ist in ihrer Erinnerung der Inbegriff des Glücks. Ein nicht nur für die Familie bedeutsamer Ort – das Blütenmeer in Lila, botanisch: «Zipser Frühlingssafran», ein seltener Rest der nacheiszeitlichen Steppenflora, zog im April Scharen von Ausflüglern an.

«Da hatten wir noch eine Kuh, das war noch die gute Zeit. Jeden Tag hatte ich ein Schüsselchen warme Milch mit Semmel. Und die Katze, die hieß Mimi, hatte ein ähnliches Schüsselchen. Die Mimi war meine große Freundin. Die Mutti ging in den Stall, und die Katze kam zu mir ins Bett. Und nach dem Melken bekamen wir beide unser Schüsselchen Milch. So schön hat mein Tag begonnen.» Sie spricht zärtlich und umständlich von Mimi, erzählt die Geschichte mit etwas anderen Worten noch einmal. Die kleinste Erinnerung aus der «guten Zeit» scheint ihr kostbar.

Im Alter von drei, vier Jahren unternimmt sie lange Spaziergänge mit Heinz, einem Nachbarsjungen. Rückblickend erstaunt es sie sehr, dass die Mütter sie damals oft unbeaufsichtigt lassen. Zwar hat sich der Krieg noch nicht gezeigt, in Gablonz und im Isergebirge fallen keine Bomben, aber die Wege sind weit und nicht gerade ungefährlich. Zur «Krokuslwiese» sind es immerhin vier Kilometer, es geht mächtig bergauf und bergab, in der Nähe gibt es große Fabriken, die Textilfabrik, die Glaswerke von Leopold Riedel, den soeben zu Rüstungszwecken errichteten Zweigbetrieb der Firma Zeiss, nebenan ein Fremdarbeiterlager.

Bekannte Wege, die die Kinder oft an der Hand ihrer Mütter spazieren – zur «Krokuslwiese», im Herbst pflückt man dort «Marunken», so heißen hierzulande die Mirabellen. In den Wald, wohin die Mütter an Wochenenden mit dem Huckekorb gehen, Reisig sammeln, oder zum Pferdemetzger, wo sich das proletarische Grünwald trifft. Heute ist Christa Petrásková «das selbständige Leben, das wir Kinder damals führten», unbegreiflich, je älter sie wird, desto weniger versteht sie es. Wie konnten sie und Heinz sich so traumwandlerisch sicher bewegen? Christa gab übrigens den Ton an, der stämmige Heinz lief hinterher.

Im Laufe des Jahres 1944 erreicht die Dreijährige zum ersten Mal der Schrecken. Sie hört davon im Radio. Er soll dort sein, wo «der Vati im Lazarett liegt», in Wien. «Da kamen immer Nachrichten, dass man in Wien bombt. Da hat meine Mutti immer geweint, das hat mir natürlich wehgetan. Jemand hat mir gesagt, dass es im Radiogerät kleine Männchen gibt, die sprechen. Und wenn die Mutti es ausschaltete und fortging, dann hab ich oft mit diesen Männchen geschimpft, in den Kasten und in die Steckdose. Weil ich nicht wollte, dass die Mutti weinte.»

Die Erwachsenen in Christas Umgebung weinen und seufzen immer öfter. Sie benutzen neue Wörter wie «Luftschutz» und «Flüchtling» und alte in einer neuen Bedeutung, die sie nicht versteht. Ein Cousin Walter soll «gefallen» sein, der große Bruder von Heinz wird «vermisst». Einmal, als sie mit der Mutter nach Reichenberg, in die nahe gelegene «Gauhauptstadt» des Sudetenlandes, fährt, sieht sie die «Flieger», von denen im Radio die Rede ist, mit eigenen Augen. Flüchtige kindliche Eindrücke – wie sich das Kriegsende in ihrer Region abspielt, hat sie erst nachträglich, als junges Mädchen, erfahren. Zum Beispiel die Geschichte «der Februarnacht»: Damals versammelten sich Bewohner der Hüttenstraße und des ganzen Arbeiterviertels auf der «Butterwecke», um von der Anhöhe den hellen Schein im Nordwesten zu betrachten. Ein weit entferntes Feuer offenbar, anderntags wussten sie es genau: Es war das brennende Dresden.

Im Bezirk Gablonz bleibt es weitgehend ruhig, ein Refugium für Ausgebombte und Flüchtlinge, aus dem umkämpften Schlesien strömen immer neue hinzu. Ende März 1945 wird in Gablonz ein berühmter Schlesier gesichtet, einer der größten deutschen Dichter, Ehrendoktor der Universität Prag und Nobelpreisträger: Gerhart Hauptmann. Von Dresden kommend, ein Überlebender des Feuersturms, strebt der 82-Jährige der Heimat zu, die seine Landsleute verlassen. Er will zusammen mit seiner Frau das Kriegsende im Riesengebirge, in seinem Haus in Agnetendorf, verbringen.

Die erste Maiwoche in Christas Heimat verläuft überraschend geordnet. Nachrichten und Gerüchte, die am 5. Mai vom «Aufstand» in Prag durchdringen, man habe Nationalsozialisten gejagt, Tausende Deutsche auf offener Straße totgeschlagen, lassen Schlimmstes befürchten. Es tritt nicht ein. Um Gablonz herum werden lediglich einige Partisanenaktionen gemeldet, die Fremdarbeiter legen die Arbeit nieder, es kommt zu ersten Plünderungen. Am 7. Mai fallen auf den Gablonzer Obstmarkt einige russische Fliegerbomben und töten ein Ehepaar. Am 8. Mai übergeben die deutschen Behörden Stadt und Landkreis an den tschechoslowakischen «Nationalausschuss» – beinahe unzerstört. In den Vormittagsstunden des 9. Mai treffen dann Hunderte junger Tschechen ein, Partisanen und «Revolutionsgarden». Sie springen aus blumengeschmückten LKWs, schwenken die Gewehre und rufen enthusiastisch: «Náš Jablonec!», «Unser Gablonz!» Nachmittags erreicht eine Vorhut der Roten Armee die Stadtgrenze, vier T 34-Panzer, ansonsten Pferdewagen. Die abgekämpften, armselig gekleideten Rotarmisten treiben Herden bunt gescheckter Rinder mit sich, und sie sind gelöster Stimmung.

An diesem Tag sitzt sie mit Heinz auf der Treppe, erinnert sich Christa Petrásková, sie malen, da rollen zwei Panzer vorbei mit Getöse. Das ist «interessant», später bekommen die Kinder von den Russen Zucker geschenkt, «ein Lichtblick». Das letzte Ereignis davor war ein trauriges gewesen, am 20. April war im Hause Tippelt der Onkel Lebrecht, der Ofensetzer, Vaters älterer Bruder, gestorben. Sein Tod und das schnelle Begräbnis haben das Kind verstört.

«Meine Erinnerung an diese Monate ist ein Chaos», sagt Christa Petrásková. Ein Holterdipolter, Lärm allüberall. Die Erwachsenen laufen wie wild umher, mal sitzen sie stocksteif und still. Warum? Wie lange geht das so? Ein Kind hat keine Begriffe, auch keinen Sinn für Chronologie. Nur eine einzige Episode ist ihr bis heute deutlich präsent: von einem «ungebetenen Besuch». So möchte sie das Vorkommnis, das sie fürs ganze Leben prägte, bezeichnen, mit einem bewusst undramatischen Titel. Soll und darf sie es überhaupt erzählen? Sie tut es eher beiläufig, nicht im direkten Visavis, sondern auf einem unserer Spaziergänge, ihre Blicke folgen währenddessen dem tollenden Brutík.

Es ist kurz nach Kriegsende, jemand klopft energisch an die Haustür. «Ein Mann – wie ein Skelett, mit einer Pistole.» Die kleine Christa hat solche Gestalten schon mal gesehen, Fremdarbeiter aus den Zeiss-Werken, die auf der Wiese hinter dem Tippelt'schen Haus Löwenzahn pflückten und aßen. Der spindeldürre, bewaffnete Mann, der nun drohend vor ihnen steht, hat ein Stück Pferdefleisch in der Linken, und er fordert Hermine Tippelt auf, für ihn ein Gulasch zu kochen. Unvergesslich ist dem Kind das große Messer der Mutter, wie es durch das dunkelrote, blutige Stück Fleisch gleitet. Es ist noch halb roh, als es auf den Tisch kommt, der ungebetene Gast will nicht lange warten. Sie essen zu dritt, schweigend.

Christa beobachtet alles von ihrem Stühlchen, schaut jedoch den Mann mit der Pistole nicht an, sondern krampfhaft an ihm vorbei. (Seit jenem Tag schielt sie, die Fehlstellung der Augen bleibt – jahrzehntelang.) Nach der Mahlzeit schickt die Mutter sie fort in den Keller, dort schläft sie schließlich ein. «Was wollte der Mann?», fragt sie später. «Er hatte Hunger», antwortet die Mutter.

Das Mädchen ahnt, dass die Mutter ihr etwas verschweigt. Dass die Geschichte, während sie schlummerte, noch weiterging. Nachdem Christa wiederholt die Frage gestellt hatte: «Was wollte der Mann?», und immer dieselbe einsilbige Antwort bekam, gab sie schließlich Ruhe. Nach der Rückkehr des Vaters, im Wiedersehensrausch des Erzählens, kam dieser Vorfall nie zur Sprache. Da wusste sie Bescheid, es gab also ein Geheimnis, und sie durfte die Mutter nicht verraten. «Vati hätte das nie verkraftet.» Von nun an waren Hermine und Christa Tippelt Komplizinnen im Schweigen. Für die Tochter wäre es wohl besser gewesen, wenn die Mutter in Christas Pubertät oder auch später ein Gespräch von Frau zu Frau gesucht hätte. Vielleicht hätten einige klärende Worte sie von ihren Phantasien, die das Geschehene immer größer und furchtbarer erscheinen ließen, erlöst? «Das Schweigen war das Schlimmste.»

Rettende Umstände

«Jeder wollte 1945 hier bleiben», behauptet Christa Petrásková. «Wer wollte schon sein Haus verlassen und ins zerbombte Deutschland ziehen? Niemand wusste, was es für schlimme Pläne gab. Man dachte, die Schuldigen werden bestraft werden. Für die anderen wird sich das Leben normalisieren, weitergehen wie in der ersten tschechischen Republik.»

Hermine Tippelt jedenfalls setzte ganz aufs Dableiben. Auf ihr Haus – das Haus, in dem wir jetzt sitzen und reden, auf die Scheune, die Wiese. Ihr Wendelin würde sie hier suchen. Er war nicht sehr weit weg, wie sie inzwischen wusste. Das Wiener Lazarett war Anfang 1945 in den Böhmerwald evakuiert worden. Dort wurde er Gefangener der Amerikaner, und weil sein Wohnort im Machtbereich der Sowjetunion lag, lieferte man ihn an diese aus. Das Kriegsgefangenenlager befand sich im Eulengebirge, dem schlesischen Vorland des Riesengebirges, etwa 80 Kilometer östlich von Gablonz.

«Ein gemeinsames Leben mit ihnen (den Deutschen) ist nicht mehr möglich», hatte Edvard Beneš, Präsident der tschechoslowakischen Exilregierung in London und zukünftiges Staatsoberhaupt des befreiten Landes, bei Kriegsende verkündet. Sätze wie diese hörte Christa Petrásková zum ersten Mal in ihrer Schulzeit. Sie hat ihr ganzes Leben gebraucht, deren historische Tragweite zu verstehen, und die persönliche Verletzung, die sie darin sah, zu verkraften. Damals, mit ihren vier Jahren, verstand sie nichts von alledem, nur dass ihre Welt bedroht war.

Von den etwa 100 000 Bewohnern der Region war kaum jemand geflohen. Die Verhandlungen der Siegermächte waren im Gange, vor Ort herrschte allgemeine Unklarheit. Wie der Sommer 1945 in Gablonz und im Isergebirge im Einzelnen verlief, ist noch unerforscht, nur in Fragmenten bekannt. Die sowjetische Militäradministration führte offenbar Demontagen durch, deportierte Facharbeiter in die Sowjetunion. Mitte Mai wurden einige hundert deutsche Männer ohne Marschgepäck und Verpflegung Richtung Schlesien getrieben, unter ihnen Christas Onkel Rudolf. Vermutlich sollten sie irgendwo auf die Bahn, Richtung Moskau, verladen werden. In Ermangelung von Transportkapazitäten endete die Aktion im Nichts, der «Hungermarsch» löste sich auf, die Männer kehrten zurück.

Die Bestrafung der örtlichen Funktionäre der NSDAP überließ die sowjetische Besatzungsmacht größtenteils den Tschechen. Die Verhaftungswelle dauerte mehrere Monate, Rache ging oft vor Recht, auch Unschuldige wurden gefoltert, standrechtlich erschossen. Christas Cousin Franzi zum Beispiel wurde irgendwo, «in den Wäldern», so wird erzählt, «von Partisanen hingerichtet». Ein Fall von Lynchjustiz?

Unterdessen bemühte sich der tschechoslowakische National-ausschuss nach Kräften, die Stadt in Besitz zu nehmen, Gebäude, Infrastruktur, Großbetriebe etc. Aus Prag kamen immer neue De-krete, die die Deutschen entrechteten, die so schnell gar nicht um-zusetzen waren. Allüberall Chaos, rechtsfreie Räume. Gablonz wurde bevorzugt von Plünderern aus ganz Böhmen heimgesucht – eine wohlhabende Stadt, wo bekanntlich was zu holen war. Vor al-lem die Villen der Glas-Exporteure zogen Heerscharen von «Zla-tokopové», «Goldgräbern», an. So nannten und nennen die Tsche-chen Landsleute, die sich ungeniert bereicherten und danach, heißt es, wieder abzogen.

Am 15. Juni 1945 – Reichsdeutsche und Flüchtlinge waren be-reits «repatriiert» – begannen die «wilden Vertreibungen». «Wild» meint keineswegs spontan, hier machte sich nicht oder nur selten der Volkszorn Luft, das meiste geschah auf Befehl von oben, aber noch ohne völkerrechtliche Rückendeckung. Man wollte vor Au-gust, bevor die Siegermächte in Potsdam über das Schicksal der Sudetendeutschen entschieden, unwiderrufliche Tatsachen schaf-fen. Ungefähr 1000 Gablonzer, bevorzugt aus den Vierteln der Rei-chen, wurden aus ihren Häusern geholt und abtransportiert Rich-tung Sachsen. Für die nächsten Aktionen dieser Art wurden Sammellager in Reinowitz und Reichenau eingerichtet. In diesen Monaten strömten immer mehr Tschechen in die Stadt. «Das Grenzland ruft euch!», warb die Regierung, stellte den Neusiedlern Häuser und Arbeit in Aussicht.

Im Betriebskindergarten der Textilfabrik, wo die Hermine Tip-pelt als Weberin arbeitete, spielte sich Ähnliches ab wie in der gro-ßen Welt. Christa brachte dort den Tag zu – ein Tohuwabohu auf engstem Raum, deutsche und tschechische Kinder, die «Tanten», die sie beaufsichtigten, waren total überfordert. Ihre eigenen schreienden Säuglinge im Arm, versuchten sie die tobenden Jungen und Mädchen in Schach zu halten, sie auf die Bänkchen zu ver-weisen. Stillsitzen! Bettruhe! Um den Kachelofen herum hingen Höschen der Kinder, die sich auf dem Plumpsklo nass gemacht

hatten. Zu den Essenszeiten brachen Kämpfe aus: «tapfere große Jungen» nahmen den Kleinen das Kleckschen Butter, das sie von zu Hause mitgebracht hatten, weg. Fast alle waren armselig gekleidet und «gestresst». «We were not amused», Christa Petrásková flüchtet sich gern ins englische Understatement.

Im Kindergarten wird damals die deutsche «Tippelt Christa» zum ersten Mal tschechisch, als «Christa Tippeltová», registriert. Jeden Morgen bittet sie die Mutter weinend, zu Hause bleiben zu dürfen. Dann weint Hermine Tippelt auch. Sie wissen beide, dass es jetzt für ein Kind zu gefährlich ist, allein draußen herumzulaufen, das eigene Haus ist nicht mehr sicher. Und Christa hat nicht wie der Nachbarsjunge Heinz Wendt eine Großmutter, die auf ihn aufpasst. Gelegentlich versuchen Heinz und sie den Erwachsenen zu entwischen, ihre alten Streifzüge nach Reinowitz oder Luxdorf wieder aufzunehmen. Unterwegs lauern ihnen oft tschechische Kinder auf, «sie waren in Rage wie ihre Eltern».

Ein «Spiel» beginnt, immer dasselbe, es heißt: «Werwölfe fangen». Angeblich halten sich in den Wäldern des Isergebirges noch vereinzelt bewaffnete Hitlerjungen versteckt, die vom Krieg nicht lassen wollen, so genannte Werwölfe. In den Kinderphantasien, auch Christas, ist ein Werwolf ein Furcht erregendes Fabelwesen, halb Tier, halb Mensch. Niemand hat es je gesehen, nur eines weiß man genau: Es ist «deutsch». Heinz und Christa sind also die Werwölfchen. Eingekesselt nach erfolgreicher Jagd, stehen sie da, eng aneinander gedrückt. «Já jsem Čech. Já jsem Čech», müssen sie sagen, wenn sie es nicht willig und richtig aussprechen, gibt es Püffe.

In Gablonz, so scheint es, fand der Krieg nach dem Kriege statt: Man knöpfte ihnen regelmäßig die gesammelten Patronenhülsen ab. Alle Kinder waren damals dieser Leidenschaft verfallen, die älteren sammelten auch scharfe Munition, Gewehre, Handgranaten. Ein slowakischer Junge brüstete sich später, er habe sogar eine Panzerfaust gefunden. «Das alles haben wir glücklich überlebt, bis auf Lád'a.» Lád'a war ein tschechischer Neusiedlerjunge aus dem Nachbarhaus, die Familie war gerade erst eingezogen. Beim Kriegsspiel traf ihn sein Bruder Zdeněk versehentlich ins Bein. Die Jungen verheimlichten den Steckschuss vor den Eltern, so starb der verletzte Lád'a an Blutvergiftung, und Zdeněk fühlte sich als Mörder. Ein Opfer und ein Täter, beide Brüder Opfer der Umstände, ebenso deren Eltern, die ein Haus gewannen und ein Kind verloren – im Kleinen zeigt sich, wie kompliziert in Wahrheit die Geschichten jener Zeit sind, in der man zu wissen glaubte, wer schuldig oder unschuldig ist, Freund oder Feind.

Christa lernt, auf der Hut zu sein. Die größte Gefahr besteht darin, an falschem Ort den Mund aufzumachen. Als sie einmal mit der Mutter per Straßenbahn nach Gablonz fährt, fragt Christa irgendwas auf Paurisch. Sofort werden sie am Kragen gepackt und an der nächsten Haltstelle aus dem Zug geworfen. Die Mutter hat gegen das Verbot, öffentliche Verkehrsmittel zu benutzen, verstoßen, und trägt nicht, wie befohlen, die Armbinde mit dem «N» (für «Němec», «Deutscher»). Im Regelfall ist diese weiß. Für «Antifaschisten», und Hermine Tippelt ist als Kommunistin unzweifelhaft Gegnerin des Hitlerregimes gewesen, ist rot vorgeschrieben. Das Rot ist allerdings kein Vorteil für sie, im Gegenteil, sie ist doppelt ausgegrenzt: Für die Tschechen ist sie eine Deutsche, den Deutschen gilt sie als Verräterin, der Kollaboration mit den Tschechen verdächtig.

Der August kam, die Ergebnisse der Potsdamer Konferenz wurden nach und nach publik: Die Sudetendeutschen hatten ihre Heimat verloren. Ihr «Transfer» nach Deutschland sollte in «geordneter und humaner Weise» erfolgen, 30 Kilo Gepäck pro Person wurden erlaubt. Tschechischerseits wurden gewisse Personengruppen von der Vertreibung ausgenommen – nicht konsequent, auch hier regierte zeittypische Willkür. Antifaschisten wie Hermine Tippelt durften sich, wenn sie wollten, dem großen Strom der Geschichte entziehen. Ebenso Spezialisten, etwa der Vater von Christas Freund Heinz, ein Meister in der Textilfabrik. Er und viele andere konnten eine Bleibeerlaubnis beantragen, sie profitierten von der jüngsten Erkenntnis der örtlichen Verwaltung, dass die hoch spezialisierte Gablonzer Industrie nicht ohne Deutsche würde auskommen können. Eine dritte Möglichkeit existierte für binationale Familien: Wer tschechische Angehörige oder Vorfahren hatte, konnte eventuell bleiben. Aufgrund dieser Bestimmung ist Christas Freundin Irene, Tochter eines deutschen Vaters und einer tschechischen Mutter, dageblieben.

Das alles galt im Prinzip, die Praxis konnte ganz anders aussehen. Der Status «Antifaschist», davon ist Christa Petrásková fest überzeugt, hätte nichts genützt, wäre das Tippelt'sche Häuschen begehrenswert gewesen. «Feindbesitz» war grundsätzlich konfisziert, ging in «Volkseigentum» über. Vor Ort organisierten die Nationalausschüsse die Belegung mit tschechischen und slowakischen Siedlern. Diese konnten später für eine geringe, eher symbolische Summe die Häuser und Wohnungen vom Staat kaufen. Oft suchten sich die Neuankömmlinge die Objekte selbst aus, beantragten dann beim Amt die Übergabe, und wenn noch Deutsche darin wohnten, gab es Mittel und Wege, sie auszuquartieren, in schlechtere Behausungen abzudrängen oder gleich ins Sammellager, zum Abtransport.

Christas Elternhaus, die Nr. 81 der Hüttenstraße, die nun «Revolutionsstraße», später «Straße des Prager Aufstandes» hieß, hatte ein kaputtes Dach – «und das hat unser Leben entschieden». Das Dach war kaputt, weil Wendelin und Hermine Tippelt Ende der Dreißiger ihr Erspartes, statt es in die dringend nötige Reparatur zu stecken, Hermines Bruder Josef und seiner Frau Marie geliehen hatten, damit die kinderreiche Familie auf der «Krokuslwiese» bauen konnte. Dies neue, schön gelegene Haus war nach 1945 natürlich sehr begehrt, das der Tippelts, Baujahr 1730, ein Aschenbrödel.

Als sich trotzdem eines Tages ein Interessent zu finden scheint, ist Christas Mutter außer sich. Ein schon betagter Tscheche von nebenan, der bei seinen Kindern lebt, sucht ein Altenteilerhaus. Ihm gefällt, vielleicht weil er ein Bauer ist und ihn das Heimweh plagt, die stabile Tippelt'sche Scheune und die große Wiese dahinter, und er ist deswegen beim Amt vorstellig geworden. «Herzl, mir giehn eis Wossr», sagt die Mutter zu Christa. Wieder so ein harmloses Wort mit bedrohlichem Klang. «Ins Wasser gehen?» Zum Schwimmen in der Grünwalder Talsperre ist es doch jetzt viel zu kalt! Ein alteingesessener Grünwalder Tscheche, der die Tippelts kennt, legt in der Angelegenheit beim Amt ein gutes Wort ein. Es findet sich ein anderes, für den Bewerber geeignetes Haus, nahebei.

Im Januar 1946 beginnt die organisierte Aussiedlung der Deutschen, parallel dazu ziehen jetzt immer mehr Tschechen zu. Und Hermine Tippelt ist immer noch ohne männlichen Schutz. Im Herbst 1945 war sie zu Fuß, mit Christa im Kinderwagen, nach Ketten bei Grottau gelaufen und hatte dort tatsächlich ihren Wendelin gefunden. Auf dem Hof, wo er zusammen mit vielen anderen Kriegsgefangenen als Erntehelfer eingesetzt war, schien es ihm einigermaßen gut zu gehen. Christa hatte bei diesem Besuch zum ersten Mal bewusst ihren Vater gesehen. Sie erinnert sich allerdings mehr an die Schlagsahne, die ihnen die freundliche Bäuerin auf den Kuchen löffelte, die erste Schlagsahne ihres Lebens.

Auch Wendelin Tippelts Hoffnung und Sehnsucht richtet sich damals auf das Haus. Nicht so sehr die Heimat, das *Haus* ist am

Ende der nationalsozialistischen Barbarei, angesichts fortgesetzter Schrecken in Europa, für viele der wichtigste Bezugspunkt. Im Laufe des Jahres 1946 verlieren die Verwandten von Christas Mutter, die ganze große bei Gablonz lebende Klamt-Sippe, und alle Tippelts, bis auf Hermine, ihre Häuser. Die Bilder des Abschieds hat die damals Fünfjährige nie vergessen: Zwischen Februar und Oktober geht sie mit der Mutter fast täglich zum Lager Reinowitz, um den Verwandten hinter dem Stacheldrahtzaun zuzuwinken. Ein paar Worte zu wechseln mit Onkel Josef Klamt und Tante Marie von der «Krokuslwiese» (laut Aktenvermerk im Jablonecer Stadtarchiv am 20. Juni 1946 ausgesiedelt) oder Christas siebenjähriger Cousine Gerda Endler (ausgesiedelt mit den Eltern am 29. Oktober 1946). Vor deren Abreise tauschen die Mädchen ihre Puppen, die Christa-Puppe wandert mit in den Schwarzwald, die Gerda-Puppe bleibt in Grünwald.

In einem Augenzeugenbericht über einen Abtransport, den Christa Petrásková, auf der Suche nach Informationen über die ausgesiedelten Verwandten, im Jablonecer Archiv fand, heißt es – sinngemäß, den Wortlaut hat sie nicht mehr im Kopf: Als die Türen des Viehwaggons sich schlossen, ertönte dahinter ein vielstimmiger Schrei. «Dieser Augenblick», glaubt sie, «war ein Schmerz *und* eine Befreiung.» Er trenne das alte Leben von dem neuen unbekannten Leben, was kommt. Nachdem man ihnen die Häuser genommen hatte, nach Wochen im Lager, seien die meisten wohl innerlich bereit gewesen zu gehen.

«Bin ich noch in meinem Haus?», fragte am 3. Juni 1946 der Dichter Gerhart Hauptmann. Aus dem Buch seines Freundes Gerhard Pohl – es trägt diesen Satz, die letzten Worte des Sterbenden, als Titel – wissen wir, wie sich so ein Kampf um ein Haus damals, auf der schlesischen Seite des Riesengebirges, ungefähr 70 Kilometer von Grünwald entfernt, zugetragen hat. Zugegeben, ein ungewöhnlicher Fall: Hauptmann war als Autor der sozialkritischen Stücke «Die Weber» und «Hanneles Himmelfahrt» in Russland sehr bekannt und genoss die persönliche Protektion der sowjetischen Militäradministration. Doch selbst diese konnte den verehrten Dichter und seine Frau in ihrem Haus in Agnetendorf nicht auf Dauer schützen. Immer wieder verschafften sich Polen gewaltsam Zutritt zum «Haus Wiesenstein», bedrängten den Greis, bestahlen ihn. Angebote, ihn in den Westen zu bringen, lehnte er dennoch ab, er gehe nur «die Füße voran». So geschah es, der Tod in seinem Hause war ihm vergönnt. «Schon eine Stunde nach seinem Ableben», schreibt Gerhard Pohl, «hatten sich die Agnetendorfer Milizianten vor den Fenstern des Wiesenstein versammelt und direkt unter dem Sterbezimmer mit Kindertrompeten, Topfdeckeln und Trillerpfeifen eine ohrenbetäubende Katzenmusik des Triumphes aufgeführt.» Gegen seinen testamentarisch erklärten Willen wurde Hauptmann schließlich, weil der Mob angekündigt hatte, sein Grab zu plündern, nicht zu Hause in Agnetendorf begraben, sondern nach Hiddensee überführt.

Die Geschichte, die einzige ausführlich dokumentierte aus dieser Gegend, im Jahre 1953, also zeitnah, aufgeschrieben, wirft ein Licht auf die Härte der Auseinandersetzung. Christa Petrásková hat sie kürzlich gelesen – atemlos, erst jetzt begriff sie voll und ganz, was für ein Wunder ihr Bleiben war.

Die Tippelts und die Klamts

Ums Tippelt'sche Haus herum türmt sich der Schnee, auch die Stapel auf dem runden Wohnküchentisch wachsen täglich. Nachts, während ich unter dem dicken böhmischen Federbett träume, zaubert Christa Petrásková aus Schränken und Regalen immer wieder etwas Neues hervor: Fotoalben, einen handgezeichneten Familienstammbaum, dicke, gründlich zerlesene Heimatkundebücher des Isergebirges. Bunt beklebte Schachteln mit familiären Hinterlassenschaften, zwei Spitzenkragen der Mutter und ein Weihnachtsglöckchen. Das «Puppenzimmer, das Onkel Schöffel mir machte». Mal Musterkarten mit Gablonzer Glasknöpfen. Bekanntlich ist Sammeln und Forschen eine der Strategien, ein Kindheitstrauma zu überwinden. Sobald Christa halbwegs denken konnte, fing das Fragen an. Wer bin ich? Wo komme ich her?

Mehrfach in ihrem Leben hat sie versucht, in die Welt vor 1945 vorzudringen, in die Terra incognita der Familiengeschichte. Ihre Vorfahren mütterlicherseits, die Klamts, fand sie heraus, kommen im 16. Jahrhundert aus Schlesien, im Zuge einer größeren Siedlungswelle. Damals ist das Isergebirge ein Urwald, die Klamts sind Holzbauern und Glasmacher – Pioniere der Zivilisation, lange vor den berühmten Riedels. Die Wege der reichen und schließlich führenden Glasmacherdynastie Riedel und der armen Klamts kreuzen sich im Laufe der Jahrhunderte mehrfach. Immer wieder arbeiten Klamts in den Riedelhütten oder als Heimarbeiter für Riedel, zuletzt Christas Großvater in der Riedelhütte Reinowitz. Andere Klamts sind Spinner und Weber, Weberei ist der zweite große Erwerbszweig hierzulande. Die Lebensumstände dürften ähnlich erbärmlich gewesen sein, wie sie Gerhart Hauptmann für Schlesien beschrieb – Arbeitstage ohne Ende, Hungersnöte, Tuberkulose. Frühkapitalismus der schlimmsten Sorte, Rebellionen.

Die Klamts waren Deutsche in Böhmen, Untertanen der österreich-ungarischen Monarchie. Mit Tschechen haben sie sich nie vermischt, obwohl das in dieser Gesellschaftsschicht nicht selten geschah. Das tschechisch besiedelte Gebiet war nahe, die Sprachgrenze verlief unweit von Gablonz. Einige männliche Klamts beherrschten aber die tschechische Sprache. Sie hatten nämlich tschechische «Tauschbrüder», eine gute alte Tradition: Deutsche Jungen wurden für ein Jahr zu Familien ins Tschechische geschickt, im Gegenzug kamen tschechische Jungen in deutsche Familien. So war man für die regen geschäftlichen Kontakte mit dem Nachbarn gerüstet. Christas Onkel Josef Klamt zum Beispiel, von Beruf Straßenwärter, verbrachte vor dem Ersten Weltkrieg ein Jahr unter Tschechen im «Böhmischen Paradies».

Um diese Zeit etwa, bald nach 1900, zog es die Tippelts, Christas väterliche Sippe, nach Grünwald. Ursprünglich aus Tirol stammend, aus der Gegend von Schwaz, waren sie im 16. Jahrhundert ins Riesengebirge gewandert, hatten als Waldbauern für die dortigen Silberminen gearbeitet, später in verschiedensten Handwerken. Als es im Riesengebirge kriselte, brach die Witwe Karolina Tippelt, eine offenbar äußerst beherzte Frau, mit sieben Söhnen und zwei Töchtern, ins damals boomende Gablonzer Gebiet auf. Gablonz, ein stiller Marktflecken, erst 1866 von Kaiser Franz Josef I. zur Stadt erhoben, hatte sich zum Mittelpunkt der Glasindustrie aufgeschwungen, zur Weltmetropole des Modeschmucks. «Unglaubliche Massen von Perlen und nachgeahmten Edelsteinen in allerhand Fassungen; Milliarden von Glasknöpfen, sowie Kristallartikeln jeder Art werden hier erzeugt und treten von hier aus die Reise in alle bewohnten Teile der Erde an.» Notiert die «Heimatkunde für Schule und Haus» des hiesigen Lehrervereins von 1895.

Gablonz hatte den Ruf eines «Eldorados». Nur dass Gold und Edelsteine, die hier erzeugt wurden, eben künstlich waren. Villen und Bürgerhäuser schossen nur so aus dem Boden, die reichen Exportkaufleute engagierten die besten Baumeister der Monarchie. 1907 feierte das bürgerliche Gablonz die Eröffnung eines prächtigen klassizistischen Theaters, verantwortlich zeichnete das Wiener Architekturbüro «Fellner und Hellmer». Bis heute sind fremde Besucher überrascht, in einem Provinzstädtchen so ein einzigartiges Jugendstilensemble anzutreffen. Die Urbanität von einst ist noch zu spüren.

Tausende suchten damals in Gablonz und den umliegenden Industriegemeinden ihr Glück, nicht nur Deutsche wie die Tippelts, auch immer mehr Tschechen. Am Ende des Ersten Weltkriegs waren von 29000 Gablonzer Bürgern acht Prozent tschechischer Muttersprache. Auch Grünwald wuchs und wuchs, in der Hüttenstraße wurden für die Zuzügler um 1900 zwei große «Fabrikhäuser» gebaut, im Volksmund «Belgrad» und «Drinopol» genannt. Die vielköpfige Familie Tippelt zog der Mietskaserne ein eigenes, eher bäuerliches Häuschen vor. Das Haus Nummer 81, das sie kauften, war schon 170 Jahre alt und mehr als unscheinbar. Attraktiv war die dahinter liegende große, sanft zur Neiße hin abfallende Wiese. Angesichts der Unsicherheiten eines Arbeiterlebens war ein Stück Land für Kartoffeln, Kuh und Ziege immer ratsam.

Wendelin Tippelt, 1897 im Riesengebirge geboren, in Grünwald eingeschult, jung genug, um das örtliche Idiom, das «Paurische», zu übernehmen, und Hermine Klamt, geboren 1898 in Luxdorf, sind noch Kinder des Kaiserreiches. Der Erste Weltkrieg, das Zerbrechen des österreichisch-ungarischen Vielvölkerstaates 1918, verändert ihr Leben. Statt die Tischlerlehre zu beenden und seine erste Liebe Cilly zu ehelichen, marschiert Wendelin Tippelt als Offiziersbursche der k.u.k. Armee durch die weiten Steppen Gali-

Gablonz um 1900. Das böhmische Städtchen strahlt Wohlstand aus und wienerisches Flair.

ziens. Hermine Klamt, damals Dienstmädchen in einer bürgerlichen Familie in Budapest, mit Fritz, einem dort stationierten Korporal verlobt, verliert 1918 ihre Arbeit, ihre Liebe zerbricht. Ungarn ist jetzt für die deutsche Böhmin Ausland, Österreich, jener kleine Rest des Imperiums, ebenso. Sie kehrt nach Hause zurück, in die neu gegründete, unruhige Republik namens Tschechoslowakei, in dem Böhmen deutscher Zunge, immerhin ein Viertel der Bewohner, Bürger minderen Ansehens sind. Hermine Klamt und Wendelin Tippelt, zwei vom Krieg angeschlagene junge Leute, lernen einander in der Grünwalder Textilfabrik kennen. Hochzeit ist 1921. Im selben Jahr treten die gläubige Katholikin und der Freidenker der Kommunistischen Partei bei, ihre Lehre aus der europäischen Katastrophe, der immer noch anhaltenden Not.

Das junge Paar lebt in dem Zimmerchen, das heute Christa Petráskovás Wohnküche ist. Insgesamt zwanzig Tippelts drängen sich in den zwanziger Jahren in dem Haus zusammen, in drei winzigen Räumen und zwei Oberstuben, das Regiment führt die Witwe Karolina. Ein Foto, das 1924 anlässlich eines «Brüderfestes», dessen Anlass in Vergessenheit geraten ist, aufgenommen wurde, zeigt die alte Karolina Tippelt im hochgeschlossenen, dunklen Kleid, inmitten ihrer sieben Söhne, allesamt im schwarzen Anzug. Gerade mal zwanzig Jahre sind diese Riesengebirgler in Grünwald! Arbeiter, die Stolz und Würde ausstrahlen, das Elend ist hinter der feiertäglichen Inszenierung verborgen. In diesem Jahrzehnt sterben im Hause Tippelt zehn Menschen, «an der Enge», meint Christa Petrásková. «Ein Haus verträgt nicht so viele Menschen.»

Es war unter anderem dieses Familienfoto, das sie dazu geführt hat, sich mit ihrer proletarischen Herkunft zu identifizieren. Besonders ein Detail, der leere linke Ärmel ihres Onkels Robert, vorne rechts im Bild, hat ihr Mitgefühl entfacht. Die Geschichte von dem verlorenen Arm, die sich 1879, noch im Riesengebirge, zutrug, wurde in Christas Kindheit immer wieder erzählt: Ihr Onkel Johann Tippelt arbeitete an einer Papierpresse. Eines Mittags, als die Schwester Anna ihm das Essen brachte, in Begleitung des jüngeren

Witwe Karoline Tippelt und ihre sieben Söhne. Vorne rechts Christas Onkel Robert, der als Zehnjähriger seinen Arm verlor. Links neben der Mutter Johann. Dahinter von rechts: Lebrecht, Wendelin, Reinhold, Rudolf und Josef.

Bruders Robert, passierte es. Robert griff in einem unbeobachteten Moment in die noch laufende Maschine. Vor kurzem hat Christa Petrásková nachgerechnet, wie alt die Beteiligten waren: Johann, der Arbeiter, war zehn Jahre. Anna, die auf den kleinen Robert aufpassen sollte, neun. Der verunglückte Robert sieben.

Über die national geprägten Darstellungen der böhmischen Geschichte, von deutscher wie von tschechischer Seite, kann sich Christa Petrásková nur wundern. Mit der Erfahrung der Tippelts und der Klamts haben sie wenig zu tun, früher nicht und in der Zeit ihrer Eltern nicht. Wendelin Tippelt stand seit den dreißiger Jahren als Straßenwärter im Dienst der Gemeinde, «niedrigere Arbeiten gab es kaum». Die Weberin Hermine wurde 1934 aufgrund ihres Engagements im großen Streik aus der Textilfabrik entlassen, fortan, bis 1945, verdiente sie ihr Geld in Heimarbeit, als Büglerin.

Schwere Jahre – für die ganze Region, die nach der Weltwirtschaftskrise daniederlag, vor allem für die fast ausschließlich exportorientierte Glas- und Schmuckbranche. Schon immer war diese für Krisen jeder Art extrem anfällig. Eine Zollerhöhung in Frankreich oder der Bürgerkrieg in Nordamerika, Korruption in Tripolis, Sandstürme, die afrikanische Karawanen aufhielten, ein Brand in einem großen Musterlager in St. Petersburg oder Melbourne, alles machte ihr zu schaffen. Verfiel der Silberpreis in Indien, stockte der Absatz von «Bangles», jenes Riesengeschäft mit schmalen bunten Glasreifen, die alle Hindufrauen liebten und zu religiösen Festen in die Fluten des Ganges warfen. Risiken einer fortgeschrittenen Globalisierung, dazu die Kapriolen der immerfort sich ändernden Mode … Der Kollaps der Habsburgermonarchie hatte viele Handelsbeziehungen unterbrochen, kaum war dies verkraftet, riss 1929 der Börsenkrach in New York alles in die Tiefe.

Es war die wirtschaftliche Notlage, verbunden mit der Frustration über die Geringschätzung der deutschen Minderheit, die die politische Radikalisierung befeuerte. Sie war gewaltig: Bei den Gablonzer Gemeinderatswahlen im Mai 1938 entfielen 96,6 % der deutschen Stimmen auf die «Sudetendeutsche Partei» Konrad Henleins. Hermine und Wendelin Tippelt in der Vorortgemeinde Grünwald wählten sie nicht, blieben den Kommunisten treu, und sie standen im Oktober desselben Jahres, beim Einmarsch der Deutschen Wehrmacht, selbstverständlich nicht in der jubelnden Menschenmenge. Während Tausende von Sozialdemokraten und Kommunisten ins Landesinnere und später ins Ausland flohen, blieben sie. Fortgehen, das lag ihnen nicht, sie erwogen es offenbar nicht ein einziges Mal.

Im Grunde passte der Nationalsozialismus nicht zu dieser Stadt. Gablonzer Ware brauchte die Weltoffenheit. Politik, die auf «Nation und Rasse» setzte, konnte ihr nur schaden. Hitler persönlich hatte sie verächtlich als «Negerschmuck» bezeichnet, «Mumpitzindustrie» hieß es in Kreisen der SS. Eine der letzten Lobreden auf Gablonz und seine Weltgeltung hielt übrigens ein Deutsch-Böhme mit englischem Namen, Colin Ross: «Man mache einen Abstecher nach Gablonz, jener deutsch-böhmischen Stadt am Fuße der Sudeten, die die ganze Welt mit unechten Perlen und falschem Schmuck versorgt. Es gibt keinen Erdteil, in dem ich den Gablonzer Schmuck nicht getroffen habe. Die arabischen Händler, die in Port Said das Schiff erklettern, bieten ihre Gablonzer Ketten als echt orientalische Arbeit an. Bei Beschneidungsfesten im Inneren Afrikas tanzen die Mädchen in Gablonzer Perlenschmuck. Die New Yorker Millionärin trägt dieselbe Kette aus imitierten Steinen wie die Insassin eines persischen oder bucharischen Harems. Es ist eine erstaunliche Industrie.» Ein Abgesang, 1929. Sein Autor, einer der beliebtesten Reiseschriftsteller der Zwischenkriegszeit, ließ sich später mit den Nazis ein.

Auf Knien

«Brutíku, na procházku!» Der junge Shelty mit Kosenamen «Brutík» – eigentlich «Brutus» – zwingt uns dreimal täglich aus der Tür in den Winter. Über wahre Berge von Schnee stapfen wir zur «Butterwecke», mal entgegengesetzt zur «Keule», am Haus von Heinz und den Fabrikhäusern «Belgrad» und «Drinopol» vorbei, am Flüsschen entlang, einem Arm der Neiße, bis kurz vor Gränzendorf. Wieder ein Ort der Familiengeschichte, Christa Petráskovás Urgroßmutter war da zu Hause. Sämtliche Wege hier sind gepflastert mit Erinnerungen, tausendfach ist Christa sie gegangen, an ihren Rändern Vertrautes suchend, das Neue registrierend. Was immer sich dort tat, es beeinflusste ihr Leben.

Der ersten hochdramatischen Zäsur 1945 folgte zwei Jahre später wieder eine. Fast alle Verwandten und Freunde der Familie waren nun fort, ringsum lebten viele neu zugezogene Tschechen. An der blühenden «Krokuslwiese» konnten sich Christa und ihre Mutter nur noch aus «angemessener Entfernung» erfreuen. Laut Statistik lebten in Jablonec, seit im Frühjahr 1947 die Aussiedlung der Deutschen beendet war, etwa 20000 Menschen, ein Viertel davon dagebliebene Gablonzer. In Grünwald dürfte die Relation von neuen und alten Bewohnern ähnlich gewesen sein. Im Isergebirge hingegen waren die Dörfer weitgehend entvölkert, nach Plünderung der unbewohnten Häuser verfielen sie in dem rauen Klima rasch.

Noch immer war Christas Vater nicht zu Hause. Aus dem Kriegsgefangenenlager im Eulengebirge war er im Sommer 1945 entlassen worden. Auf dem Heimweg, an der Grenze von Polen zur Tschechoslowakei, hatten ihn die Tschechen festgenommen. Vielleicht, weil er ein deutscher Soldat war, das reichte damals aus, vielleicht auch, weil er dummerweise sein Eisernes Kreuz dabeihatte. «Er wollte es nicht wegwerfen», sagt Christa Petrásková, «es war die einzige Ehrung, die er je bekommen hat.» Kurz vor Kriegsende hatte man es dem Sanitäter Wendelin Tippelt verliehen für die Rettung Verwundeter aus dem Geschützfeuer. So musste der Antifaschist Tippelt nach amerikanischem und sowjetischem Gewahrsam noch in ein tschechisches Gefängnis, in Pardubice an der Elbe. Ein ganzes banges Jahr hatte Hermine Tippelt keine Nachricht von ihm, bis Juni 1947, dann ist er ganz plötzlich da.

Eines Morgens, kurz vor oder nach ihrem sechsten Geburtstag, hört die Christa eine Männerstimme, neben ihr im Ehebett, das sie mit der Mutter teilt, liegt «ein Skelett». Wieder ein ungebetener Besuch? Dem Schock folgt eine Rivalität zwischen Tochter und Vater, die auch dann noch anhält, als sie sich längst aneinander gewöhnt haben. «Ich wurde aus dem Ehebett vertrieben. Vati und ich haben die Mutti sehr geliebt, darum waren wir eifersüchtig, jeder auf den anderen. Wir waren lebenslang Konkurrenten.» Die innige Zweisamkeit der Eltern, beide damals um die fünfzig, tut dem Mädchen wohl – und schmerzt. Sie gehen tanzen, holen mit Macht Versäumtes nach, das «Herzl» sitzt allein zu Haus und wartet. Die zwei beiden haben sich aus einem glücklich ergatterten Stoff einen

Mantel nähen lassen, Christa bekommt keinen. Noch dazu muss sie in diesem Jahr 1947 ganz allein in eine feindliche Welt, die Schule.

«Das war wie ein KZ!» Mit diesem Wort will Christa Petrásko-vá nicht nur die Zustände in der tschechischen Schule charakteri-sieren. Es schwingt auch die Auflehnung gegen die herrschende Meinung und Sprachregelung mit, ein KZ könne nur ein deutsches sein. Das so genannte KZ ist ein schmuckes, dreistöckiges, klassi-zistisches Gebäude noch aus österreichischer Zeit. Vierzig Kinder hat der erste Jahrgang, ein Drittel etwa sind Deutsche oder halbe Deutsche. Wer dem Stoff nicht folgen kann, den lässt die alte Leh-rerin während des gesamten Unterrichts knien. Untereinander deutsch oder paurisch zu sprechen ist ihnen strengstens verboten. Geschlagen werden nur die Jungen, die Mädchen nicht, «nur geis-tig verprügelt jeden Tag. Wir waren halt schuldig». Ein halbes Jahr liest und schreibt Christa Tippeltová tschechische Buchstaben und Wörter und versteht nichts. Ihrem Freund Heinz Wendt geht es ähnlich, trotz seiner tschechischen Großmutter – eine germanisier-te Tschechin, die nach der Einheirat in eine deutsche Familie ihre Muttersprache so gut wie vergessen hat. Christa und Heinz schlie-ßen in ihrer Not einen Pakt: Solange sie nicht Tschechisch können, wollen sie überhaupt nicht sprechen. Selbst in unbeobachteten Momenten sind sie stumm wie Fische.

Täglich kommt Christa, die Strümpfe am Knie zerrissen, nach Hause. Über die Ursache des Missgeschicks schweigt sie. Lieber er-trägt sie den Tadel der Mutter, die denkt, sie rutsche mutwillig auf den Knien herum, als von der Erniedrigung zu erzählen. «Die Mut-ti hätte es doch nicht ändern können, sie hätte sich bloß gegrämt. Ich wollte sie schonen, das war mein Business, seit damals und so-lange sie lebte.»

Nach etwa einem halben Jahr scheint das Schlimmste durchge-standen. Urplötzlich, von einem Tag zum anderen, begreift sie im Unterricht praktisch alles. In einem Zug liest sie das Lesebuch der ersten Klasse durch, «ich glaube, ich hatte eine Aura in dem Moment. So ein wunderbares Gefühl, eine Seligkeit, wie wenn es Licht wird». Auf dem Zwischenzeugnis hat Christa in Tschechisch bereits eine 2, später lauter Einser. Seit ihrer Erleuchtung ist sie die ganze Schulzeit über Klassenbeste oder wenigstens fast.

Im Mikrokosmos von Christas Klasse spiegelte sich die Grenzlandgesellschaft der Übergangszeit. Da waren Heinz, Gottlieb und Kurt, verängstigte deutsche Kinder wie sie. Es gab «gemischte Kinder» aus eingesessenen Grünwalder Familien wie Christas Banknachbarin Irene, die es etwas leichter hatte und an der sich Christa ein wenig festhalten konnte. Und zugezogene Kinder, die meist nicht weniger traumatisiert waren als die hiesigen. Eine Waltraud, Vlasta genannt, die schon eine ganze Odyssee hinter sich hatte, von Geburt an hin und her geschoben zwischen Mutter und Pflegemutter, deutscher und tschechischer Kultur. Solche wie Janko, den begabten slowakischen Jungen in geflickten Hosen, dessen Mutter eine fromme Katholikin war, die sich, auch das gab es, gleich nach ihrer Ankunft große Verdienste in der hiesigen Kirchengemeinde erwarb. Eine Božena aus Prag, Halbwaise mit vielen Geschwistern, ihr Vater war beim «Prager Aufstand» im Mai 1945 von Deutschen getötet worden. Sie schrie Christa oft voller Zorn an: «Du hast einen Vati und ich nicht!»

Die neuen Bewohner von Mšeno, vormals Grünwald, seien nicht immer «best quality» gewesen. Wieder ein englisches Wort, auf Deutsch würde sie das nicht sagen mögen. Was Christa Petrásková meint, ist auch aus anderen Quellen zu erfahren: Sie waren größtenteils Habenichtse, Menschen, die in ihrer Heimat nicht allzu viel aufgeben mussten und die Gunst der historischen Stunde nutzten, in ein besseres Leben zu springen.

Es kamen auch andere, qualifizierte Leute, teils von der Regierung dorthin verwiesen, nicht zuletzt viele junge Idealisten. Im «Grenzland», wie die sudetendeutschen Gebiete jetzt hießen, gab es Zuschläge für Ärzte und Lehrer. Es war hochattraktiv für bestimmte Geschäftsleute, vor allem aus der benachbarten Region Železný Brod, die schon lange in der Glas- und Schmuckbranche tätig waren. Ihnen fielen die Produktionsstätten und teilweise das Know-how der mächtigen deutschen Konkurrenz praktisch in den Schoß. Die zahlenmäßig größte Gruppe der Siedler jedoch war anscheinend kleinbäuerlicher und proletarischer Herkunft. Bei den Wahlen 1946 wählte die Mehrheit im Grenzland, sehr viel stärker noch als im inneren Böhmen, kommunistisch. Nicht nur, weil man die Befreiung vom Faschismus und den neuen Besitz der Roten Armee verdankte. Im Grenzland verschmolzen damals zwei uralte Träume: von einem nationalen Böhmen und einer gerechteren Gesellschaftsordnung.

Die Hoffnung und das Gefühl, historisch im Recht zu sein, war das eine, das Sicheinleben am fremden Ort etwas völlig anderes. Wie war das? In einem Haus zu essen, zu schlafen, dessen deutsche Besitzer gerade vertrieben worden waren? Indem dessen Übernahme meist als formeller *Kauf*akt stattfand, die tschechische Regierung auch das konfiszierte Hab und Gut der Deutschen *verkaufen* ließ, entlastete sie die neuen Bewohner psychologisch und moralisch. Dennoch lag etwas Ungutes darin. Befremden und Angst gehörten sicherlich zum Lebensgefühl der Neuen, vorübergehend wohl auch Scham, Albträume dürften nicht selten gewesen sein.

Christa Petrásková hat die Unsicherheit der tschechischen und slowakischen Mitschüler und ihrer Familien gespürt, sie alle lebten ja in ehemals deutschen Häusern. Darüber geredet hat zu ihr nie jemand, ausgenommen ein Mädchen, das war lange nach Ende der Schulzeit, man war schon Jahrzehnte befreundet. Sie äußerte en passant, dass ihr Kinderzimmer einst einem deutschen Jungen gehörte, sprach von der Freude, im Nachtschränkchen seine Bücher und Hefte zu finden, der Scheu, sie an sich zu nehmen. Angesichts des Tabus, das dieses Thema umgibt, erschien das Angedeutete Christa wie eine Offenbarung.

Behalten oder wegwerfen? ist damals eine entscheidende Frage im Grenzland. Nutzen oder zerstören? Zwei komplementäre Vorgänge der Aneignung, die überall stattfinden, im Großen und im Kleinen. Die beliebtesten Kinderspiele dieser Zeit haben entweder mit Sammeln oder Zerdeppern zu tun. Dem Einsammeln herrenloser Dinge, von Unbekanntem, auf Dachböden, in der Natur. Die neuen Kinder übernehmen von den ortsansässigen die Gewohnheit, rings um die Druckhütten Glasabfälle zu «klauben» oder am Ufer der Neiße, wo im Frühjahr durch die schmelzenden Schneemassen Unmengen von dem bunten Zeug aus dem Isergebirge angeschwemmt wurde. Mit derselben Begeisterung, oft auch Ingrimm, zerstören die Kinder: Teller, Tassen, Kannen und so weiter, den Überfluss an Brauchbarem, den es zeitweilig gibt, oder Gerätschaften, deren Nutzen man nicht kennt. Unweit des Tippelt'schen Hauses, in einem kleinen Waldstück, wird massenhaft zerdeppert, es kracht, poltert ohne Ende. «Temmerplan» nennen Heinz und Christa diesen Platz, wo «zertemmert» wird – ein wahrscheinlich selbst gebasteltes Wort. Manchmal sehen sie von Ferne zu, wenn die johlenden Kinder abgezogen sind, stochern sie in den Resten. Sonntags schaut sich Wendelin Tippelt die Bescherung an, er harkt die neu entstandenen Scherbenberge und den Müll, den einige Nachbarn auch in das Wäldchen kippen, zusammen und verteilt alles gleichmäßig.

Wendelin Tippelt ist wieder Straßenwärter, kümmert sich gewissenhaft um den Zustand der ihm wohl bekannten Grünwalder Straßen. Anders als vor dem Krieg, als viel neu gebaut wurde, lässt die Verwaltung jetzt nur reparieren. Am Ende des Winters die Löcher im Schotter auffüllen, Kopfsteine justieren, Banketten pflegen, Abfall sammeln etc. «Er war auf der untersten Stufe, wie früher. Außerdem konnte er kein Tschechisch. Und war kriegsversehrt, hatte eine kaputte Hand, er hörte schlecht seit seiner Kopfverletzung.» Mehr als das, was er damals ist, kann er nicht beanspruchen. Auch Christas Mutter arbeitet wieder in ihrem alten Beruf, als Weberin. Sie lernt in der Textilfabrik die Tschechinnen an, und die bringen ihr eine gewisse Hochachtung entgegen. Die Arbeit ist die Arbeit, wie immer. Eine «gute alte Zeit» hat es für die beiden nie gegeben.

«Ein Kind hat es schwerer.» Christa Petrásková intoniert den Satz möglichst nüchtern, ihre Augen schwimmen, ein ganzer See steht darin. «Mir sein aben Deutsche», hätten ihre Eltern immer gesagt, wenn sie wieder mal schlecht behandelt wurden. Das sollte heißen, wir müssen der deutschen Schuld wegen demütig sein. Keine Spur von Auflehnung, kein Klagen, niemals ein böses Wort über die Tschechen. Ein Kind könne eine solche Haltung nicht verstehen, schon gar nicht einnehmen. Manchmal habe sie sich gewünscht, die Mutter möge sie ins Verhör nehmen und herausfinden, wie sehr ihr «Herzl» in der Schule litt. Da die Mutter es nicht tat, habe sie sich immer tiefer ins Schweigen verbohrt und sich damit um den Trost gebracht, den sie hätte bekommen können.

Deutsche Insel im tschechischen Meer

Das Haus war damals Heimat, nur das Haus. Dieser Gedanke erschließt sich mir ganz allmählich, durch die Geschichten, welche ständig darum kreisen, mehr und eindrücklicher in den Nächten, die ich in der Dachkammer verbringe. In dem Bett mit Kuhle, in der Nische zwischen Wand und Schrank, unter dem mächtigen Plumeau liege ich wie in einer Höhle. Der kleine, intime Raum selbst hat etwas von einer bergenden Höhle. Nach erstem Befremden betrete ich ihn gern, ich ersehne diesen Augenblick am späten Abend geradezu – die steile Stiege hoch, dann links, ich habe die knarrende Tür noch nicht ganz geöffnet, schon entfaltet er seine Wirkung. Es riecht eigenartig, nach fauligem Holz und Kräutern. Etwas Säuerliches ist dabei, vielleicht die alte Tapete oder der welke Karton der Knopfmusterkarten, von denen der Schrank voll ist. Etwas Metallisches ist dabei, es könnte Rost sein, süßes Bienenwachs, der strenge Ton nicht entfetteter Schafwolle. Mottenpulver? Gegen Morgen, wenn die Sinne ausgeruht sind, scheint mir manchmal, dass aus geheimen Ritzen der Duft von Getreide eindringt. Alles mischt sich, undefinierbar, beruhigend und phantasieanregend, inklusive, wenn auch nicht wahrnehmbar, doch ganz sicher vorhanden, Körpergerüche früherer Bewohner.

Es waren viele seit 1730, schon vor den Tippelts, dann die Tippelts und Angeheiratete, etliche sind in dieser Kammer gestorben. Der letzte Tippelt, der hier wohnte, war Christas Onkel Rudolf, bis zur Aussiedlung hatte er unterm Dach seine Schusterwerkstatt. Später war hier die Nähstube von Christas Mutter, noch später die Goldschmiedewerkstatt von Christa Petráskovás jüngerem Sohn Martin. Seit dessen Tod vor fünf Jahren steht das Zimmer meistens leer.

Ein intensiv bewohntes Haus, vielfach umgekrempelt, den Zeitläuften und Umständen entsprechend verändert. Das kleine dunkle Esszimmer unten rechts vor der Stiege war beispielsweise Stall, das heutige Badezimmer das früher obligatorische Altenteilerstübchen. Die größte Veränderung erlebte das Haus in der Hüttenstraße 81 durch die gewaltsame Entvölkerung nach 1945. Vorübergehend kroch Christas Großtante Anna (jene, die 1879 auf den Bruder Robert nicht richtig aufpasste) mit zwei kleinen Enkelinnen unter, bis 1950 die zur Zwangsarbeit abkommandierten Eltern der Mädchen zurückkehrten. Dann wurde es still. Erstmals beherbergte das Haus nur eine Kleinfamilie, und es war bis auf weiteres, ebenfalls zum ersten Mal, von dem gesellschaftlichen Umfeld, das es umgab, ziemlich isoliert.

Zwischen drinnen und draußen verläuft seit Kriegsende eine scharfe Grenze. Am stärksten empfindet das Christa: «Das war eine Insel, unser Haus, und ringsherum war das Meer, in welches ich getaucht wurde und in dem ich schwimmen musste oder krabbelte. Zuerst war ich Nichtschwimmer, bloß eine Ertrinkende, Kämpfende …» Ihre Stimme ist betont fest, als hätte sie sich mühsam zu diesen Sätzen durchgerungen. Sie schweigt ausgiebig, spricht dann scheinbar ohne Druck weiter.

Auf der Insel, erzählt sie, finden die Tippelts immer wieder zu sich. Dort sprechen sie weiterhin paurisch, feiern Weihnachten, Geburtstage. Manchmal kommen von anderen Inseln übrig gebliebene Deutsche zu Besuch, ein Emil Schöler, ein Franz Blaschke, ein Waldemar Preußler. Eine Hand voll Sozialdemokraten und

Kommunisten, abgesprengt von der einst berühmten sudetendeutschen Arbeiterbewegung, ohne jeden Kontakt zu Genossen im Westen, in der Bundesrepublik, in England oder Kanada, wo die Tradition, zumindest die sozialdemokratische, nach 1945 noch ein wenig fortlebt.

Sonntags zum Kaffee erscheinen gewöhnlich der Invalide Anton Schöffel und seine Frau Maria, eine Riesengebirglerin. In Ermangelung echter Verwandter nennt Christa sie «Onkel» und «Tante». An diesen erweiterten Familiensonntagen, so gemütlich sie sind, entstehen manchmal Situationen, die das Kind irritieren. Worte wie «Feldwebel» oder «Lazarett» fliegen durch die Luft, Onkel Anton fragt danach, der Vater breitet «ungeplant etwas aus. Dann kam eine Stille, so wie wenn etwas Unerlaubtes gesagt worden wäre. Und dann hieß es plötzlich, jetzt spielen wir auf dem Grammophon! Unter anderem gab es ‹Ich wünsch mir eine kleine Ursula.› Die Ursula kam öfters vor, auch andere heitere Lieder oder Schnulzen.»

Ein Fünftel immerhin der Einwohner von Jablonec und Umgebung waren solche «Insulaner», die meisten waren Arbeiter und viele schon älter oder sehr alt. Unter den Dagebliebenen wurde, was in Stadt und Staat passierte, anders kommentiert als von den Neusiedlern, und oft auch gar nicht. Der Februar 1948, als die Kommunisten die Macht ergriffen, wurde von vielen Tschechen als Desaster erlebt. Mit einem Schlag war der trotz aller Schwierigkeiten hoffnungsvolle und dynamische Neubeginn in der Glas- und Schmuckindustrie zunichte gemacht. Binnen weniger Jahre wurden große und kleine Unternehmer enteignet, zentralisierte Staatsbetriebe errichtet, es sollte nur noch Funktionäre und Proleten geben. Aus Sicht der deutschen Minderheit war dies keine wirkliche Zäsur. Einfache Arbeiter waren die Deutschen ja schon, ihre Enteignung und Entrechtung als Volksgruppe hatten sie hinter sich. Auf den Gedanken, hier sei nun endlich die «Diktatur des Proletariats» errichtet worden, von der einige früher als Sozialdemokraten oder Kommunisten geträumt hatten, kam wohl kaum jemand. Das hatte sich historisch erledigt. «Sie waren Überlebende, sie wollten auch weiterhin überleben, das war das einzig Wichtige.»

Einen gewissen Vorteil brachte die neue Gesellschaftsordnung mit sich: Das Feindbild verschob sich, nicht der Deutsche, sondern der Klassenfeind war im Visier des Staates. In der Praxis konnte das zwar zusammenfallen, musste aber nicht. Fortan konnten sich Deutsche in der Menge der ebenfalls unterdrückten Tschechen leichter verstecken, und in einer Situation erzwungener Gleichheit konnte zwischen den einen und den anderen Verständnis wachsen.

Die Tippelts hatten längst die tschechoslowakische Staatsbürgerschaft angenommen, bevor sie 1953 allen Deutschen aufgenötigt wurde. Ihr Haus hatten sie 1951 für 3000 Kronen, das entsprach etwa fünf Monatslöhnen einer Weberin, vom Staat zurückgekauft. Wenn man keine Ambitionen hatte, und Wendelin und Hermine Tippelt hatten keine, konnte man als Deutscher irgendwie durchkommen.

Christa hingegen wollte sich höher kämpfen, in ihrem Ehrgeiz, die Beste zu sein, lebte sie tendenziell gefährlich. Die deutsche Musterschülerin trug wie alle das Pionierhalstuch, sie sang im Chor, obwohl sie eigentlich nicht singen konnte. Zwischen den Kindern der Alteingesessenen und der Neusiedler entstand mit der Zeit eine gewisse Normalität. «Wir waren die Germanen, solange wir nicht Tschechisch konnten. Dann wurden wir Freunde, und wenn es mal schärfer zuging, dann waren wir wieder die Germanen, die Kloppe kriegten. Das war normal.»

Mit plötzlichen Stimmungswechseln musste man eben rechnen. Besonders heikel waren die Tage, an denen im Geschichtsunterricht die Verbrechen der Deutschen durchgenommen wurden. Das geschah häufig, immer wieder, dann wünschte sich Christa, «unsichtbar zu sein oder wenigstens so klein wie ein Maikäfer». In der 4. Klasse stand ein Ausflug ins nahe Terezín (Theresienstadt) auf dem Programm. Der Vater der begleitenden Lehrerin war dort inhaftiert gewesen, sie zeigte den Schülern seine Pritsche. Zum ersten Mal wurde Christa der ganze Horizont der deutschen Verbrechen eröffnet – sie wollte es nicht glauben. Was immer sie im späteren Leben darüber erfuhr oder las, sie würgte daran, ihr verwundetes Innerstes wollte es einfach nicht verdauen.

Deutsche Kinder, vor allem Jungen, blieben in der vierten Klasse übrigens reihenweise sitzen. (Einer von ihnen, Karl Sitte, soll später in Carolina / USA Millionär geworden sein.) Damals oder etwas später, mit Beginn der Pubertät, entfernt sich Christa von ihrem Jugendfreund Heinz, «dem Braven», und schließt sich der draufgängerischen Mitschülerin Edita an, eine Halbwaise, die auch in der Hüttenstraße, im Fabrikhaus «Belgrad», wohnt. Beide Mädchen fühlen sich ähnlich verloren, nach der Schule gehen sie oft gemeinsam streunen. Sie lieben die Gefahr – Balancieren auf dem Dach, halsbrecherische Spiele im Steinbruch. Von dem zehn Meter hohen, einsam gelegenen Turm stürzen sie einmal fast ab. Beim Runtersteigen bemerken sie, dass sich die rostigen Nägel der Leiter von den Balken gelöst haben.

Christa Petrásková erzählt davon an einem strahlend sonnigen Tag, wir stapfen durch den Schnee zur «Krokuslwiese» hoch. «Wir haben vom Turm runter vier Stunden gebraucht. Die ganze Zeit haben wir hysterisch gelacht.» – «Waren Sie lebensmüde?», frage ich sie. «Im Unterbewusstsein war da so etwas, dass das Leben keinen Sinn hat.» – «In welchem Jahr war das?» – «Circa 1953.» – «So um Stalins Tod herum.» – «Ja.» – «Erinnern Sie sich an Stalins Tod?» – «Natürlich. Wir haben alle geweint. Ich habe eine Stunde Pionierwache gehalten vor seiner Büste in der Schule. Und wir fragten uns: ‹Wie sollen wir jetzt weiterleben?› Die Lehrer, die Schüler, sogar meine Eltern waren traurig.»

Sinnlosigkeit, Bodenlosigkeit einerseits, andererseits der offiziell proklamierte Sinn, eine Ordnung, die zu hinterfragen sie noch zu jung war. Das Leben war zweigeteilt, auf Schizophrenie hin angelegt. Hätte es als Drittes die Insel nicht gegeben, Christa wäre wohl untergegangen. Auf ihr Elternhaus, das Zusammenleben zu dritt, war Verlass. Ihre Mutter, eine Frohnatur, hatte ein Talent, den Alltag unkompliziert zu gestalten. Sich an kleinen Dingen zu freuen, über das einfachste Mittagessen, die blühende Wiese hinter dem Haus. Zu Frühlingsbeginn schlug sie dort immer – vor Publikum – ihren berühmten Purzelbaum. Solche familiären Rituale, die noch aus der Vorkriegszeit stammten, hatten jetzt eine lebenswichtige Bedeutung, ebenso bestimmte religiöse Traditionen. Im Herbst wanderte Christa mit der Mutter zur wundertätigen Quelle nach Gränzendorf, das uranhaltige Wasser zu holen, das gegen Bindehautentzündung half. Angeblich auch gegen das Schielen, das Christa seit dem ungebetenen Besuch 1945 geblieben war. Das Heiligtum war unter Deutschen nach wie vor populär, zugleich war es Teil von Christas Familiengeschichte, ein Josef Klamt hatte 1878 einen Kreuzweg zur Quelle hin angelegt. Die Bildstöcke mit den Leidensstationen Jesu waren nach Kriegsende dem Vandalismus zum Opfer gefallen, aber in Hermine Tippelts Erzählungen lebten sie weiter. Zur Kirschblütenzeit fuhren Mutter und Tochter mit dem Zug nach Haindorf, zur Wallfahrtskirche, Maria zu grüßen. «Meine Mutter liebte die heilige Maria sehr, weil sie eine Frau war, die ein Kind verloren hatte. Wie Mutti den Wendelin.»

Anpassung und innerer Aufruhr

Ihr persönlicher, kirchenferner Katholizismus war für Hermine Tippelt immer mit ihrem Kommunismus, so wie sie ihn verstand, vereinbar gewesen. Dass sie nun in einem Staat lebte, der darin einen Grundwiderspruch sah, der die Kirche und den Glauben bekämpfte, tat ihr weh. In der Landschaft vermisste sie schmerzlich den Nepomuk, ihr fehlte der herausgeschlagene vierzehnte Nothelfer im schmiedeeisernen Bildstock am Kirchweg und das Glockenläuten der Reinowitzer Kirche; bis Mitte der Fünfziger wehte es noch jeden Sonntag zu den Tippelts herüber.

Alles, selbst der Klang der Region veränderte sich – keine Glocken, kein über die Straße gerufenes «Servus», die Tschechen grüßen mit «Ahoj». Seit der Zentralisierung Tausender von Kleinproduzenten in Kombinaten kein zischendes Ratatam der Glasdrückereien, keine nervtötende Schleifmaschine in der Nachbarschaft. Aus den geöffneten Fenstern der Privathäuser drang kein Lachen und Singen mehr, denn die Frauen sortierten Perlen, montierten Schmuck jetzt nur noch selten zu Hause, sondern in der Fabrik. Die für die Industrieregion charakteristische Lautstärke war nach dem Krieg heruntergedimmt.

Vor dem Einschlafen, unter meinem dicken Plumeau, versuche ich manchmal, mir all die verlorenen Töne vorzustellen. Unterdessen übersetzt Christa Petrásková Fachtexte über Knöpfe ins Tschechische, aus dem Deutschen oder Englischen, meist arbeitet sie bis

Im Isergebirge. Viele Statuen des heiligen Nepomuk wurden in sozialistischer Zeit zerstört.

tief in die Nacht. Trotzdem wirkt sie morgens nicht müde. Auf besorgte Nachfragen entgegnet sie: «Ich bin Stressoholikerin.»

Vielleicht war es die tschechische Sprache, die Christa von allem, was um sie herum neu war, am schnellsten lieb gewann? Es war ihre erste und lange Zeit einzige Schriftsprache, das Vergnügen, den Zauber des Lesens erfuhr sie auf Tschechisch. Seit Schultagen ist sie eine Leseratte, ihr Haus ist voll gestopft mit tschechischen Büchern. Christa Petráskovás Weg, die tschechische Eigenart und Weltsicht, die Geschichte Böhmens zu verstehen, ging über die Literatur.

Zunächst sind es verordnete Lektüren. An oberster Stelle des Lehrplans steht damals Alois Jirásek, der erfolgreichste tschechische Romancier des ausgehenden 19. Jahrhunderts. Aus marxistischer Sicht, das hatte der Kultusminister Zdeněk Nejedlý ausdrücklich verlautbaren lassen, sei der Klassiker der Nationalliteratur durchaus brauchbar. Christa verschlingt die Historienschinken, in denen die Deutschen die Bösen, die Tschechen die Guten, die Opfer, die Helden sind, mit wachsender Neugier und ebenso großem Abscheu. Sie liest Jiráseks wichtigsten Roman «Temno», «Die Finsternis», von 1915. Darin wird ein schon sehr lange vergangenes Ereignis behandelt, die Schlacht vom Weißen Berg, 1620, und zum nationalen Trauma erklärt – nach ihrer Niederlage müssen sich die Tschechen der habsburgischen Fremdherrschaft ergeben, verlieren Glaubensfreiheit und beinahe ihre Kultur, die Nation versinkt im Dunkel. Aus all dem begreift die damals vierzehnjährige Christa zumindest so viel: Es gab geschichtlich zwei Völker in Böhmen, Deutsche und Tschechen, und obwohl die Tschechen in der Mehrzahl waren, fühlten sie sich unterlegen. Sie hatten offenbar, bevor sie sich ihr gegenüber so herrisch und verletzend gebärdeten, Angst um sich. Da ist eine Wunde, und mit Wunden kennt sich das Mädchen aus.

Helle Begeisterung löst bei ihr Božena Němcovás «Babička», «Die Großmutter», aus, in der dritten Klasse hat sie es das erste Mal verschlungen. So eine lebenskluge tschechische «Babička» hätte sie gern gehabt! Christa reiht sich in den Kreis der Enkel der literarischen Großmutter ein, durch sie lernt sie die reiche tschechische Märchen- und Sagenwelt, Sitten und Gebräuche kennen. Und nimmt mit Freuden wahr, dass die Deutschen, die bei der Němcová vorkommen, als Menschen geschildert werden. Der Ton des 1855 erschienenen Buches, der dem Mädchen spontan so gefällt, hat seinen Ursprung in der Zeit der 1848er-Revolution, die Nationalbewegung der Tschechen war noch jung. Die Autorin, ihr Geburtsname ist Barbara Pankl, eine halbe Deutsche, die sich von der deutschen Muttersprache zum Tschechischen hinwendet, beschreibt darin ein Böhmen, in dem beide Völker noch aufs Innigste verbunden sind, verwandt und verschwägert, sie sich getrennt vorzustellen: undenkbar.

Božena Němcová wird in Christas späterem Leben zu einer Leitfigur werden. In der dritten Klasse stärkt das Buch zunächst einmal ihr Selbstbewusstsein, ab jetzt will sie Schriftstellerin werden. Natürlich ist der Berufswunsch schnell wieder passé, der nächste ist Kosmonautin oder mindestens Fliegerin. Ein Buch, was sonst, setzt ihr den Floh ins Ohr, es handelt von einer russischen Navigatorin Katja. Als es dann so weit ist, das Ende der achten Klasse in Sicht, beschließen sie und ihre Freundin Vlasta, die Chemiefachschule in Ústí nad Labem, dem früheren Aussig, zu besuchen. Weil Vlastas Eltern dann doch nicht zustimmen und sie alleine nicht fortwill, und auch nicht wie Edita Konditorin werden oder Ähnliches, erinnert sie sich wieder der Schriftstellerei und meldet sich fürs Gymnasium. Vielleicht könnte sie danach auf die Universität gehen?

«Und in dem lieben Gymnasium, da war ich keine Königin mehr.» Die frühere Klassenbeste findet sich im unteren Drittel wieder, nur im Tschechischen ist sie einsame Spitze. Eine neue Sprache, Englisch, und vor allem sind «die Lehrer keine Deutschen-Fans». Dennoch haben sich ziemlich viele deutsche Schüler hierher gewagt.

Kurz vor dem Eintritt ins Gymnasium hatte Christa begonnen,

Deutsch zu lernen. Anstoß war eine Kränkung gewesen, ein Verwandtenbesuch aus der DDR, der erste seit der Aussiedlung 1946. Die Gäste aus der Oberlausitz hatten über Christas Dialekt gelacht, er erschien ihnen nicht zeitgemäß. Daraufhin beschloss Christa, zusammen mit ihrer Freundin Edita, Privatunterricht zu nehmen. Und zwar bei einer Schwedin. Diese, «eine echte Dame, die wunderbar kultiviertes Deutsch sprach», lehrte die Mädchen Phonetik, Rechtschreibung, Grammatik, las mit ihnen das Nibelungenlied, ließ sie «Die Kraniche des Ibykus» deklamieren. Das Ganze fand in einer Villa statt, die sich ebenso wie das Gymnasium in Jablonec befand, in großbürgerlichem Interieur. Ironie der Geschichte: Ihre erste Begegnung mit der Hochsprache, die erste Portion Nationalbewusstsein verdanken Christa und Edita einer schwedischen Germanistin, die 1945 nach Jablonec kam, als Ehefrau eines Exiltschechen, der in der britischen Befreiungsarmee gekämpft hatte und dafür mit einer deutschen Villa belohnt wurde, samt Biedermeiermöbeln, Gemälden, Bibliothek, allem, was eben dazugehörte.

Es dauert nicht lange, und Christa liest flüssig Deutsch. In den Sommerferien nimmt sie sich die Bergromane von Ludwig Ganghofer vor, den ihr Vater verehrt, Grimms Märchen, Rübezahl. Im staatlichen Schulsystem, auf dem Gymnasium, allerdings scheitert sie. Der Geschichtslehrer quält sie über die Maßen mit den deutschen Verbrechen. Sie will das schreckliche Pensum wohl lernen, aber Wort für Wort nachbeten, was er ihr in den Mund legt, das kann sie nicht. Alles in ihr sträubt sich, ihre Empfindlichkeit wächst. Die schlechte Note in Geschichte kaschiert sie, indem sie Mutter ein gefälschtes Zeugnis unterschreiben lässt. Dadurch wiederum entsteht eine Situation, die sie als vollkommen ausweglos empfindet. Bevor der Schwindel auffliegen kann, verlässt sie nach kaum einem Jahr die Schule. Am liebsten wäre sie geflohen, über die nahe Grenze, in die DDR, wie es manche Deutsche damals tun. Hätte die Busenfreundin Edita nicht ihre Konditorlehre beenden wollen, sie wären beide sofort aufgebrochen.

Nach Auffassung Friedrich Nietzsches, sagt Christa Petrásková, gebe es Menschen, die an Winzigkeiten zerbrechen können. Zu dieser Sorte zähle sie möglicherweise auch, «und ganz bestimmt mein Sohn Martin». Sie schweigt, bis es Zeit ist, «Brutíku, na procházku!» zu rufen. Manchmal glaube ich, es gibt so viele Gründe und Weisen des Schweigens wie des Redens. Was wäre gewesen, wenn es ihr damals gelungen wäre, rechtzeitig aus dem Schweigen herauszutreten? Wenn sie die Mutter eingeweiht hätte? Vielleicht wäre ihre Schullaufbahn trotzdem zu Ende gewesen, aber das Unglück hätte sich nicht so sehr eingekapselt.

Damals, 1956, hängt sie sich wieder an «Mutters Schwanzl». Sie will in die Fabrik, sie stürzt sich förmlich ins Arbeiterleben. «Was für die Mutti gut war, warum sollte das nicht auch für mich gut sein?» Wie schon früher sagt Hermine Tippelt zum Tun und Lassen ihrer Tochter Ja und Amen. Wenn man die Fotos von Christa aus dieser Zeit betrachtet, kann man das mütterliche Laisser-faire ein wenig nachvollziehen: Die Fünfzehnjährige wirkt sehr dünn, sehr zart, aber wie eine Erwachsene.

Auch Hermine Tippelts Arbeitsleben ändert sich gerade, es herrscht jetzt eine neue Linie in der Wirtschaftspolitik, die Weberei wird in eine Bijouteriefabrik umgewandelt. Nach dem Krieg hatte man wie in der Sowjetunion zunächst auf Schwerindustrie gesetzt, auf dem Zeiss-Gelände waren die LIAZ-Werke entstanden, die LKWs produzierten. «Jahrmarktsschmuck», wie ein Jablonecer Parteifunktionär die hiesige Spezialität nannte, stand nicht hoch im Kurs. Auf einmal nun heißt es «Kehrt marsch!», der verachtete Talmi soll dem Staat Devisen einbringen.

Christa ist Hilfsarbeiterin in der Montage, fügt Aluminiumelemente mit einer Zange zu Halsbändern zusammen, und weil 2 Kronen 16 Heller ein lausiger Stundenlohn sind, wechselt sie bald in den Akkord. Und bei nächster Gelegenheit in die Presserei, dort werden filigrane Blätter in Metall gestanzt, die Arbeit an der Handpresse ist eine der härtesten überhaupt. «Es war eigentlich ein schneller Weg zur Selbstzerstörung.»

Sie ist noch keine siebzehn, da kreuzt ein junger Mann namens Ladislav ihren Weg. «Der stolze Lenker eines LKWs, der Waren in die Fabrik brachte. Am 1. Mai 1958 war ich zum ersten Mal mit Lád'a tanzen in einer Baude auf dem Proschwitzer Kamm. Es war eine sehr große Liebe, beiderseitig, eine himmelhohe Liebe.» Eine schöne und sehr erschöpfende Zeit bricht an, tagsüber Arbeitsmühle, abends Rendezvous, samstags Tanz. Sonntags fahren die Verliebten mit Lád'as «Dodge», einem Fossil aus amerikanischem Armeebestand, ins Riesengebirge und sonst wohin.

Schon länger weiß das Mädchen, sie wird «tschechisch heiraten». Heinz und auch andere Deutsche erscheinen ihr fast wie Brüder, die Liebe sucht eben mehr das Fremde. Darüber hinaus, so Christa Petráskovás rückblickende Erklärung, suche jede Frau instinktiv einen Mann, der imstande ist, ihren Kindern größtmöglichen Schutz zu geben. Und das kann damals nach Lage der Dinge nur ein Tscheche. Dem jungen Mädchen kommt der 22-jährige Lád'a recht, und beider Eltern haben gegen eine Heirat nichts einzuwenden.

Lád'as Familie besitzt einen Bauernhof auf dem Schwarzbrunn, mit einem dazugehörigen Steinbruch – tschechische Siedler, die gleich nach Kriegsende gekommen sind, und zwar aus der unmittelbaren Umgebung. Viele andere Neubauern im Isergebirge sind nach kurzer Zeit völlig entmutigt. Schlechte Böden, kurze Vegetationsperioden, so hart haben sie sich die Agrikultur hier nicht vorgestellt. Die Kollektivierung 1949 ist fast eine Erlösung für sie gewesen, als Arbeiter im Kolchos haben sie es leichter. Anders Lád'as Eltern; wegen der extremen Steillage des Hofes ist der Staat nicht daran interessiert, sie bleiben bis auf Weiteres Privatbauern, der Steinbruch vor allem bringt gutes Geld ein.

Christa brennt vor Liebe, vor Anstrengung. Endlich kennt sie ihren Weg. Und dann, auf einmal, hat sie Fieber, irrsinnige Schmerzen im Rücken. Die Ärzte tippen auf Rheuma, nach drei Monaten, sie ist nur noch Haut und Knochen, wird sie zur Untersuchung nach Liberec geschickt. Das Röntgenbild zeigt Knochentuberkulose, vom Kreuzknochen ist bereits ein ganzes Stück weggefressen. «Man kann daran sterben, die Diagnose kam in allerletzter Minute.» Todesangst, möglicherweise auch geheime Todeswünsche, lassen sich bannen, gegen die Krankheit gibt es seit kurzem aus Amerika Streptomyzin. Acht Wochen im «Krüppelheim» von Liberec, und sie ist auf dem Weg zurück ins Leben. Lád'a bringt Christa noch mit dem Auto ins Sanatorium nach Vysoké, ins Riesengebirge. Und verlässt sie – eine kranke Frau auf dem Bauernhof, das kann niemand ernsthaft wollen.

Vom Zauberberg in die Ehe

Draußen vor dem Fenster rieselt es weiß. Der Schnee hat die Lichter der nahen Hochhäuser verschluckt und beinahe auch die schwarze Nacht. Tagsüber sind wir in Lučany, dem früheren Wiesenthal, gewesen, haben uns durchs Schneetreiben bis zum Haus des Knopfdrückers Jiří Hykman hochgekämpft – ein Tscheche, der den Namen eines deutschen Urahnen weiterträgt, ebenso das alte, von den Deutschen entwickelte Handwerk. Irgendwie war die Hitze im Schmelzofen wohl nicht heiß genug. Wir beobachteten, wie die rot glühende Spitze der Glasstange von der Druckzange gefressen wurde. Und fast jedes Mal zerbrachen die großen weißen Knöpfe sofort, spätestens beim Abkühlen im gewärmten Tontopf. Die Technologie und Kunst des Glasdrückens nur annähernd zu begreifen sei «hard work», kommentierte Christa Petrásková, selbst für sie als Expertin gebe es noch Rätsel. 300 Knopfmacher soll es in Wiesenthal zu Hochzeiten, um 1900, gegeben haben, derzeit seien es drei. Wieder musste ich ihr Wissen bewundern, worauf sie etwas verlegen erwiderte: Sie habe eben ihre Heimat nie verlassen. Wie gesagt, bis auf die Zeit der Krankheit.

Jetzt am Abend fährt sie mit der Geschichte fort: Anderthalb Jahre ist sie damals im Sanatorium von Vysoké, im ehemaligen Hochstadt. Die Situation dort erinnert an den «Zauberberg» von Thomas Mann, natürlich keine feine Gesellschaft wie in Davos, aber ähnlich traumverloren. Ein Leben hoch oben, fern von der normalen Welt im Tal, zeitlos, pflichtvergessen. Ein hoch erotisches Klima, die meisten Patienten sind jung, dem Tode entronnen. Gleich am dritten Tag macht ein Josef Petrásek der an Liebeskummer leidenden Christa einen Heiratsantrag. «Und ich ließ mich trösten.» Der ungestüme Verehrer ist wie der Verflossene fünf Jahre älter, Elektriker von Beruf. Bei ihm sitzt die Knochentuberkulose im Fuß, angeblich verursacht durch ständigen Einsatz bei Wind und Wetter. Zum richtigen Kennenlernen ist unendlich viel Zeit. Da oben auf dem Berg kann man außerdem viel über das Leben lernen. Auf der Liegewiese und in den Krankenzimmern werden permanent Geschichten erzählt, auch viele traurige. Die interessanteste Mitpatientin, eine ältere Tschechin, ist gerade dem Archipel Gulag entronnen, ihre Berichte aus der Sowjetunion erschüttern Christa. Mit fortschreitender Genesung entsteht eine nie gekannte, eine geradezu exzessive Lebenslust. Christa Tippeltová und Josef Petrásek sind sich bald einig.

Christa Tippelt und Josef Petrásek an ihrem Hochzeitstag, 1962. Die Deutsche und der Tscheche haben viele Herausforderungen zu bestehen.

«Man ändert hier seine Begriffe» heißt es vom «Zauberberg». Aus dem Sanatorium im Riesengebirge entlassen, ist Christa ganz und gar ins Tschechische eingetaucht. Ihr neuer Name «Petrásková» macht sie von jetzt an als Deutsche unkenntlich. Noch vor der Hochzeit im Juni 1962 gewinnt sie, überraschend schnell, die Zuneigung ihrer Schwiegermutter Anežka. Die Gegend in Südböhmen, bei Tábor, aus der die Familie stammt, gilt als besonders deutschfeindlich. Dort hatte die SS in den letzten Kriegstagen tschechische Geiseln erschossen, auch einen Cousin von Josef. Trotz alledem finden die Petráseks und die Tippelts zusammen, die Mütter der Brautleute sind gleichermaßen herzlich, das soziale Milieu irgendwie ähnlich.

Im November des darauf folgenden Jahres ist der Sohn da, Josef junior, genannt «Pepík». Die kleine Familie lebt in einer Wohnung in Jablonec, gemeinsam mit dem südböhmischen Ehemann entdeckt Christa die Schönheit der Stadt. Sie ist glücklich. Einen Wermutstropfen allerdings gibt es, ihr Mann lehnt eine zweisprachige Erziehung des Sohnes ab. Was auch sein Gutes hat: Sie muss nicht ständig im Zwiespalt leben. Sobald Pepík laufen kann, besorgt sie sich Heimarbeit von der alten Firma – die als «kapitalistisch» verschriene, unterbezahlte weibliche Reservearmee, sie existiert auch im Sozialismus. Gegen die Monotonie des Manschettenknöpfezusammennietens nimmt sie Englischstunden bei «ihrer Schwedin». Jeden Tag hängt an der Maschine ein Zettel mit zehn neuen Vokabeln, ihren Bildungshunger wird sie einfach nicht los.

Für die junge Ehe hätte es kaum eine bessere Zeit geben können. In den Sechzigern war die ČSSR im Aufbruch, in einem kulturellen Gärungsprozess, dem ein politischer Frühling folgte. Im Theater von Jablonec spielte man Karel Čapeks «R. U. R.» (Rossum's Universal Robots), nächtelang diskutierte das Paar über die Rebellion der intelligenten Roboter gegen ihre Schöpfer. Das «tschechische Filmwunder», wie die ausländische Presse es nennt, erreichte die letzten Winkel der Provinz, sogar das Grenzland. Die autobiographisch gefärbte Teenagergeschichte «Černý Petr» (Der schwarze Peter) von Miloš Forman, 1963 preisgekrönt in Cannes, «Sedmikráska» (Tausendschönchen), «Diamanty noci» (Diamanten der Nacht) – kritische Themen, individuelle Erzählweisen. Besonders beeindruckte Christa und ihren Mann die deutsch-tschechische Liebestragödie «Kočár do Vídně» (Kutsche nach Wien): Eine Tschechin, deren Mann von den Deutschen umgebracht wurde, verliebt sich, ihrem Hass zum Trotz, bei Kriegsende in einen Deutschen und wird, weil das nicht sein darf, von Landsleuten vergewaltigt und getötet.

In diesen Jahren lockern sich die Stereotype und Tabus. Selbst die Vertreibung der Deutschen wird vorsichtig thematisiert. War der Verlust eines Drittels der Böhmen und die Inbesitznahme von deren Hab und Gut wirklich ein Sieg? Und wenn es ein Sieg war, war es auch ein Segen?

Im Bekanntenkreis der Petráseks strudeln jetzt alte Geschichten aus der Tiefe. Als Zdeněk, der Nachbar von Hermine und Wendelin Tippelt, mit dem Christa und ihr Mann öfter Karten spielen, aus Eifersucht die Waffe gegen seine Frau richtet und sich selbst erschießt, weiß Christa, seine Verzweiflung kommt nicht von ungefähr. Es ist derselbe Zdeněk, der 1945 beim Kriegsspiel den Tod seines Bruders verschuldete. Das Haus selbst hat eine böse Vorgeschichte: Seine frühere deutsche Besitzerin hatte vor ihrer Aussiedlung, verzweifelt, in ohnmächtiger Wut, die neuen Bewohner verflucht. Zdeněk ist schon der zweite Tote im Haus, wenig später gibt es eine dritte, eine Babička, deren Sehnsucht nach der alten Heimat nicht aufhören will, wird sich im Kirschbaum erhängen.

Vielleicht war es das sich erneuernde Bewusstsein einer tiefen Tragik, das die dagebliebenen Deutschen dazu trieb, die Chance zur Ausreise, die sich jetzt eröffnete, zu nutzen? Keine leichte Entscheidung, war man doch inzwischen mit Tschechen gut befreundet oder wie Christa verheiratet. Die allermeisten rissen sich damals los, aus dem Bezirk Jablonec allein waren es ein paar Tausend. Die Petráseks nicht. Hauptsächlich der alten Eltern wegen, weil sie in Deutschland zugrunde gegangen wären. Wendelin und Hermine Tippelt hingen an ihrem Haus, sie wollten nichts weiter vom Leben als dort sein, miteinander auf ihrer Wiese sitzen. «Solange die Mutti lebte, war es für mich ein Gesetz, dass ich bei ihr bleiben will. Nicht muss, will.» Auch Josefs Mutter lebte noch in Südböhmen, sie hätten sie zurücklassen müssen. Aus Briefen der in Deutschland lebenden Verwandten wussten sie, wie schwer ein Neuanfang sein würde. Christa war 1962 mal bei einem Cousin auf Rügen zu Besuch gewesen, ein paar Jahre später bei den Klamts von der «Krokuslwiese», in Hamburg-Lurup. Nicht allen Verwandten ging es rosig, einige hatten zehn Jahre und mehr in Baracken gewohnt. Die Tragödien der Vergangenheit wirkten auch drüben nach – Heimweh, das nicht aufhörte, und Schlimmeres. Eine Cousine von Christa, die 1946 ein Kind von einem tschechischen Partisanen, der sie beschützte, bekommen hatte, war ihres Lebens nicht mehr froh geworden.

Die wenigen Zuhausegebliebenen vereinsamten. Auch manchen Tschechen schmerzte der zweite, späte Exodus der Deutschen. Auf der Arbeit fehlten sie, die Glasbranche litt schwer unter dem plötzlichen Mangel an Fachkräften. Dennoch herrschte im Grenzland in den sechziger Jahren Hoffnung wie nie. Inzwischen fühlten sich die neuen Siedler etwas sicherer, nicht wirklich heimisch, aber wohl genug, um Pläne zu schmieden. In der Umgebung belebten sich halb verlassene Dörfer, die Prager entdeckten das Isergebirge als Erholungsgebiet, wandelten leere Häuser zu Datschen um.

Es gab eine Zukunft: hier zu Hause, daran glaubte Christa Petrásková fest. Zwar blieb ihr Vorstoß in den Traumberuf der Bibliothekarin erfolglos, die Bibliothek des Glasmuseums lehnte sie ab, obwohl sie mit Deutsch, Englisch und Fachkenntnissen in Sachen Schmuck die ideale Besetzung gewesen wäre. Doch sie konnte in ihrer alten Bijouteriefirma aufsteigen, als Vorarbeiterin fühlte sie sich durchaus wohl. Ihr Josef war außerdem im Begriff, Karriere zu machen, spezialisierte sich gerade auf Computer, die ersten in Nordböhmen, 1967 wurde er zu einer Schulung bei der IBM nach Wien geschickt.

«Und ich durfte ihn besuchen!» In Gedanken daran wird ihre Stimme ganz hell, die notorisch ruhige Christa Petrásková ist auf einmal quirlig wie ein Kind. «Nach Wien! Ich hab ein Visum für 24 Stunden gekommen! Theoretisch hätte ich damit in alle Staaten der Welt fahren können. Smashing!!! Raus aus dem Grau, dem Ruß in Jablonec. Wien! Es war im Advent, es funkelte und glitzerte, überall Girlanden. Und mein Mann hatte so viel Geld, dass er mit mir ins Kaufhaus gehen konnte.» Sie kauft eine Pelzmütze, ein Unterkleid mit schwarzblauen Blümchen und dem passenden BH dazu, Rock und Spitzenbluse. Sie ist auf der anderen Seite des Eisernen Vorhangs! In der früheren Hauptstadt der k.u.k. Monarchie! Auf der Straße grüßt man mit «Servus»! Ein Tag wie im Rausch, das Leben ist schön. «Warum sollte ich gerade jetzt emigrieren?»

«... in dunkler Nacht»

Wien, das ist auch: öffentlich deutsch sprechen können. Die Sprache geht ihr dort leicht und selbstverständlich von den Lippen. Ganz anders als zu Hause, wo sie nur gelegentlich und nur privat deutsch spricht. «Wenn man die Sprache wechselt», sagt Christa Petrásková, «wechselt man auch das Wesen. Wenn ich mit Tschechen bin und tschechisch spreche, dann bin ich ihnen ebenbürtig. Und wenn ich ins Deutsche überwechsle, dann bin ich unsicher, und dann fühle ich Trauer, all das Schreckliche, was geschehen ist.»

Christa Petrásková erzählt mir ihre Lebensgeschichte in der Sprache, in der sie unsicher, sehr verletzbar ist. Ob sie dies auch auf Tschechisch tun könnte, habe ich mich manchmal gefragt. Vermutlich nicht, und wenn doch, erführe eine tschechische Zuhörerin ganz andere Dinge, alles wäre anders, Themen, Gefühlslagen, Ausdrucksweisen. Der Fortgang der Geschichte nach dem unwirklich schönen Besuch in Wien wäre vielleicht besser auf Tschechisch zu erzählen – jener nationale Albtraum, der nun folgt.

Im August 1968 ist Christa Petrásková gerade wieder im Westen, bei Freunden in Rotterdam. Die kutschieren sie durch Holland, dann Belgien, Brüssel, Antwerpen, Gent, so viel Schönheit, sie könnte vor Glück weinen. Innerlich zittert sie schon, wie ein Kriegskind nur zittern kann. Abends hockt sie mit den Freunden vorm Fernseher, die Hauptmeldungen sind immer aus Prag oder aus Moskau. Wieder und wieder beschwichtigt Alexander Dubček, der tschechische KP-Chef, den Kremlführer Leonid Breschnew, die Situation ist auf des Messers Schneide. Nur wenige Tage nach ihrer Heimkehr, in der Nacht vom 20. auf den 21. August, dröhnen über dem Haus in der Hüttenstraße die Flugzeuge des Warschauer Paktes. Panzer folgen. In den Städten, an Landstraßen stellen sich ihnen verzweifelte junge Leute entgegen. Im nahen Liberec gibt es Tote. In Jablonec nicht, außer einem symbolischen Umsturz – das Denkmal des Rotarmisten vor der Herz-Jesu-Kirche wird vom Sockel gestoßen – passiert hier nicht viel.

Am Morgen danach geht Christa Petrásková wie immer pünktlich in die Bijouteriefabrik. «Und da ich durch die Flugzeuge so verstört war, hab ich mir einen Nagel von einem herumliegenden Brett durch den Fuß gejagt. Auf der Arbeit war helle Aufregung. Man hat uns freigegeben, damit wir Vorräte einkaufen können für den kommenden Krieg oder Besatzung oder was. Und dann haben wir gewartet, was Schreckliches passieren wird.»

Das Reformprogramm, einen «Sozialismus mit menschlichem Antlitz» zu schaffen, war gewaltsam beendet. In den ersten Wochen und Monaten der Okkupation verließen Tausende Bürger das Land, auch Freunde und Kollegen der Petráseks, der Tippelts. Freundin Edita verheiratete sich nach Wien. Heinz Wendt, das ist für Christa das Schlimmste, der liebe Jugendfreund und seine Frau verschwinden heimlich über die Grenze, ins westliche Deutschland.

«Und wir? Wir haben uns normalisieren lassen.» Sie zitiert den Begriff der Besatzer: «Normalisierung», infamer kann man es nicht fassen, eines der furchtbarsten Worte des 20. Jahrhunderts. Ins Passiv gesetzt, «normalisiert werden», offenbart es die ganze Gewalt und die Ohnmacht derer, denen sie angetan wird. «Wir wurden bestraft, gezüchtigt.» Christa Petrásková erlebt diese gesellschaftliche Katastrophe bewusst, mit ihren 27 Jahren versteht sie die Tragweite des Geschehens. Sie hat von der Freiheit gekostet, jetzt ist auf unabsehbare Zeit jegliche Hoffnung zunichte.

Obwohl sie und ihr Mann jung genug wären, im Westen neu anzufangen, bleiben sie bei ihrer Entscheidung, die Eltern nicht zu verlassen. Darin und in der Beurteilung der traurigen politischen Lage sind die Eheleute sich einig. Im Laufe der folgenden Jahre jedoch wächst ein Zwist heran, was sich früher bereits angedeutet hat, wird nun manifest. Christa stürzt sich wie besinnungslos in die Arbeit, besucht nebenher die Handelsschule in Liberec. Die Schreibmaschine, die sie dafür braucht, verdient sie, indem sie sonntags nach dem Fußballspiel eine Tribüne säubert. Sie lernt Esperanto. Als ihr Betrieb die elektronische Datenverarbeitung einführt, qualifiziert sie sich in Informatik. Ihr Mann hingegen verhält sich «wie Schwejk». Jener brave Soldat in Jaroslav Hašeks berühmtem Roman, der den Krieg verneint, den Staat, männliche Ehre und Heldentum, vielleicht sogar die Heimatliebe, und der nichts weiter will, als dem gesellschaftlichen Schlamassel entrinnen, das eigene kleine Glück. So jedenfalls interpretiert es damals seine Ehefrau, gekränkt, weil er ihren deutschen Ehrgeiz, ihren Bildungshunger als «töricht und unnütz» verdammt. Der persönliche Konflikt hat in ihren Augen auch eine gewisse nationale Komponente. «Mischehen sind Blödsinn!» ist einer von Christa Petráskovás Leib-und-Magen-Sprüchen. Er klingt mal traurig, mal eher ironisch, niemals bitter oder gar böse, eine Lebenserfahrung eben, keinesfalls eine «Message».

In dem Roman von Milan Kundera «Die unerträgliche Leichtigkeit des Seins», den der Autor im französischen Exil verfasst, wird erzählt, wie sich Niederschlagung des «Prager Frühlings» und die sowjetische Okkupation im Privaten auswirken. Seine Helden sind Menschen mit gestutzten Flügeln, die sich kindlich aneinander klammern oder in sexuelle Abenteuer stürzen oder beides, in ihren Küssen, jeder Umarmung die ganze schwarze Verzweiflung der Zeit. Über die Christa Petrásková von damals sei kurz gesagt: Sie will das Unmögliche. Berufliche Ambitionen haben und sich dafür auf gar keinen Fall mit den Kommunisten einlassen. Ein zweites Kind, sie vergeht vor Sehnsucht danach, das ihr Mann nicht will. 1972 lässt sie sich scheiden. Man teilt sich allerdings weiterhin dieselbe Wohnung.

Ein Schmalfilm aus der Mitte der siebziger Jahre, aufgenommen während eines Urlaubs an der rumänischen Schwarzmeerküste, zeigt Christa Petrásková im leichten Kleid am Strand, sie läuft in großen Sprüngen, turnt, lacht. Sie blüht! Inmitten von Studenten wirkt sie, damals 35, selbst wie eine Studentin, der pubertierende Sohn Pepík wie ihr jüngerer Bruder. Schmal und zerbrechlich wie auf den Fotos zwanzig Jahre zuvor, als sie in der Schule scheiterte und bald darauf nahe am Tod war. Vielleicht hatte sie noch Jugend nachzuholen?

1977 heiratet sie erneut, und zwar Josef Petrásek, ein Kind hat die beiden wieder zusammengeführt. Der lebhafte kleine Martin, Macek, wird der Mittelpunkt ihrer zweiten Ehe sein. Auch Hermine und Wendelin Tippelt, die Großeltern, freuen sich. Während der schwierigen Jahre war das Grünwalder Haus Christas ruhender Pol geblieben. Jeden Donnerstag war ihre Mutter in Jablonec erschienen, hatte der Tochter die Bügelwäsche erledigt. Sie hatten die alten Rituale beibehalten – die heilige Maria in Haindorf grüßen, zur «Krokuslwiese» pilgern und den Klamts in Hamburg melden: «Sie blüht!» Es war Hermine Tippelt, die den Kontakt zur Verwandtschaft hielt, der Entfremdung brieflich, nach 1968 durfte man nicht mehr reisen, entgegenarbeitete.

Das neue Glück mit Josef ist in Christa Petráskovás Erinnerung eng verwoben mit dem Leid, das folgt und das sie gemeinsam tragen, dem Tod der Eltern Tippelt. Schon länger, seit einer Krebsoperation, ist Christas Mutter geschwächt. Trotzdem lebt sie weiter wie bisher, mit abgeschnittener Brust («als wäre es nur ein Ritz im Finger»), sie schafft im Haus, ermuntert, tröstet. Bis Heiligabend 1979. An diesem Tag sagt sie zum ersten Mal in ihrem Leben «Ich bin müde.» Wenige Stunden später stirbt sie. Noch vier Monate, und Wendelin Tippelt ist auch so weit, die diamantene Hochzeit hat das Paar knapp verfehlt.

Man könnte sagen, es ist das Ende einer Epoche, im familiengeschichtlichen Sinne ist es das ganz sicher. Wendelin und Hermine Tippelt haben auf ihrer Insel etwas fortgelebt, was ringsum entweder längst ausgelöscht ist oder als hoffnungslos anachronistisch gilt. Mit ihrem Tod verschwindet ein letztes Stückchen Österreich-Ungarn, böhmischer Arbeiterbewegung, volkstümlichen Katholizismus, des Paurischen. Wie sehr verloren sie in der kommunistischen Welt sind, zeigen die Umstände ihres Begräbnisses. In den siebziger Jahren war das alte Grünwald planiert worden, um Hochhäuser zu errichten, einzig die Hüttenstraße blieb verschont, weil das steile Gelände den Statikern ungeeignet schien. Von ihrem Wohnküchenfenster sahen die Tippelts gleich hinter ihrer Wiese die Plattenbauten emporwachsen – der sozialistische Gegenentwurf zum alten Gablonz. Für das Paradeviertel wurde auch der Grünwalder Friedhof zerstört, die deutschen Toten hatten ja keine Verwandten mehr am Ort, die sich für eine Umbettung hätten stark machen können. Dort also konnten die Tippelts ihre letzte Ruhe nicht mehr finden. Wo sonst? Auf dem neuen Friedhof, der eines Tages womöglich ebenfalls weichen müsste? Tote konnten nirgends ihres Bleibens sicher sein, deshalb entschieden sich Christas Eltern für eine anonyme Bestattung. Die Tochter muss ihre Asche auf dem Friedhof von Jablonec verstreuen. «Verblasung» nennt sie es, sie hat ein eigenes Wort für den traurigen Vorgang erfunden. Christa Petrásková tröstet sich später damit, dass er irgendwie zu den Eltern passt. «Es war ihr Wille, ihre Bescheidenheit.»

Kein Gespräch in dieser Januarwoche, in dem sie nicht präsent wären. Der Vater, der schwerfällige, schwerhörige, die Mutter, immer wieder die Mutter, von der sie die Behändigkeit geerbt hat, auch Christa Petráskovás Schweigen scheint oft ihnen zu gelten. Das Anheimelnde ihres Hauses, glaube ich, besteht zu einem gut Teil in der häufig und liebevoll beschworenen Gegenwart der Toten.

Damals, 1980, ist Christa und ihrem Mann wohl kaum bewusst, dass sie im Begriff sind, in deren Fußstapfen steigen. Praktische Dinge sind vorrangig! Bevor sie das Tippelt'sche Haus übernehmen, muss es gründlich renoviert werden, vom immer noch maroden Dach bis zum Keller. Das erste Wasserklosett hält feierlich Einzug. Josef Petrásek erfüllt sich einen Herzenswunsch und gräbt auf der Wiese ein dreieckiges großes Loch, ein echter Südböhme braucht eben einen Teich! Über kurz oder lang wird sich die ganze Familie dort verwurzeln. Pepík, der große Sohn, und seine Frau Michaela werden irgendwann auf der Wiese hinter dem Teich ein eigenes Haus für sich und zwei Kinder bauen – mehr Kontinuität, als man erhoffen konnte.

Noch liegt bleischwer die Diktatur auf ihnen. Von den frühen Achtzigern sagt Christa Petrásková: «Wir lebten nur in der Gegenwart, nicht in der Vergangenheit, aber auch nicht in der Zukunft. Bloß immer in den Tag hineingelebt, von einem Tag auf den anderen.» Das Lebensgefühl dieser Jahre hat sie später mal in einem Gedicht von Jiří Dĕdeček formuliert gefunden; sie hat es für mich ins Deutsche übertragen.

«*Sonett über die innere Verwirrung*»

«*Schon seit Jahren leide ich unter dem Gefühl,*
kein Mensch von heute zu sein:
ich schäme mich, mit Braunkohle zu heizen
und habe kein anständiges Hobby.

Ich habe keine (sozialistische) Ehrenpflicht
und dränge mich nicht in den Vordergrund,
ich habe nur ein Quantum von Fragen,
auf die ich keine Antwort weiß.

Nach außen hin mache ich ein verstehendes Gesicht,
innerlich ertrinke ich in dunkler Nacht,
obwohl die Sonne über meinem Haupt steht.

Und ich frage mich, von der Zeit erzogen,
was Schönes an den Ertrinkenden ist,
dass ich wie gebannt zusehe.»

Ertrinken: ein Lebensmotiv der Christa Petrásková. Gespaltene Existenz: ein weiteres. «Freundschaftlich, ruhig, zuverlässig», heißt es über sie in der Kaderakte (sie liest sie nach 1989), das ist die eine, die allseits beliebte Christa. Die andere ist übersensibel, voller Angst, unter der ruhigen Oberfläche brodelt es. Eine Getriebene, innerlich Verwirrte, sie kennt sich selbst nicht. Auf Einrede eines Seelenarztes, den sie nach dem Tod der Eltern konsultiert und der sie mit einer asiatischen Philosophie bekannt macht, glaubt sie zeitweilig daran, alle Wirklichkeit bestehe nur in unserer Einbildung. Zur Auflehnung hat sie keinen Mut, als Deutsche ist sie Außenseiterin genug, sich auch noch den Dissidenten anschließen, unmöglich. Wie bereits früher geht bei ihr alles nach innen, ins Träumerische. Wenn sie den Eltern nahe sein will, geht sie zur Scheune und steigt die ausgetretene Leiter zum ehemaligen Heuboden rauf und runter. Auch der Gränzendorfer Wald, den die Klamt-Urgroßmutter pflanzen ließ, ist so ein magischer Ort. Jedes Mal, wenn sie dort Blaubeeren pflückt, überkommt sie eine große Müdigkeit, dann schläft sie ein wenig im Moos und ist erfrischt.

Der Wald, die Berge und Täler des Isergebirges, sind für viele, auch für die Tschechen, ein Trost, eine Zuflucht. Nach Kriegsende waren es fast ausschließlich die verbliebenen Deutschen, die dort wanderten, inzwischen gibt es Bergwanderer und Skiläufer in großer Zahl. Wenigstens die Natur scheint unverwüstlich, den Menschen gewogen. Als durch die Luftverpestung, verursacht durch die Braunkohlebetriebe in der nahen DDR, der Wald auf den Gebirgshöhen stirbt – das größte Waldsterben Europas –, ist das eine Katastrophe.

In den Achtzigern beschleunigt sich der Zerfall der Gablonzer Innenstadt. Seit dem Besitzerwechsel 1945/46 wurde sie abgewohnt, die Stadt tat fast nichts, sie zu erhalten. Was übrig blieb, überließ man den verachteten Zigeunern, dem fahrenden Volk, das die Kommunisten in die Sesshaftigkeit gezwungen hatten. Die prächtigen Bürgerhäuser segnen das Zeitliche, das Grau, bröselndes Mauerwerk, verwildernde Hinterhöfe spiegeln jetzt den Zustand der tschechischen Gesellschaft, teilweise auch der Seelen. «Wir waren daran gewöhnt», sagt Christa Petrásková. Hier und da kann man noch dem alten bürgerlichen Gablonz begegnen, Fragmenten, die noch strahlen. Zum Beispiel in der Villa des Glasexporteurs Gustav Hoffmann, die seit 1945 Polizeirevier ist. Ein Jablonecer Verkehrssünder geht, auf dem Wege zu dem Büro, wo er seine Strafe zahlen muss, durchs herrschaftliche Vestibül, über die breite hölzerne Treppe, an leuchtend bunten Vitragen vorbei. Im

Glasfenster in einer Gablonzer Villa, Detail: Fortuna schüttet Perlen über die Völker der Welt aus. Die Villa des Glasexporteurs Hoffmann wurde nach dem Zweiten Weltkrieg Polizeirevier.

unteren Fenster zeigt sich Fortuna, die mit dem Füllhorn bunte Glasperlen ausschüttet über ein Indianerlein, einen niedlichen Mohren, etwas abseits ein Asiatenkind mit Zopf, sie strecken lächelnd ihre Hände aus. Im ersten Stock die herrschaftlich gekleidete Austria, um sie gruppiert sich die Kundschaft aus fünf Erdteilen – das Programm der Stadt zu ihren Glanzzeiten, um 1900.

Die deutsche Böhmin

In ihrem Haus hat Christa ein besonders liebenswürdiges Kapitel der Gablonzer Vergangenheit zusammengetragen, 100 000 Glasknöpfe sind es oder mehr. Nach Tagen des Stöberns in Schachteln und Kästen bin ich kurz davor, selbst dieser Passion zu verfallen. Was für Farben! Bernsteinimitate, ein leuchtendes Cranberryrot, Veilchenlila, das Lila des provenzalischen Lavendel, drei oder vier durchsichtige, teils opake Rosatöne, die sich mischen. Formen ohne Ende! Art déco, Art nouveau, Röschen, die an Meißener Porzellan erinnern, der Kopf von Kleopatra in marmoriertem Grün, Mosaikknöpfe mit venezianischen Motiven, im glänzend schwarzem Rund ein goldenes Pferd. Dutzende Techniken! Bald kann ich gedrücktes Glas von Schmelzglas und gewickeltem Glas halbwegs unterscheiden. Das ist noch das Allereinfachste, meist sind mehrere handwerkliche Vorgänge kombiniert. Ist ein Glasknopf bemalt oder bespritzt? Welcher Art ist der Schliff? Was erzählt er von der Beschaffenheit des Rohmaterials? Oder auch nicht, manches Wissen ist lange ausgestorben, selbst für Kenner nicht mehr zu rekonstruieren.

Es gab streng gehütete Familiengeheimnisse. Nach 1945, und damit sind wir wieder beim Thema, gingen viele verloren, die Knopfmacher nahmen sie mit nach Deutschland. Andere fielen der Sozialisierung zum Opfer, statt sie dem Staat zu übergeben, verbrannten die Besitzer die Hefte, in denen der Vater, Großvater, Urgroßvater das Wichtige notiert hatten. Vieles wurde ohnehin mündlich tradiert, konnte daher kaum gestohlen werden.

«Glasknöpfe sind eine Freude!» Die Expertin spricht, mit professioneller Grandezza. «Ein unendlicher Gegenstand, der durch die Zeiten geht als etwas Nützliches und Schönes, manchmal Belangloses, manchmal sehr Wichtiges. Sie sind eine Quelle der Kulturgeschichte, von der riesigen Entfaltung, deren Motor und Mittelpunkt Gablonz war, bis zum Herabsinken in die Bedeutungslosigkeit. Der Reißverschluss war ihr großer Gegner, die technische Revolution der Hausarbeit hat schließlich über sie entschieden, die Waschmaschine, die wir Frauen so lieben, sie zerbricht jeden Glasknopf.»

Ihr Interesse ist spät, erst nach der großen Wende in Europa entstanden, eine wunderbar verrückte Geschichte, deren Anfänge noch in kommunistischer Zeit liegen. Christa Petráskovás Berufsweg hat sich Mitte der Achtziger ihren Wünschen angenähert. Sie arbeitet in einer technischen Bibliothek, muss neueste deutsche und englische Zeitschriften über Glasherstellung lesen und auf Tschechisch zusammenfassen. Ihr Deutsch ist jetzt gefragt, und sie schafft es sogar, ihren Traum zu verwirklichen, «einmal im Leben Englisch in England zu sprechen». 1986 steht sie am Trafalgar Square. Nach einem Tag und einer Nacht in London ist sie fast pleite – und grenzenlos «happy». Trotzdem glaubt sie weiterhin felsenfest, sie werde «niemals im Leben frei sein». Noch im November 1989 ist sie «ein Hasenfuß», sie sitzt mit Gästen aus der DDR heulend vor dem Fernseher und fürchtet, alles werde tragisch enden wie seinerzeit, 1968.

Und dann bricht *ihre* Zeit an. «Wissen Sie, wie Billard funktioniert?» Sie lacht. «Mein Leben hat sich wie eine Kugel bewegt, ohne dass ich die Regeln kannte.» Nach 1989 schießt ihre Lebenskugel, die vorher hin und her, immer gegen die Bande lief, ganz leicht, wie von selbst, ins Ziel. Sie ist 48 Jahre. Ihre Talente, das viele Gelernte, das brachlag, kommen zum Zuge. Das Glasmuseum von Jablonec, wo sie einst abgeblitzt ist, engagiert sie für den deutschen Teil der Bibliothek. Es braucht außerdem für die zahlreichen Gäste aus Deutschland und Österreich eine Dolmetscherin. Die unglaublichsten Dinge geschehen: Otto von Habsburg höchstpersönlich schüttelt ihr die Hand! Sie wirkt an einer Ausstellung über die Glasmacherdynastie Riedel mit!

Gleich nach 1989 fallen amerikanische Sammlerinnen in Schwärmen über Stadt und Region her. Knöpfe und Glasperlen, wer hätte das hier gedacht, sind in den USA ein verbreitetes weibliches Hobby. Die Damen suchen alte Musterkarten, Raritäten, die auf Dachböden, in aufgelassenen Produktionsstätten oder sonst wo im Dornröschenschlaf liegen, oft auch Kontakte zu Produzenten. Englisch ist also vonnöten, und wer kann es? Christa Petrásková, und außer ihr nur ganz wenige.

Mit der Zeit wird sie kundig, sie will ausprobieren, ob es für ein eigenes «Business» reicht. Also veröffentlicht sie in einer amerikanischen Perlenfachzeitschrift eine Anzeige: «Come to the cradle of beads!», und bietet ihre Hilfe vor Ort an. Eine der ersten Kundinnen ist eine Knopfsammlerin aus Maryland, aus Geschäften wird Freundschaft, von der Amerikanerin Elizabeth lernt sie, was ihr fehlt, und fängt schließlich Feuer, beginnt, selbst zu sammeln. Die meisten in Jablonec tun sich schwer, den Anschluss an Europa und die Welt wiederzufinden, sie hat ihn sofort.

Von der dynamischen Mutter profitieren auch die Söhne. «Pepík» ist 1989 längst im Beruf, ein talentierter Graveur, jung ver-

Christa Petráskovás Schätze. Sie ist heute eine in ganz Böhmen bekannte Sammlerin und Expertin für Glasknöpfe.

heiratet. Martin gerade zwölf, er nimmt das Neue spielend auf. 1996, wieder eine glückliche Fügung, eine sozialistische Errungenschaft gilt nämlich gerade noch, kann Christa Petrásková mit nur 55 Jahren in Rente gehen. Warum nicht nach den Sternen greifen? Sie meldet sich an der «Universitas Carolina» in Prag – der ältesten Universität Mitteleuropas! – zur Aufnahmeprüfung für das Fach Volkskunde an. Wenig später sitzt sie unter Studenten im Hörsaal, neben dem schönsten Mädchen des Semesters. Und lernt! Eine gute Zeit dafür. Viel, viel besser, als wenn sie mit zwanzig studiert hätte. Manche ihrer Professoren sind nach langem Exil zurückgekehrt, es gibt ausländische Gastdozenten. Allein Prag zu betreten, aus dem Bus auszusteigen, der sie morgens aus dem hundert Kilometer entfernten Jablonec bringt, ist großartig. Oft ist sie zu früh dran, schlendert vor Beginn der Vorlesung noch eben über die Karlsbrücke. Prag glänzt, es hat sich rasch erholt, in Prag sind die Tschechen, die sie im Grenzland oft unsicher erlebt, in ihrem Element.

Die zurückhaltende, von Ängsten geplagte Christa Petrásková wird im Studium endlich selbstbewusst. «Ich habe mich nicht mehr gefürchtet.» Mimikry ist jetzt nicht mehr nötig, wenn sie sich jemandem vorstellt, sagt sie: «Ich bin eine deutsche Böhmin.» Mit ihren Mitstudenten könnte sie sogar über ihr Trauma, über die deutsch-tschechische Tragödie sprechen. Etwas, was gesellschaftlich noch lange nicht geht, zu groß ist die Sprachlosigkeit. Andere Themen sind vordringlicher: Der dramatische soziale Wandel – die Privatisierung, in deren Verlauf sich wieder mal die Kommunisten bereichert haben, zieht den Zorn auf sich, weckt böse Erinnerungen an 1948. Es gibt viele schwierige Vergangenheiten, die zu diskutieren wären, Schlüsseljahre, 1945 ist nur eines davon. Zudem wird der geschichtliche Diskurs mehr und mehr überlagert von den Sorgen der Gegenwart, die Mehrheit der Tschechen hat mit dem Überleben genug zu tun.

Jedenfalls kann man wieder öffentlich deutsch reden! Wenn ich mit Christa Petrásková im voll besetzten Bus sitze und wir unser vertrautes Gespräch einfach fortsetzen, muss ich manchmal innehalten. Ich spüre, wie sehr die deutsche Böhmin mir gegenüber es genießt: das befreite Sprechen. Mir scheint, dass darin immer noch etwas leicht Angespanntes ist, ein kaum merklich gereizter Unterton. Vielleicht könnte man es auch eine freundschaftliche Herausforderung nennen: Jetzt gewöhnt euch mal endlich an mein böhmisches Deutsch, ihr lieben Tschechen, so etwa. «Ist es nicht prima, dass wir deutsch reden und niemand sich daran stört?», habe ich sie gefragt. «Sie irren», hat sie zur Antwort gegeben. «Sechzig Prozent der Leute hier im Bus stört das.» – «Sind Sie nicht etwas pessimistisch?» – «Das ist eine optimistische Schätzung. Die älteren Tschechen sind fast alle xenophob.»

Die Euphorie, die Rührung von 1989, jene große europäische

Verbrüderung, all das ist inzwischen vorüber. «Wir dachten, es kommt die helle Zukunft, und was kam? Die Wahrheit über die Vergangenheit.» Aus einer gewissen Distanz besehen, nimmt sich das 20. Jahrhundert noch furchtbarer aus. Heute treten die Verluste ins Bewusstsein, am schlimmsten sind sie an der Peripherie, im Grenzland. Mit jedem erfolgreich renovierten Haus in Jablonec wird das Ausmaß der Schäden sichtbarer, bewusster. Überall stößt man dabei auf Spuren der Zeit, als Böhmen Teil eines Vielvölkerstaates war, von Tschechen *und* Deutschen geprägt. Erste Zweifel tauchen auf. War der ethnisch homogene Staat, den man wollte und bekam, wirklich ein Segen? Die Zweifler fordern die heraus, die nicht zweifeln wollen.

Meinem Eindruck nach gibt es in Jablonec verschiedene Zeitzonen. «Bitte, besuchen Sie meine Oma! Sie spricht deutsch!», heißt es im Touristenbüro. Die jungen Fremdenführerinnen dort erzählen völlig unbefangen von ihren Familien, von deutschen Vorfahren, der früheren Bedeutung des Deutschen in Böhmen. Zweihundert Meter weiter regiert das Schweigen: In dem 2004 neu eröffneten «Museum für Glas und Bijouterie» wird das Thema «Deutsche und Tschechen» ausgespart. Kein Wort über deren historische Nähe und berufliche Kooperation, über den Bruch 1945. Und mit der brisanten nationalen Geschichte ist die soziale gleich mit verbannt. Nichts über die Hunderte von Berufen, die mit der Herstellung von Glas und Schmuck verbunden sind. In dem frisch renovierten Bürgerhaus werden die wunderbarsten Exponate in modernem Ausstellungsdesign präsentiert, fast ohne Kommentar.

Wie lebte ein Glasdrücker? Worin bestand der Erfolg eines Exporteurs? Über welche Vertriebswege gelangten etwa die Bangles auf den indischen Markt? Geschichtliche Fragen, die unmittelbar in die postsozialistische Gegenwart führen könnten. Nach 1989 wollte man in Jablonec die Weltmärkte zurückerobern – dynamische Gründerjahre, bereits Mitte der Neunziger steckte die Glas- und Schmuckbranche in der Krise. Die klassische Geschichte: Konkurrenz aus China und Indien, sie drückt auf die Preise, die

Löhne, man beschäftigt, weil die eigenen, erbärmlich bezahlten Arbeiter zu teuer sind, Polen und Ukrainer, demnächst werden Produktionszweige ostwärts verlagert ... In den Nischen des turbulenten Marktes suchen Kleinstfirmen ihr Auskommen. Wie jener Christa Petrásková bekannte Knopfdrücker Jiří Hykman, der von Hand fertigt, meist für Amerika, geringe Stückzahlen, für die eine größere Firma nicht lohnen.

Christa Petrásková bangt um ihr Gablonz, ihr Jablonec, ihr Grünwald, ihr Mšeno. Als eine, die hier familiär verwurzelt ist und gewohnt, zwischen zwei Völkern zu leben, hat sie ihren Mitbürgern einiges voraus an Sensibilität, Hellsichtigkeit. Dazu gehört auch, dass sie weiß, die Zeit ist noch nicht gekommen, da man in Tschechien Ansichten wie ihre schätzt. Und für die Lebensgeschichte einer deutschen Böhmin gibt es in ihrer Heimat momentan noch keinen Resonanzraum.

Immerhin hat sich Christa Petrásková für ihre fachliche Leistung gesellschaftliche Anerkennung erkämpft. Die größte wird ihr mit 62 Jahren zuteil: der Magister in Ethnologie, der Titel ihrer Prüfungsarbeit lautet «Knoflíky a lidé», «Menschen und Knöpfe». Zuerst wollte sie über Weihnachtsbräuche schreiben, doch deren Überreste in Böhmen hatten sich als zu armselig erwiesen, in diesen Abgrund von Traditionslosigkeit mochte sie nicht schauen. Dann fiel ihr Blick auf das Naheliegende, warum nicht den Knopfmachern von Wiesenthal ein Denkmal setzen. So stolz sie auf ihren Erfolg ist, sie braucht ihn zu diesem Zeitpunkt im Grunde nicht mehr. Das Leben hat ihr inzwischen ein anderes Thema diktiert. 1997, im zweiten oder dritten Semester, hat man ihr eine Brust abgeschnitten, die über dem Herzen. Ausgerechnet jetzt passiert es, sie hat doch gerade ihre Flügel ausgebreitet. Nach der ärztlichen Diagnose ist sie erst mal nach Amerika geflogen.

«Der Krebs ist eine Schule.» Sagt sie streng. Und hebt ihre leicht hängende linke Schulter und schreitet weiter aus, sehr sportlich, sehr gerade durch den verschneiten Wald. Wir sind zu zweit, diesmal ohne Brutík, auf einer längeren Wanderung, die ihr Ziel verfehlt. Anna Hübner, die Schwester des verstorbenen Dialektforschers Alfred Hübner, ist nicht da. Vor der Tür keine Fußspur, das Bauernhaus und die Drückhütte daneben sind im meterhohen Schnee fast versunken. «Der Schnee deckt die Vergangenheit zu.» Wieder ein Satz, der mir die Kehle zuschnürt! Zu gern hätte ich die beiden Frauen paurisch sprechen hören. Auf dem Rückweg nimmt sie den Faden vom Vorabend wieder auf und zitiert ein tschechisches Sprichwort: «Kleine Kinder essen Brei, große Kinder essen das Herz.» Noch so ein Satz, und ich würde auf und davon laufen.

Schon am ersten Tag, aus einer kurzen Bemerkung, wusste ich, ihr jüngerer Sohn ist mit 22 Jahren gestorben. Sie klang so trostlos, dass ich beschloss, auf gar keinen Fall nachzufragen. An diesem Abend nun hatte es sich ergeben, warum auch immer, sie wollte von Martin sprechen. Die Geschichte soll hier nur andeutungsweise wiedergegeben werden. Das Furchtbare daran ist nicht allein der frühe Tod, sondern dass seine Ursachen und Umstände rätselhaft blieben. Martin Petrásek, der hoch talentierte Goldschmied, war heftig, möglicherweise verzweifelt verliebt. So etwas kommt vor in diesem Alter, und er steckte anscheinend in zeittypischen Schwierigkeiten. Wie viele seiner Generation, die 1989 Kinder waren, kam er mit dem Materialismus der neuen Zeit nicht klar, die unentwegt Bedürfnisse nach Dingen weckt, die unerschwinglich sind. Im August 1999, am Tag der Sonnenfinsternis, sahen ihn seine Eltern zum letzten Mal, abends waren er und sein rotes Auto fort. Sie meldeten ihn vermisst, man suchte ihn lange, er blieb verschwunden. «Es gibt noch Schlimmeres als die Hölle,» sagt Christa Petrásková. War Martin tot? Und wenn nicht, was dann? Im Dezember schließlich kam Nachricht, aus Prag. Die dortige Polizei informierte die Eltern telefonisch, ihr Sohn sei vor einigen Stunden bei Glatteis mit überhöhtem Tempo gegen eine Wand gerast. Er sei sofort tot gewesen.

Welt unter, ihr eigenes Leben scheint wie ausgelöscht. In ihrer Trauer werden Christa Petrásková und ihr Mann noch einmal ein Liebespaar, es sind die innigsten Jahre ihrer Ehe, bis der Tod sie scheidet, im April 2004. Noch öfter als sonst erinnert sich Christa jetzt an ihre Mutter, befragt sie in Gedanken. Die Mutter hatte doch auch ein Kind verloren. Und eine Brust, auch die linke. Und sie hatte sich ins Unausweichliche gefügt, sie war dabei fröhlich geblieben, offen für alles, was noch kommen würde. Diese Lebenshaltung will die ewig aufbegehrende Tochter nun endlich verstehen, genau das wird sie jetzt lernen. Kürzlich hat sie bei einem Hobbykünstler ein historisches Landschaftspanorama in Auftrag gegeben, es zeigt den Blick von ihrem Haus Richtung Jeschken, bevor er von Hochhäusern verstellt wurde; in der Bildmitte, winzig klein im hellen Grün, Christa an der Hand ihrer Mutter, unterwegs zur «Krokuslwiese».

«Herzl, kumm ok hejm.» Sie hat das Paurische, die Muttersprache, wieder mehr im Ohr. Angesichts der jüngsten Erfahrungen

Christa Petrásková mit Brutík im Garten ihres Elternhauses. Die Heimat nach 1945 war das Haus, es blieb der Fixpunkt im Leben der Familie.

fällt die Furcht, der letzte Rest, der nach 1989 noch geblieben ist, endgültig von ihr ab. Still schweigen oder sich preisgeben? Diese jahrzehntelang quälende Frage hat sich in Luft aufgelöst. Ein Mensch, der den Tod nahen sieht, darf sich wirklich und wahrhaftig frei fühlen.

Als zufällig die Journalistin vorbeikam, zögerte sie zwar, stimmte aber ihrer Bitte nicht ungern zu. Es war der perfekte Zeitpunkt für unser Gespräch, und dass ihr Gegenüber Deutsche war, erwies sich dabei als Vorteil. Zu meiner Überraschung führte sie mich mit einer Bestimmtheit und Umsicht, die ich so noch nie erfahren habe, durch ihr Leben. Als hätte dies Vorhaben auf ihrer Agenda gestanden, alles schien innerlich vorbereitet, die Worte lagen parat.

Größere Pläne kann Christa Petrásková jetzt nicht mehr schmieden. Vor den letzten Dingen jedoch, an die sie denken muss, wird es vorletzte, vorvorletzte und hoffentlich noch weitere geben. Wenn die Schneemassen geschmolzen sein werden, ist Karlsbad an der Reihe, Ferien mit den «Brustkrebsfrauen». Die neuen Freundschaften mit den Leidensgenossinnen empfindet sie als Geschenk, sie sind «so tief, wie man sie sonst nur in der Kindheit schließt». Immer noch passiert Neues, Erstaunliches. Seit ihr Mann tot ist und sie im Haus allein, hat sie sich noch mehr an Brutík angeschlossen. «Der Mensch kann ein Tier lieben», das hätte sie niemals gedacht. Demnächst will sie unbedingt ein Buch über eine ostpreußische Bäuerin, die nach 1945 den Zeiten zum Trotz in der Heimat blieb, ins Tschechische übersetzen. Tirol ist in ihrem Kopf, einmal mit dem Zug nach Schwaz reisen, in die Urheimat der Tippelts. Im April danach ist, so Gott will, wieder die «Krokuslwiese» dran, sie wird sich von ihr verabschieden – bis zum nächsten April.

Jablonec nad Nisou (Gablonz an der Neiße)
in der Nachkriegszeit

Der Name von Gablonz/Jablonec ist untrennbar mit der Glasindustrie, der Bijouterie- und Gürtlerwarenfabrikation verbunden.
Die als «Gablonzer Waren» bekannten Artikel aus der Stadt und
ihrer Umgebung entstanden meist in Kombination von Techniken
aus dem Glas- und Metallgewerbe. Dazu zählten vor allem Kristall-
glas- und Flakonwaren, Glasmosaiken, Perlen, Glasringe, Diaman-
tenimitationen und anderes Schmuckglas.

Über eintausend kleine Privatbetriebe stellten Modeprodukte
her, die von Exporthäusern vertrieben wurden und für die Han-
delsbilanz der Tschechoslowakei herausragende Bedeutung hatten.

Die Glasherstellung in der Region hat eine Tradition, die bis ins
16. Jahrhundert zurückreicht. Der rasante Aufschwung des Dorfes
Gablonz begann jedoch erst am Anfang des 19. Jahrhunderts.
Schon um 1850 verfügte die immer urbaner werdende Siedlung
über Handelskontakte in die ganze Welt. Binnen weniger Jahrzehnte entstand eine moderne Stadt. Um sie herum konzentrierte
sich ein Wirtschaftsgebiet mit mehr als 100 000 Menschen. 1930
zählte Gablonz 34 000 Einwohner, ein Sechstel davon waren
Tschechen.

Der Bevölkerungswandel setzte bereits 1938 und nicht etwa
erst 1945 ein. Zuerst verließen die Juden und deutsche wie tschechische Sozialdemokraten und Kommunisten die Stadt, auf der
Flucht vor den einmarschierenden deutschen Truppen. Es verblieb
nur noch eine kleine tschechische Minderheit. Während des Krieges wurden viele Kriegsgefangene und Zivilarbeiter hierher verschleppt. Die für sie bestimmten Lagerunterkünfte, darunter auch
ein jüdisches KZ-Außenlager im Umland von Gablonz, wurden

nach dem Krieg zum Teil im fliegenden Wechsel zur Internierung der Deutschen und tschechischen «Kollaborateuren» genutzt.

Noch Ende Mai 1945 beschränkte sich die tschechische Bevölkerung auf 1200 Personen, denen mindestens 23000 einheimische Deutsche gegenüberstanden. Bereits im September gab es nur noch dreimal mehr Deutsche als Tschechen. Die euphemistisch als «Evakuation» bezeichnete Aussiedlung der deutschen Bevölkerung hatte, wie einige Berichte vermuten lassen, bereits vor Mitte Mai eingesetzt.

Nach einem von den örtlichen Behörden eigenmächtig initiierten und unter dramatischen Umständen an der schlesischen Grenze von Polen und Sowjets aufgehaltenen Transport Mitte Juni begann die Vertreibung Ende Juni und dauerte bis in den August. Zwischen sechs- und zehntausend Deutsche aus dem Bezirk Gablonz gelangten so in den Sommermonaten über Zittau nach Sachsen. Andere wurden vorerst ins tschechische Landesinnere zur Zwangsarbeit in der Landwirtschaft oder in die Kohlegruben geführt. Weitere Gablonzer zogen im Herbst 1945 «freiwillig» ins besetzte Deutschland – im Oktober sollen täglich mehr als einhundert solcher Gesuche eingegangen sein. Inzwischen waren, meist auf eigene Faust, an die 15000 Tschechen zugesiedelt.

Die ersten Monate nach dem Krieg waren von Gewalt geprägt. Zumindest bis zur Konsolidierung der neuen tschechischen Verwaltung war weder die deutsche noch die tschechische Zivilbevölkerung vor Plünderungen, Ausquartierung, Vergewaltigungen, ja lebensbedrohlichen Angriffen sicher. Verantwortlich für diese Übergriffe waren Einheiten oder desertierte Gruppen der Roten Armee, marodierende Kriegsgefangene und Zwangsarbeiter, auf tschechischer Seite aber auch irreguläre «revolutionäre» Verbände und sogar Angehörige der regulären tschechischen Gendarmerie und Armee.

Allein im Zeitraum von Kriegsende bis zum 7. Juni sollen sich sechzig Gablonzer das Leben genommen haben. Die tatsächliche Zahl dürfte aber um einiges höher sein. Deutsche, die bewaffneten Verbänden wie der SS oder SA angehört hatten oder NS-Funktionäre gewesen waren, mussten – aus nachvollziehbaren Gründen – die Rache der Sieger fürchten. So wurden bei Tannwald (Tanvald), nordöstlich von Gablonz, im Juni zehn Deutsche kurzerhand erschossen, weil sie angeblich bewaffneten Widerstand geleistet hatten.

Die meisten deutschen Gablonzer verließen ihre Heimat erst 1946, im Jahr des «geordneten Transfers». In 31 Transporten wurden an die 38 000 Personen ausgesiedelt. Dazu kamen fast 7000 deutsche Antifaschisten, die meist zu Sonderbedingungen nach Deutschland ausreisen konnten. Von den verbliebenen Deutschen wurden nach den erhaltenen Quellen im Sommer 1947 mindestens 1200 ins tschechische Landesinnere «zerstreut», im Folgejahr nochmals an die eintausend. Schließlich wurden im Oktober 1948 etwa sechzig Gablonzer ins Uranfördergebiet im westlichen Erzgebirge verschleppt.

Inzwischen besaßen die Stadt und ihr Umland längst eine tschechische Mehrheit, aus Gablonz war Jablonec geworden. Etwas jedoch war nach dem Ende der Massenaussiedlung ungewöhnlich für eine böhmische Stadt: Immer noch knapp jeder vierte Stadtbewohner war zwei Jahre nach Kriegsende ein Deutscher (5238 von 22 891 Einwohnern). Im gesamten Bezirk verblieben sogar an die 17 000 Deutsche. Mehr als zwei Drittel von ihnen waren als so genannte Spezialisten mit ihren Familien vor der Aussiedlung geschützt. Vor allem wegen des massiven Drucks, den die lokalen Kommunisten auf Behördenebene und in den Betriebsräten ausübten, sank die Spezialistenquote bis Februar 1949 auf etwa sechstausend Personen. Aber es verblieben noch mehr als elftausend Deutsche im Bezirk, ein Jahr später waren es etwa neuntausend.

Mit seiner spezialisierten Industriestruktur war Jablonec ein Sonderfall. Zwar konnte sich die Stadt kaum über mangelndes Interesse der meist aus den angrenzenden tschechischen Bezirken stammenden Neusiedler beklagen. Doch die Tatsache, dass das Bijouteriehandwerk eine mehrjährige Ausbildung erforderte und dieser Zweig bisher fast ausschließlich von Deutschen besetzt war, hemmte den Siedlerstrom.

Dies war der wichtigste Grund, warum trotz des anhaltenden Protestes vieler Neusiedler eine größere Zahl von deutschen Fachkräften verbleiben konnte, ja in nicht wenigen Fällen gegen ihren Willen zurückgehalten wurde.

Offiziell galt, dass die deutschen Fachkräfte nach Anlernung der tschechischen Arbeiter ebenfalls nach Deutschland ausgesiedelt werden sollten. Doch nicht zuletzt wegen der überdurchschnittlich hohen Fluktuation der neu zugezogenen Bevölkerung wuchs der tschechische Nachwuchs nur mühsam heran. Und seit Ende der vierziger Jahre war der Staat ohnehin nicht mehr an einer weiteren Aussiedlung der «produktiven» Rest-Deutschen interessiert. So bestand die Bevölkerung im Bezirk Jablonec am Anfang der fünfziger Jahre nur zu etwa 55 Prozent aus Neusiedlern. Die Einwohnerzahl war seit 1930 um rund 40000 Personen, also um 36 Prozent, zurückgegangen.

Nach der kommunistischen Machtübernahme im Februar 1948 wurden die privaten Betriebe verstaatlicht und zentralisiert. «Gablonzer Ware» wurde zwar auch weiterhin ins Ausland exportiert, doch setzte die Konkurrenz, die auf dem Weltmarkt rasch präsenter wurde, dem von den Folgen des Bevölkerungsaustauschs getroffenen Industriezweig schwer zu. Eine Konkurrenz, die nun auch vermehrt aus Deutschland kam, maßgeblich von vertriebenen Gablonzer Glasfachspezialisten. In Bayern wurde nach dem Krieg in Windeseile ein «Neugablonz» aufgebaut, die größte Vertriebenensiedlung Deutschlands.

Während Neugablonz, ein Stadtteil von Kaufbeuren, mit seinen heute 14000 Einwohnern zum Modeschmuck-Zentrum Deutschlands wurde, wuchs Jablonec dank Eingemeindungen wieder zu einer von Handel, Industrie und Tourismus geprägten Stadt mit 45000 Einwohnern an.

Adrian von Arburg

Adrian von Arburg

Abschied und Neubeginn

Der Bevölkerungswechsel
in den Sudetengebieten nach 1945

Die böhmischen Länder – so der historische Name für die heutige
Tschechische Republik, den westlichen Teil der früheren Tschechoslowakei – wurden im Katastrophenjahrzehnt von 1938 bis
1948 besonders heftig vom Gewaltausbruch des ethnischen Nationalismus heimgesucht. Was in Deutschland gewöhnlich «Flucht
und Vertreibung der Deutschen aus dem Osten» genannt wird, erweist sich bei näherem Hinsehen als vielschichtiger Komplex von
Ursachen, Ereignissen und Folgen. Für die Nachkriegs-Tschechos-
lowakei war die erzwungene Aussiedlung von drei Millionen Deutschen und der Umzug von rund zwei Millionen Menschen in deren
ehemalige Heimat ein solch tief gehender Einschnitt, wie ihn im
20. Jahrhundert kaum ein anderer europäischer Staat erlebt hat.
Rund die Hälfte der bisherigen Bewohner der böhmischen Länder
versuchte zwischen 1945 und 1948 an meist fremdem Ort einen
Neuanfang. Die einen, weil ihnen keine andere Wahl blieb, die an-
dern aus freien Stücken. Auf beiden Seiten sind die Risse bis heute
spürbar.

Der Weg in die Katastrophe

Seit der Mitte des 19. Jahrhunderts hatte sich in den böhmischen Ländern eine Rivalität zwischen Tschechen und Deutschen ausgebildet, die das gesellschaftliche Leben markant prägte. Das Bewusstsein, eine andere Sprache zu sprechen, reichte zwar schon Jahrhunderte zurück, doch bisher spielte die regionale Zugehörigkeit, etwa der Stolz, Böhme oder Mährer zu sein, und dazu der soziale Rang die weit größere Rolle. Erst der aufkeimende Nationalismus und der Nationalstaatsgedanke, die sich seit dem Ende des 18. Jahrhunderts in Europa ausbreiteten, begannen den Konflikt zwischen Deutschen und Tschechen bedenklich zu schüren.

In Mittel- und Osteuropa wetteiferte das amerikanisch-französische Modell der politischen Nation, der alle auf dem Staatsgebiet geborenen und einen bestimmten Staatsgedanken teilenden Bürger angehören konnten, mit einem ethnisch ausgelegten Nationsverständnis, das aus Deutschland übernommen worden war. Dieses Verständnis hatte in den böhmischen Ländern in der noch schmalen Schicht der Bildungsbürger schon Ende des 18. Jahrhunderts Anhänger gefunden und begann in den Folgejahrzehnten die einst weniger national oder sprachlich, sondern vor allem sozial segmentierte Gesellschaft allmählich zu durchdringen. Der vom «tschechischen» Historiker und späteren Politiker František Palacký 1824 festgestellte Antagonismus zwischen «Germanen» und «Slawen» sollte nicht nur das Interpretationsbild tschechischer Historiker für Generationen beeinflussen, sondern wurde auch von vielen politischen Repräsentanten der tschechischen und der deutsch orientierten Richtung übernommen.

Überhaupt waren sich beide Nationalbewegungen in ihren Zielen und Methoden vermutlich ähnlicher, als es den meisten ihrer Vertreter lieb und bewusst war. Diejenigen Einwohner Böhmens, Mährens und Böhmisch-Schlesiens, die sich – ausgehend von ihrer Muttersprache – fortan als Tschechen fühlten, unterschieden sich zunehmend von den anderen, die entweder Landespatrioten blieben oder sich zum Deutschtum hinbewegten. So begann der ethnische Nationalismus nicht nur auf dem Gebiet der böhmischen Länder, sondern im ganzen österreichischen Teil der Donaumonarchie den politischen zu überlagern.

Dies war das eigentliche Verhängnis, denn gerade in Mittel-, Ost- und Südosteuropa lebten viele Menschen unterschiedlicher Sprachen und Kulturen in enger Nachbarschaft. Der Versuch der neuen Nationalbewegungen, das ethnische Nationskonzept – die Vorstellung einer Volksgemeinschaft – mit dem Nationalstaatsgedanken – der Forderung nach Einheit von Volk und Territorium – zu verbinden, musste unweigerlich zu großen Konflikten führen, wenn alle Seiten auf Dauer daran festhalten sollten.

Die tschechische Emanzipationsbewegung vertrat gegen Ende des 19. Jahrhunderts das «historische Staatsrecht», das von der Jahrhunderte währenden territorialen Stabilität der böhmischen Länder ausging. Man berief sich zwar auf die frühere Existenz eines eigenständigen böhmischen Staates, doch bis zum Ersten Weltkrieg wurde meist nicht staatliche Unabhängigkeit, sondern nur eine Autonomie innerhalb der Habsburgermonarchie gefordert. Die Tschechen vermieden es wohlweislich, das «natürliche Recht» zu reklamieren, das von den ethnischen Siedlungsrealitäten ausging, denn dadurch hätte die Teilung des beanspruchten Gebietes gedroht. Dieses war nämlich gut zu einem Drittel überwiegend von Deutschen bewohnt, die sich mehrheitlich Österreich verbunden fühlten oder sogar die böhmischen Länder am liebsten als festen Bestandteil Deutschlands gesehen hätten.

Nach dem Ersten Weltkrieg setzte sich das tschechische Staatsrechtsprogramm durch: Die Tschechoslowakei wurde gegründet. Bei den Friedensverhandlungen 1919 gelang es den tschechoslowakischen Repräsentanten, die territoriale Unversehrtheit der historischen Grenzen gegenüber Preußen, Sachsen, Bayern und Österreich zu bewahren, obwohl die politischen Vertreter der böhmischen, mährischen und böhmisch-schlesischen Deutschen sämtlich eine Einverleibung in die neue Tschechoslowakei verhindern wollten. Sie forderten stattdessen – genau wie die Tschechen und Slowaken unter Berufung auf das «Selbstbestimmungsrecht der Völker» – einen Verbleib bei Rest-Österreich und als dessen Teil die Zugehörigkeit zum Deutschen Reich.

Wenn man die Vielfalt der Sprachen und Volksgruppen betrachtet, war die Tschechoslowakische Republik ein verkleinertes Abbild der untergegangenen Habsburgermonarchie. Die Angehörigen der deutschsprachigen «Minderheit» (die Deutschen, die sich im neuen Staat nun zusehends «Sudetendeutsche» nannten, waren mit mehr als einem Viertel der Einwohner die zweitgrößte Sprachgruppe im Staat, noch vor den Slowaken) genossen in der Tschechoslowakei alle individuellen Bürgerrechte. Im Vergleich zu anderen nationalen Minderheiten in Ostmittel- und Südosteuropa waren die Entfaltungsmöglichkeiten für die Deutschen allenfalls in Estland besser. Viele Deutsche mochten sich aber in der neuen Republik, in der allein Tschechisch und Slowakisch als Staatssprache galten, nicht an den Verlust ihrer privilegierten Stellung innerhalb der untergegangenen Habsburgermonarchie gewöhnen. Tatsache ist, dass sich in der Zwischenkriegszeit ein je nach Zeitperiode verschieden großer Teil der deutschsprachigen Bürger nur unwillig in die neue Tschechoslowakei integrierte.

Von 1926 bis 1938 gehörten der Prager Regierung auch Sudetendeutsche an. Die Weltwirtschaftskrise, deren Folgen in der Tschechoslowakei später als in Deutschland – erst etwa ab 1931 – spürbar wurden, und Hitlers Aufstieg bewirkten, dass in der zweiten Hälfte der dreißiger Jahre die große Mehrheit der tschechoslowakischen Deutschen mit dem Anschluss an das Großdeutsche Reich zu liebäugeln begann.

So stimmten bei den Parlamentswahlen des Jahres 1935 mehr als zwei Drittel der deutschen Wähler für Konrad Henleins «Sudetendeutsche Partei» (SdP), deren Führung damals zwar öffentlich noch keine Ablösung, wohl aber eine starke Autonomie forderte und von «Volkskörperschaften» und «nationalen Siedlungsgebieten» sprach. Bei den Gemeindewahlen vom Mai und Juni 1938,

Karlsbrücke in Prag. Erbaut im 14. Jahrhundert unter Karl IV., der sich ganz selbstverständlich als Herrscher zweier Völker verstand: von Tschechen und Deutschen.

nachdem Henlein sich nun offen zur nationalsozialistischen Gesinnung bekannt hatte, wählten etwa neun Zehntel aller Deutschen in den böhmischen Ländern die SdP. Für das «Selbstbestimmungsrecht» der Sudetendeutschen traten in der Zwischenkriegszeit auch die tschechoslowakischen Kommunisten ein, wobei sie aber ihre Haltung nach 1935 wieder änderten. Vorher hatten auch sie eine Abtretung der mehrheitlich deutsch besiedelten Gebiete nicht ausgeschlossen.

Das «Münchener Abkommen» vom Herbst 1938 verhalf genau dieser Forderung zum Durchbruch: Rund ein Drittel des Territoriums der böhmischen Länder – die mehrheitlich, aber nicht ausschließlich deutsch bewohnten Sudetengebiete (alternative Bezeichnungen: Sudeten, Sudetenland, Grenzgebiet) – wurde zusammen mit über hundert überwiegend tschechisch besiedelten Gemeinden ans Deutsche Reich angeschlossen. Frankreich und Großbritannien hatten eingewilligt, Italien hatte «vermittelt». Die tschechoslowakische Regierung war an den Münchner Beschlüssen nicht beteiligt, hatte aber schon einige Tage zuvor unter größtem Druck aus Berlin, Paris und London einer Abtretung zugestimmt.

In den ersten Monaten nach «München» verließen rund 200000 Tschechen (Alteingesessene und erst seit 1918 zugewanderte Staatsbeamte), aber auch Juden, sudetendeutsche sowie reichsdeutsche und österreichische Hitler-Gegner ihren angestammten oder vorübergehenden Wohnort in den Grenzgebieten, da sie – meist begründet – Verfolgungsmaßnahmen befürchteten. Aus manchen Orten wurden die Menschen durch Hitler-Anhänger regelrecht vertrieben.

Hitler hatte bereits im Mai 1938 beschlossen, die Tschechoslowakei zu zerschlagen. Für ihn war das «Münchner Abkommen» eine Enttäuschung, da er schon damals Krieg wollte. Mitte März 1939 brach er sein Versprechen aus den Tagen der «Sudetenkrise», dass er ja «gar keine Tschechen wolle», und besetzte die «Rest-Tschechei». Dieses Gebiet bildete für die nächsten sechseinhalb Jahre das «Protektorat Böhmen und Mähren». Gemeinsam mit seinen Statthaltern Konrad Henlein, Karl Hermann Frank, Konstantin Freiherr von Neurath und Reinhard Heydrich plante Hitler für die böhmischen Länder die «Eindeutschung des Raumes und der Menschen» und die Liquidierung des tschechischen Volkes als ethnische Einheit.

Dabei sollte der wahrscheinlich größte Teil der Tschechen assimiliert werden, ein weiterer (die «rassisch Unverdaulichen», wie der Sudetendeutsche K. H. Frank sie nannte) in den europäischen Osten umgesiedelt werden, und ein nie näher bezifferter Rest war zur physischen Vernichtung vorgesehen. Zwar wollte man mit der Durchführung dieser Maßnahmen nach Hitlers Weisung bis zum

«Endsieg» warten, doch wurde mit der «Neubesiedlung [des] dadurch frei gewordenen Raumes mit frischem deutschem Blut» (Frank) bereits während des Krieges begonnen. Tschechische Bewohner wurden aus den Sudetengebieten zwangsweise ausgesiedelt, bis Ende 1944 kamen fast 9000 «Volksdeutsche» im Gegenzug auf das Gesamtgebiet der böhmischen Länder. In manchen Gegenden wurden «Truppenübungsplätze» angelegt, die erste Pfeiler einer geplanten deutschen Landbrücke hätten bilden sollen – alles Fakten, die unter der tschechischen Bevölkerung dunkle Vorahnungen über die Zukunft nährten.

Gerüchte über eine bevorstehende Aussiedlung nach Russland oder «in irgendwelche Kolonien» kursierten schon 1940. Man hatte das Schicksal der als «jüdisch» geltenden Bevölkerung vor Augen, die von den Deutschen schon ghettoisiert und teilweise deportiert wurden. Denn in den Zielen unterschied sich die deutsche Politik im böhmisch-mährischen Raum nicht wesentlich von der in Polen, wo bereits während des Krieges umfassende Verfolgungsmaßnahmen auch gegen die nichtjüdische Bevölkerung einsetzten. So verkündete Heydrich in einer vertraulichen Rede Anfang Oktober 1941: «Der Tscheche hat in diesem Raum nichts mehr verloren.» Die verbliebene tschechische Minderheit in den Sudetengebieten verlor überdies jegliche Kollektivrechte, daneben mit der Zeit eigene Presseorgane und tschechischsprachige Schulen. Aus dem «Protektorat» wurden insgesamt über 500 000 Tschechen größtenteils gegen ihren Willen für den «Totaleinsatz» in Deutschland rekrutiert.

Es waren Deutsche, die in einem selbstversessenen Homogenisierungswahn auf dem Gebiet der böhmischen Länder erstmals Menschen zwangsweise umsiedelten, in unbekannte Orte zur Arbeit verschickten, massenhaft fremden Besitz enteigneten und systematisch zu morden begannen. Mit rund 80 000 Opfern repräsentierten jüdische (oder als «Juden» betrachtete) Personen deutlich mehr als die Hälfte der Ermordeten und durch die Besatzungsherrschaft ums Leben gekommenen Einwohner der böhmischen Länder. Doch auch die Zahl der tschechischen Kriegsopfer ging in die Zehntausende. Und nicht zu vergessen der Genozid an rund siebentausend Roma. Denkt man sich die im Krieg gefallenen oder als Zivilisten durch Terror oder Kriegseinwirkungen getöteten Sudetendeutschen hinzu, so ergibt sich für den böhmisch-mährischen Raum eine erschreckende Todesbilanz.

Über die Stimmungslage der tschechischen Gesellschaft während der Besatzungszeit ist noch immer recht wenig bekannt. Fest steht, dass die nichtkommunistischen Widerstandorganisationen im «Protektorat» gegenüber der deutschen Bevölkerung schon sehr früh radikale Konzepte verfolgten und Edvard Beneš, der seit 1940 in London als tschechoslowakischer Exilpräsident agierte, immer mehr in Richtung einer möglichst weit gehenden Aussiedlung der einheimischen Deutschen drängten. Der vom «Münchner Trauma» schwer gezeichnete Beneš war in den ersten Jahren des Exils in dieser Frage eher zurückhaltend. Lange Zeit sah er ein Hauptinstrument zur Errichtung einer neuen Nachkriegsordnung in Grenzkorrekturen zwischen der Tschechoslowakei, wobei er zu beträchtlichen Gebietsabtretungen bereit war.

Beneš schwebte ursprünglich die Kombination von drei Schritten vor: Erstens Gebietsabtretungen (bzw. ein Austausch von Territorien mit Deutschland), zweitens eine Teilaussiedlung von Sudetendeutschen und drittens die Errichtung von «sudetendeutschen» Gauen (Kantonen) innerhalb einer neu errichteten Tschechoslowakei. Die erste und die dritte Maßnahme hatte Beneš schon auf dem Höhepunkt der «Sudetenkrise» gegenüber den Vertretern von Henleins SdP vorgeschlagen. Nachdem die SdP Mitte September 1938 ihre Verhandlungen mit ihm abgebrochen hatte und er außenpolitisch in akuter Bedrängnis war, schlug er auf geheimen diplomatischen Kanälen gegenüber den Westalliierten erstmals eine Massenumsiedlung vor. Das Kantons-Konzept gab Beneš dagegen Ende 1941 endgültig auf; mit Gebietsabtretungen an Deutschland rechnete er bei Kriegsende höchstens noch marginal. Schon im November 1940 hatte er gegenüber Führern des einheimischen

Widerstands erklärt, dass ein wesentliches Ziel seiner Politik sei, «in Zukunft neue größere national-tschechische Gebiete zu bilden».

Mitte 1942 hatte Beneš erreicht, dass die Briten das «Münchner Abkommen» für ungültig erklärten und mit dem Prinzip einer Teilaussiedlung der deutschen Bevölkerung nach Kriegsende einverstanden waren. Bis Ende 1943 gewann er auch die beiden großen Kriegsalliierten USA und Sowjetunion für seine Seite. Das Einverständnis der Westalliierten mit dem Konzept des unfreiwilligen Bevölkerungstransfers schloss an international sanktionierte Präzedenzfälle kurz vor und nach dem Ersten Weltkrieg an und war sowohl eine direkte Reaktion auf die drastischen Methoden der NS-Bevölkerungspolitik wie auch auf das offenbare Versagen des Versailler Minderheitenschutzes in der Zwischenkriegszeit. Um endlich Stabilität nach Mitteleuropa zu bringen, wurde dieses Mal eine andere Lösung angestrebt: die operative Entfernung von ethnischen Minderheiten und Grenzänderungen (im Falle von Polen). Die Moskauer Exil-Führung der tschechoslowakischen Kommunisten, denen im Nachkriegs-Staat von Anfang an eine Schlüsselrolle zukommen sollte, sprang erst im Dezember 1943 und primär aus machtpolitischem Opportunismus auf den fahrenden Vertreibungszug auf.

Nach dem grünen Licht der Alliierten für die *Transfer*-Lösung wurde auf tschechischer Seite nun auch in öffentlichen Erklärungen unverhohlen eine Nationalstaats-Konzeption vertreten, der zufolge in der Tschechoslowakei künftig jede Art von Minderheitenrecht ausgeschlossen sein sollte. Verbleibende Minoritäten sollten schrittweise assimiliert werden, um die in ihren Wurzeln tief im 19. Jahrhundert eingebettete Vision vom ethnisch homogenen eigenen Staat wahr werden zu lassen.

Was die Ziele (aber nur eingeschränkt die Mittel) anging, wurde somit nach dem deutschen Alleinanspruch auf Böhmen und Mähren nun dasselbe Lied in tschechischer Version angestimmt. Die Schaffung von «nationalen Siedlungsräumen» in Ostmittel-

und Südosteuropa bedeutete nicht nur den kleinsten gemeinsamen Nenner zwischen NS-Deutschland, Beneš Exilregierung und der tschechischen Widerstandsführung, sondern wurde als anerkanntes Patentrezept auch von den großen Kriegsalliierten akzeptiert – wie verschieden ihre einzelnen Ziele und Überzeugungen darüber hinaus auch sein mochten.

Die Anbindung von Territorien an einzelne ethnische Gruppen, die unselige Vorstellung, durch das Umsiedeln von Millionen von Menschen ethnisch «reine» Staaten errichten zu wollen und zu können, kurz: die Nationalisierung des Raumes – das war *der* euro-atlantische Grundkonsens der ersten Hälfte der vierziger Jahre. Niemals zuvor in der modernen Geschichte Mitteleuropas waren nationale Abgrenzungsbestrebungen populärer.

Der «Transfer unter der Hand»

«Mein Programm ist es – und ich verheimliche dies nicht –, dass wir die deutsche Frage in der Republik endgültig liquidieren müssen.» Mit diesen Worten wandte sich der aus dem Exil zurückgekehrte Edvard Beneš am 12. Mai 1945 an die jubelnde Bevölkerung in der mährischen Landeshauptstadt Brünn. Das Kriegsende, und der besonders blutig verlaufene Prager Volksaufstand gegen die deutschen Besatzer, lag gerade eine Woche zurück, als sich der wegen der «Kapitulation von München» um seine Popularität bangende Beneš auf dem Altstädter Ring gar zur verfänglichen Formulierung hinreißen ließ, es gehe vor allem darum, «die Deutschen in den böhmischen Ländern kompromisslos zu liquidieren».

Die logische Konsequenz dieser und zahlloser ähnlicher Erklärungen war die Forderung nach totaler oder zumindest weit gehender Aussiedlung der einheimischen Deutschen. Als Rechtfertigung diente Beneš und anderen tschechischen Politikern das Massaker von Lidice. In diesem böhmischen Dorf, das 1942 auf Befehl Hitlers und Franks als Vergeltung für die Ermordung Heydrichs dem Erdboden gleichgemacht worden war, verkündete er Mitte Juni 1945, für die Verbrechen der Nationalsozialisten sei das ganze deutsche Volk verantwortlich – somit auch alle Sudetendeutschen. Gleichzeitig stimmten auch die früher «internationalistisch» eingestellten Kommunisten antideutsche Hetzparolen an und nutzen diese geschickt zur Erweiterung ihrer Anhängerschaft.

Obwohl die Nationalsozialisten in den böhmischen Ländern ihre langfristigen Ziele zu verschleiern suchten, sorgten während der Okkupation mehrere Terrorwellen, eine konsequente Germanisierungspolitik in allen Lebenssphären und nicht zuletzt die schonungslose wirtschaftliche Ausbeutung von Menschen, Gütern und Vermögen dafür, dass sich beispiellose Hassgefühle gegen buchstäblich alles Deutsche aufstauten. Die Zerschlagung der Tschechoslowakei und die anschließende mehr als sechsjährige Besatzungszeit haben ohne Zweifel am meisten dazu beigetragen, dass die Tschechen künftig in einem «Nationalstaat» ohne deutsche Minderheit leben wollten.

Die Umsetzung des Gedankens in die Tat, die Vertreibung der Deutschen, war nur zum Teil das Ergebnis des spontanen Volkszorns, wie oft behauptet wird. Und doch war er im Mai und Juni 1945 für die Mehrzahl der Gewaltakte gegen die nun als «staatlich unzuverlässig» gebrandmarkten Deutschen verantwortlich. Plünderungen, Mord und Vergewaltigung gingen eher selten auf das Konto der im «Sudetenland» alteingesessenen Tschechen, sondern der meist irregulären bewaffneten Verbände, deren Angehörige als Ortsfremde nie mit Deutschen zusammengelebt hatten.

Im Unterschied zu den Gewaltexzessen an Leib und Leben wurden die Ende Mai in mehreren Gebieten parallel einsetzenden Vertreibungsvorgänge zum übergroßen Teil von der Regierung zentral angeordnet, von der Armeespitze koordiniert und durch Soldaten der regulären Armee durchgeführt. Paramilitärische «Revolutionsgarden» und nicht selten erst zu Kriegsende gebildete Partisanenformationen, die zu umfangreicheren Aussiedlungsaktionen gar nicht in der Lage gewesen wären, spielten dabei nur noch eine Statistenrolle. Die Absicht von Kommunistenführer Klement Gottwald, die Bevölkerung unmittelbar nach der Ankunft der neuen Regierung in Prag zur «Säuberung von den Deutschen» aufzurufen, wurde damals noch verworfen. Doch schon am 15. Mai 1945 nahm das Regierungspräsidium die Nachricht des Generalstabschefs zur Kenntnis, dass erste Armeeeinheiten mit der Aufgabe ins «Grenzgebiet» entsandt worden seien, «die Deutschen über die Grenzen zu drücken».

Die gesamte Regierung billigte am 23. Mai auf Vorschlag der Armee die allgemeine «Säuberung» des Gebiets von den Deutschen – ein Beschluss, der als Deportationsbefehl gelten kann. Präsident Beneš gab am 6. Juni der Armeeführung, die ihn fortlaufend über die Vertreibungen informierte, grünes Licht zur Fortsetzung der «Evakuation», wies aber darauf hin, dass von den Westalliierten noch keine Zustimmung zum Beginn der Aussiedlung erfolgt sei. Daher kamen als Zielgebiet für den «Transfer unter der Hand» (Gottwald) nur die sowjetische Besatzungszone und Österreich infrage, da sich die dort stationierten Rote-Armee-Einheiten kooperationswillig zeigten. Zu den knapp gefassten Armee-Befehlen gesellten sich präzisere Richtlinien der Verwaltungsorgane, die «mit entschiedener Konsequenz» die Aussiedlung der Deutschen aus Böhmen anordneten.

Es hat sich eingebürgert, diese erste Phase der Aussiedlung als «wilde Vertreibung» zu bezeichnen. Das Attribut «wild» ist durchaus berechtigt, wenn man die misslichen Begleitumstände für die Betroffenen berücksichtigt. In organisatorischer Hinsicht kann dieses Etikett aber aufgrund des beträchtlichen Maßes an schon vorhandener zentraler Steuerung nur im relativen Vergleich zu der besser vorbereiteten und international vereinbarten Aussiedlung des Folgejahres verwendet werden. Vor allem in den grenznahen Gebieten Nordböhmens bis zum Riesengebirge, in Südmähren und den «Sprachinseln» bei Iglau und Brünn wurde mehr als die Hälfte der deutschen Bevölkerung vertrieben. Aus Schlesien und Nordmähren wurde in dieser Zeit erst ein vergleichsweise kleiner Teil der ansässigen Deutschen vorwiegend mit Eisenbahntransporten nach Sachsen geführt. Die Amerikaner erlaubten in ihrer Besatzungszone in West- und Südböhmen nur die «Repatriierung» von reichs- und «volksdeutschen» Flüchtlingen sowie Kriegsgefangenen. Zu diesen gesellte sich ein Sammelsurium von nun entlassenen ausländischen Fremdarbeitern und Kriegsgefangenen, die im Krieg aus allen Ecken des von den Nazis besetzten Europas gekommen waren.

Viele dieser entwurzelten «Displaced Persons» wussten 1945 nicht, wo sie ihre neue Heimat suchen sollten. Nur ein kleiner Teil der Sudetendeutschen – vor allem Schlesier und Nordmährer, daneben exponierte Vertreter des NS-Regimes – hatte sich vor Kriegsende schon fluchtartig nach Westen oder nach Österreich durchzuschlagen versucht. In den böhmischen Ländern spielte für die Einheimischen die Flucht bei weitem nicht die zentrale Rolle wie in Ostpreußen oder den nach dem Krieg unter polnischer Verwaltung stehenden Gebieten.

In Artikel XIII des Potsdamer Abkommens vom August 1945 hatten sich die Kriegsalliierten auf einen «Transfer» der deutschen Bevölkerung aus Polen, der Tschechoslowakei und Ungarn nach Deutschland geeinigt. Diese nun völkerrechtlich verankerte Aussiedlung sollte «auf geordnete und humane Weise» vonstatten gehen und erst beginnen, wenn der Alliierte Kontrollrat in Berlin mit den entsprechenden Staaten einen Transferplan ausgearbeitet hatte. Bis dahin erging auch an Prag die Bitte, von eigenmächtigen Vertreibungen abzusehen.

Doch das Prager Kabinett beschloss schon einen Tag nach Ende der Potsdamer Konferenz, mit der Vertreibung fortzufahren, solange dazu die praktischen Möglichkeiten gegeben seien, und hielt fadenscheinige Ausreden parat. Am Tag zuvor hatte Präsident Beneš ein bereits im Frühling von der Regierung beschlossenes Verfassungsdekret unterzeichnet, wonach die überwiegende Mehrheit der tschechoslowakischen Deutschen der Staatsbürgerschaft für verlustig erklärt wurde.

Die weder durch eine binnenstaatliche noch internationale Rechtsnorm gedeckte Vertreibung kam erst im September 1945 zum Stillstand. Die Auswertung der vorhandenen Archivquellen erlaubt die grobe Schätzung, dass bis Ende September etwa 700 000 bis 850 000 Deutsche die böhmischen Länder verlassen haben. Bei etwa drei Vierteln von ihnen dürfte es sich um gewaltsam vertriebene Sudetendeutsche gehandelt haben.

Die international vereinbarte Zwangsaussiedlung

Dem Potsdamer Abkommen zufolge betraf die Zwangsaussiedlung nur ethnische Deutsche. Tschechen oder Slowaken, hatten sie auch noch so schwere Schuld auf sich geladen, mussten keine Aussiedlung fürchten, für die sich innerhalb der tschechischen Behörden- und bald auch Umgangssprache der ursprünglich österreichische Verwaltungsbegriff *odsun* (Abschub, Abschiebung) durchzusetzen begann. Mit Absicht wurde aber in keiner veröffentlichten Rechtsnorm definiert, wer als Deutscher zu betrachten sei. Das Innenministerium war sich nämlich bewusst, dass eine eindeutige Nationalitätenbestimmung bei den langfristig gewachsenen Bindungen zwischen Deutschen und Tschechen in den böhmischen Ländern ein Ding der Unmöglichkeit sein würde.

Zwar hatte man in internen Richtlinien einen Katalog von angeblich «objektiven» Nationalitätenkriterien aufgestellt. Doch in Grenzfällen wusste man auch in Prag keinen besseren Rat, als das ganze Theoriegerüst fallen zu lassen und sich einzig aufs Sprachprinzip zu verlassen: Wenn bei jemandem, der sich als Tscheche bekannte, festgestellt wurde, dass er nicht fließend Tschechisch sprach, war er als Deutscher einzustufen und abzuschieben. Vor allem Menschen aus gemischtsprachigen Gebieten und binationalen Familien, für die bisher im Alltag die nationale Zugehörigkeit nichts als ein abstrakter Begriff war, konnten so leicht in den Vertreibungsstrudel hineingeraten.

Die von den Alliierten gebilligte Aussiedlungsquote von 2.5 Millionen Deutschen (1,75 Millionen in die US-Zone, 750 000 in die SBZ) wurde 1946, im Jahr der «systematischen» Aussiedlung, nicht voll ausgeschöpft. Vor allem die Amerikaner machten ab dem Frühling 1947 kein Geheimnis daraus, dass für sie der Abschluss des «Transfers» wegen der schwierigen Versorgungsverhältnisse in Deutschland vorerst nicht infrage kam. Wachsende Bedenken der Westalliierten gegen das Transfer-Prinzip an sich und die sich ausbreitende Atmosphäre des Kalten Kriegs führten dazu, dass rund 100 000 von den tschechoslowakischen Behörden als «abschubspflichtig» deklarierte Personen nicht mehr im international vereinbarten Rahmen nach Deutschland gelangten.

Unter Einrechung der in der «wilden» Phase Vertriebenen und der slowakischen Deutschen («Karpatendeutschen») wurden in der unmittelbaren Nachkriegszeit insgesamt fast drei Millionen Deutsche aus der Tschechoslowakei ausgesiedelt. Etwa zwei Drittel von ihnen waren Frauen und Kinder.

Internierung, Deportation und Zwangsarbeit

Organisierte Massenvertreibungen sind in der modernen Zeit ohne ausgedehnte Lagersysteme kaum denkbar. Insgesamt dürften nach Kriegsende geschätzte 350 000 Menschen (meist deutsche Zivilisten, daneben tatsächliche und angebliche tschechische «Kollaborateure») für längere Zeit in lagerähnlichen Unterkünften interniert gewesen sein, von denen es mehrere Hundert gab. Besonders im ersten Nachkriegsjahr waren die Bedingungen in den Lagern oft katastrophal. Über die Gesamtzahl der Menschen, die durch antideutsche Verfolgungsmaßnahmen der Jahre 1945 bis 1948 ums Leben kamen, wurde in der Vergangenheit viel gestritten. Noch immer wird in Deutschland und Österreich in gewissen Kreisen eine Opferzahl von über 220 000 genannt. Diese Angabe entspricht statistischen Hochrechnungen mit zahlreichen Variablen und gilt heute unter Historikern als stark übertrieben. Tschechische Forschungen, die von tatsächlich belegbaren Todesfällen ausgehen, schätzen die Zahl der deutschen Opfer von Vertreibung, Verfolgung, Internierung und Zwangsarbeit auf 24 000 bis 40 000, die deutsch-tschechische Historikerkommission spricht von 15 000 bis 30 000 Toten (ohne Selbstmorde und Todesfälle im Ausland als unmittelbare Folge von Verfolgungsmaßnahmen).

Vor ihrer «Abschiebung» sollten möglichst viele Deutsche als billige und entrechtete Arbeitskräfte genutzt werden. Im Frühling 1946 befanden sich rund 300 000 verschleppte Sudetendeutsche im Innern Böhmens und Mährens und mussten vor allem in der Landwirtschaft arbeiten. Niemals zuvor und danach sollten sich in fast jeder Gemeinde des tschechischen Landes so viele Deutsche aufhalten – im Durchschnitt über dreißig Personen. Viele Tschechen kamen überhaupt zum ersten Mal in Kontakt mit Deutschen. Doch über dieses Zusammenleben kurz vor dem endgültigen Auseinandergehen ist bisher sehr wenig bekannt.

Nach dem vorzeitigen Ende des «Transfers» verblieben im Dezember 1946 mehr als 200 000 Deutsche in den böhmischen Ländern. Der Mehrheit war aus ökonomischen Gründen ein Bleiberecht eingeräumt worden. Diejenigen, die wegen ihrer politischen Loyalität weiterhin geduldet wurden, stellten nur eine kleine Minderheit. Die überwiegende Mehrzahl der als «Antifaschisten» anerkannten Deutschen hatte sich unter den vielfältigen Schikanen (z. B. Tragen von Armbinden, Verbot der Benützung öffentlicher Verkehrsmittel, Kündigung des Dienstverhältnisses, Einstellung der Rentenauszahlungen, Abgabe der Rundfunkempfänger, Fahrräder etc.), die trotz anders lautender Bestimmungen auch sie betrafen, «freiwillig» zur Aussiedlung entschlossen.

Nicht wenige Hitler-Gegner, an deren Loyalität zum tschechoslowakischen Staat keine Zweifel bestehen konnte, verloren trotzdem ihren Besitz, oder es wurde ihnen aufgrund der strengen Auflagen nie der Status von Antifaschisten zugestanden, und man schob sie in den üblichen Viehwaggons nach Deutschland ab.

Einen kaum leichteren Stand hatten die deutschsprachigen Juden, die knapp zuvor dem Holocaust entronnen waren. Erst im September 1946, als es für viele schon zu spät war, wurden sie generell vom «Abschub» ausgenommen. Die Mehrheit der Verbliebenen wanderte deshalb aus freien Stücken aus.

Die Frage, was mit den restlichen Deutschen geschehen sollte, versuchte Prag in den Jahren 1947/48 durch eine Art «inneren Abschub» zu lösen. Mittelfristig sollten alle verbliebenen Deutschen aus den Sudetengebieten familienweise in den traditionell tschechischsprachigen Landesteilen «zerstreut» und assimiliert werden.

Prag, 20. Juli 1945: Sudetendeutsche warten auf ihren Abtransport nach Deutschland.

In bis zu 40 000 Fällen wurde diese Absicht auch verwirklicht, doch war die Deportation in der eigenen Heimat nur für eine Minderheit von bleibender Dauer. Mit der definitiven Kursänderung in der Nationalitätenpolitik zu Anfang der fünfziger Jahre und der vorangegangenen Gründung des «Bruderstaates» DDR war an eine Fortsetzung der grundsätzlich repressiven Politik nicht mehr zu denken.

Der weitere Rahmen:
Zwangsumsiedlung und Heimatverlust in der Nachkriegs-Tschechoslowakei

Nicht nur Deutsche erlitten in der neu errichteten Tschechoslowakei das Schicksal des erzwungenen Heimatverlustes. Auch nach dem Ende der Aussiedlung blieb noch immer etwa ein Drittel der neu zusammengesetzten Bevölkerung in den bisher deutsch besiedelten Gebieten für einige Zeit von einer Zwangsumsiedlung innerhalb der Staatsgrenzen bedroht. Neben den verbliebenen Deutschen galt dies auch für andere einheimische Minderheiten. Unter den nach 1945 neu Hinzugekommenen waren den Sicherheitsorganen praktisch all diejenigen suspekt, die nicht der Mehrheit der tschechischen Neusiedler aus dem Landesinnern angehörten – also tschechische «Alteingesessene», tschechische und slowakische «Reemigranten» aus dem Ausland, Ungarn, Slowaken aus der Slowakei, Roma, Rusynen und Juden aus der Karpatoukraine. Im Winter 1946/47 ließ die tschechoslowakische Regierung über 44 000 Ungarn aus der Südslowakei in die böhmischen Länder deportieren. Auch diese Verschleppung, als Arbeitseinsatz getarnt, sollte dauerhaften Charakter besitzen und zur Lösung der «Ungarischen Frage» in der Slowakei beitragen. Die zwar winzige, aber kompakt siedelnde kroatische Minderheit in Südmähren wurde nach dem Krieg erbarmungslos im mährischen Landesinnern «zerstreut» und damit als Identitätengruppe ausgelöscht.

Nach der vollständigen kommunistischen Machtübernahme im Februar 1948 nahm die Zahl der Vertreibungen und Repressionsmaßnahmen mit nationalem Unterton allmählich ab. Der Gedanke, Angehörige von unliebsamen Gruppen durch Zwangsumsiedlung «unschädlich» zu machen, blieb dagegen in der Tschechoslowakei noch bis Mitte der fünfziger Jahre nicht nur als Theorie lebendig und vermengte sich mit den jetzt dominierenden Macht- und Klassenmotiven. Die Zwangsinternierung von Geistlichen und Ordensschwestern, die Umsiedlung von so genannten Kulaken im Zuge der Kollektivierung in der Landwirtschaft, der zweimalige Versuch, die Großstädte zu «proletarisieren», die Errichtung von Zwangsarbeitslagern für (vermeintliche) Regimegegner und «Asoziale» sowie der Plan, deren Angehörige aufs Land zu übersiedeln – alle diese Maßnahmen zeigen unübersehbare Kontinuitäten auf, die mit Blick auf die Vertreibung der Deutschen bisher weder auf tschechischer noch auf deutscher Seite ausreichend reflektiert werden.

Im Schlepptau der Vertreibung: Die tschechische «Kolonisation»

Wie Miroslav Kreysa, Vorsteher des zentralen staatlichen Siedlungsamtes, im Herbst 1947 schrieb, «betrachtete es die ganze Nation als ihre Pflicht vor den vorangegangenen und zukünftigen Generationen, die Republik von den Deutschen zu säubern. Die ganze Nation war sich bewusst, dass der Abschub durchgeführt werden muss, auch wenn im Grenzgebiet Unkraut wachsen sollte.» Die Vertreibung des «ewigen Erzfeindes», sprich der Deutschen, und die Verwirklichung des «großen Besiedlungswerkes» wurde als oberste nationale Aufgabe verstanden. Nach dem offiziell propagierten Geschichtsbild sollten in diesem als Akt der historischen Gerechtigkeit wahrgenommenen Prozess ja nur jene Gebiete in den nationalen «Besitzstand» zurückkehren, die angeblich seit Urzeiten vom slawischen Element geprägt waren, also exklusiv diesem gehörten und seit dem 12. Jahrhundert «irrtümlich durch Fremde kolonisiert» worden waren.

Zahlreiche Klischees prägen nicht nur außerhalb Tschechiens das unscharfe Bild von der tschechischen «Aufsiedlung» der Grenzgebiete. So entbehrt etwa die gängige Vorstellung, die Neuankömmlinge (damals oft «Kolonisten» genannt) hätten bevölkerungsleere Räume vorgefunden, jeder Grundlage. Tatsächlich traf mehr als die Hälfte der Ansiedler (also über eine Million Menschen) noch vor Beginn der «Potsdamer» Aussiedlung der Deutschen (Ende Januar 1946) in deren Gebieten ein. Schon Anfang Februar 1946 lebten schließlich mehr Tschechen in den Sudeten als Deutsche. Anfänglich, von Mai bis Oktober 1945, als die Ansiedlung größtenteils noch ohne zentralstaatliche Planung ablief, machten sich pro Monat durchschnittlich 175 000 Siedler auf den Weg. Im Laufe des Jahres 1946 lag der monatliche Durchschnitt an Neusiedlern schon deutlich unter dem Wert des Vorjahres (weniger als 50 000 Siedler pro Monat, aber immer noch über eintausend Siedler pro Tag). Anders als 1945, als sich die Ansiedler hauptsächlich aus landwirtschaftlichen Hilfsarbeitern und Gewerbetreibenden rekrutierten, nahmen jetzt vermehrt akut benötigte Industriearbeiter an der Siedlungsbewegung teil. Zum Frühling 1947 verringerte sich der monatliche Durchschnitt weiter auf rund 25 000 Neusiedler pro Monat – immer noch eine stattliche Zahl.

Innerhalb von 24 Monaten nach Kriegsende war die Tschechisierung der betreffenden Gebiete, die territorial fast 40 Prozent der böhmischen Länder ausmachten, praktisch abgeschlossen.

Die Radikalität des Bevölkerungsaustauschs ist bemerkenswert. Doch wird sie durch die Tatsache relativiert, dass gut ein Drittel der im Jahre 1950 in den Sudeten ansässigen Menschen nicht zu den neu Gekommenen gehörte. Sie oder ihre Eltern hatten schon vor dem Zweiten Weltkrieg im «Sudetenland» gelebt. Dieses war nie ein «geschlossenes deutsches Siedlungsgebiet» – ein Begriff, den in den dreißiger Jahren die Henlein-Propaganda gerne gebrauchte. Denn in den 1938 ans Dritte Reich angeschlossenen Gebieten waren neben knapp drei Millionen Deutschen schon damals über drei Viertel Millionen Tschechen und Angehörige anderer Ethnien beheimatet, bevor nicht wenige von ihnen vor den Besatzern flüchten mussten oder deportiert wurden.

Andererseits gelang nach dem Krieg auch keine vollkommene Tschechisierung. Der «Abschub» der Deutschen hatte den Verlust von etwa 1,4 Millionen Arbeitskräften zur Folge. Dieser Aderlass konnte auch nicht durch das Reservoir an migrationswilligen Tschechen aus dem früheren «Protektorat» wettgemacht werden.

Auch die Zahl «zurückgekehrter» Nachfahren von Tschechen und Slowaken, die seit dem 16. Jahrhundert emigriert waren, erreichte bis 1950 nicht annähernd die anfänglichen Erwartungen. Die meisten dieser rund 200 000 «Reemigranten» stammten aus Wolhynien (im westlichen Teil der heutigen Ukraine gelegen), aus Ungarn, Rumänien, Bulgarien, Jugoslawien, Polen, Deutschland und aus Österreich (hier vor allem aus Wien). Weil es anderswo keinen Platz mehr für sie gab, musste sich die Mehrheit von ihnen irgendwo im Grenzgebiet – gewöhnlich in weniger attraktiven Gegenden – eine neue Heimat aufbauen. Die «Reemigranten» unterschieden sich in ihrer Kultur mehr oder weniger deutlich von der dominierenden tschechischen Neusiedlerschicht aus Zentralböhmen und -mähren und stießen deshalb nicht selten auf Ablehnung. Viele von ihnen schreckten noch lange davor zurück, sich aktiv in die Mehrheitsgesellschaft zu integrieren.

Im Jahr 1950 bekannten sich rund dreizehn Prozent der Bewohner des ehemaligen «Sudetenlandes» zu einer anderen Volkszugehörigkeit als der tschechischen. Im Vergleich zum ethnisch homogener gewordenen tschechischen Landesinnern bewahrte das Gebiet seinen gemischten Charakter. Gerade in den Gegenden, wo bis vor dem Krieg fast nur Deutsche lebten, war die Heterogenität der verschiedenen Siedlergruppen nun am größten. Neben den schon erwähnten verbliebenen Deutschen, etwa fünf- bis sechshunderttausend tschechischen «Alteingesessenen» und einer ungefähr dreimal größeren Zahl an tschechischen Neusiedlern gelangten fast zweihunderttausend Slowaken (darunter auch «Reemigranten»), über zehntausend freiwillig gekommene wie auch deportierte Ungarn aus der Südslowakei, ferner jeweils mehrere tausend Roma, griechische Staatsbürger (Bürgerkriegsflüchtlinge) und bulgarische, rumänische sowie italienische Gastarbeiter in die Umsiedlungsgebiete.

In weiten Teilen der Grenzgebiete stand somit der vergleichsweise monolithischen Gruppe der tschechischen Neusiedler aus dem Innern Böhmens und Mährens eine relativ große Schicht von nach Herkunft und Kultur unterschiedlichen «Alteingesessenen» und anderen Neusiedlern gegenüber. Zwischen einzelnen Gruppen bildeten sich verschiedenste lokale «Allianzen» (so etwa zwischen Deutschen, Slowaken und Ungarn oder zwischen «alteingesessenen» Tschechen und Deutschen), die den insgesamt vom Staat bevorzugten tschechischen Neusiedlern Anlass gaben, sich überfremdet zu fühlen. Besitzrechtliche Aspekte sorgten langfristig für unterschwellige Spannungen zwischen der Vorkriegsbevölkerung und den Neusiedlern.

Auch wenn die meisten Neusiedler in bester Absicht gekommen waren und nicht zu den sprichwörtlichen «Goldgräbern» gehört hatten, so galt das «Organisieren» etwa von Möbelstücken oder Baumaterial in leer stehenden Häusern zumindest in der Anfangszeit als Kavaliersdelikt.

Dass die «Alteingesessenen» häufig als Einzige im Ort auch von den weniger rühmlichen Ereignissen aus der wilden Frühphase der Ansiedlung wussten, musste nicht allen Siedlern angenehm sein. Dagegen sahen sie sich – oft mit Verweis auf ihr Verbleiben im «Reichsgau Sudetenland» während der Kriegsjahre – dem Vorwurf ausgesetzt, mit den Deutschen paktiert zu haben und national unzuverlässig zu sein. Doch auch die oft durch Besitzstreitigkeiten, Neid und politische Spannungen belasteten Beziehungen zwischen den zusammengewürfelten Neusiedlern verhinderten die baldige Entstehung eines gesunden sozialen Gleichgewichts.

Insgesamt lebten im Grenzgebiet fünf Jahre nach Kriegsende knapp mehr als zweieinhalb Millionen Einwohner – über ein Drittel weniger als noch 1930. Die Bevölkerungsdichte war von 127 auf 82 Personen pro Quadratkilometer geschrumpft. Doch dieser bis heute nicht wettgemachte Bevölkerungsrückgang hatte vor Ort sehr unterschiedliche Folgen. Wurden landwirtschaftlich ertragreiche oder stark industrialisierte Gegenden überdurchschnittlich erfolgreich besiedelt, so hatten strukturschwache Regionen an der Peripherie Süd- und Westböhmens teils über die Hälfte ihres Vorkriegsbevölkerungsstandes verloren. Bis 1955 wurden knapp 400 Ortschaften komplett aufgegeben.

Dimension des Besitzwechsels

Selbst die Prager Regierung war sich nach dem Zweiten Weltkrieg nicht sicher, wie groß der auf Grundlage von zwei Präsidentendekreten («Beneš-Dekreten») des Jahres 1945 konfiszierte «Feindbesitz» tatsächlich war. Nach zeitgenössischen Schätzungen entsprach sein Wert einem Drittel des tschechoslowakischen Nationaleinkommens. Während eine Wertangabe immer relativ und daher problematisch ist, genügt heute ein Blick in die lange geheimen Abschlussberichte der Staatsbehörden, um sich eine Vorstellung von der wahren Dimension der größten Umverteilungsaktion der böhmischen Geschichte zu machen: 84 000 Gewerbe- und Handwerksbetriebe wurden von den Deutschen (am Rande auch tschechischen «Verrätern und Kollaborateuren») entschädigungslos konfisziert. Von 1948 bis 1950 wurden die Betriebe entweder Einzelpersonen zugeteilt (in über 15 000 Fällen) oder – meist unter massivem behördlichem Druck – «höheren Produktionsformen» (sprich: dem öffentlichen Sektor) übergeben. Weit über die Hälfte der konfiszierten Betriebe jedoch – darunter auch die rund 14 000 Industrieeinrichtungen – wurde in einem beispiellosen Kahlschlag liquidiert oder in die Slowakei verlegt.

Mehr als 230 000 bisherige Eigentümer, meist Deutsche, verloren sämtlichen Bodenbesitz mit allen darauf befindlichen Häusern und dem gesamten Inventar. Bereits im Juni 1945 ging eine Fläche von 2,4 Millionen Hektar Land – dies entspricht mehr als der halben Fläche der Schweiz – an den tschechoslowakischen Staat über. Fast ein Drittel der Gesamtfläche der böhmischen Länder verlor damit seinen bisherigen Besitzer. Über vier Fünftel des konfiszierten Gesamtbodens befanden sich im Sudetenland. Während der größere Teil des landwirtschaftlich nutzbaren Bodens zwischen Herbst 1945 und Ende 1946 an Neusiedlerbauern übergeben wurde, verblieben die rund eine Million Hektar umfassenden Forstbestände in Staatshand.

Der gewaltige konfiszierte Besitz bildete das Hauptinstrument der staatlichen Besiedlungspolitik. Auch wenn in den Hochzeiten der Siedlungsaktion deutlich über die Hälfte des beschlagnahmten Besitzes im Eigentum der öffentlichen Hand verblieb, so war genug übrig, um mit dem Rest vor allem Angehörige der tschechischen Unter- und Mittelschichten materiell zu versorgen. Nur weil es so viele Güter zu verteilen gab, konnten zwei Millionen Menschen dazu mobilisiert werden, in die Grenzgebiete zu ziehen.

Gesellschaftliche Nivellierung und politische Instrumentalisierung

Wie sehr es in der politischen Aufarbeitung der Ausweisung der Deutschen aus der Tschechoslowakei auch um Besitz gehen mag – vor allem waren und sind es Menschen, deren Leben in den ersten Nachkriegsjahren in völlig neue Bahnen gelenkt wurden. Jede vierte tschechische Familie wurde in den bis dahin sudetendeutschen Heimatgebieten sesshaft – es ist kaum übertrieben, dies als die größte Sozialrevolution der böhmischen Geschichte zu begreifen. Das neue «volksdemokratische» Regime brachte keiner anderen Gesellschaftsgruppe derart hohe und rasche Gewinne wie den

Neusiedlern. Die größten Nutznießer der Güterumverteilungen waren eindeutig die Angehörigen der sozial schwächsten Schichten sowie des Kleinbürgertums. Diese erlebten in kürzester Zeit einen sozialen Aufstieg, der zur nachhaltigen Nivellierung der tschechischen Gesellschaft beitrug. Auch wenn schon bis Herbst 1949 ein Viertel der Neusiedlerbauern den Betrieb wieder aufgeben musste, verblieben rund 110 000 Höfe, die meist jungen Familien einen noch vor Kriegsende ungeahnten Aufstieg versprachen. Die meisten Neubauern hatten sich zuvor als landlose Deputanten, Häusler oder Kleinstbauern verdingt.

Trotz des weit unter Marktpreisen liegenden Kaufpreises (dieser entsprach dem geschätzten ein- bis zweijährigen Ernteertrag) war ein beträchtlicher Teil der Neubauern dem eigenständigen Wirtschaften auf durchschnittlich acht Hektar Boden fachlich und finanziell nicht gewachsen. Auch deshalb flossen über achtzig Prozent der vorgesehenen «Übernahmeentrichtungen» nie in die Staatskasse. Vor allem die übermäßige Verschuldung der Neusiedlerbauern und das noch ungefestigte Verhältnis zur eigenen Scholle führten dazu, dass die im Jahre 1949 einsetzende Kollektivierung in der Landwirtschaft im Grenzgebiet besonders reibungslos verlief.

Die tschechische Siedlungspolitik war von Beginn an eine Domäne der kommunistischen Partei (KSČ). Zumindest für ihre Vertreter sollte das Grenzgebiet «die Vorhut zum Sozialismus» sein, eine Art Labor, in dem neue Gesellschafts- und Wirtschaftsstrukturen getestet wurden. Die teils gewaltsamen, teils auf freiwilliger Basis ablaufenden Bevölkerungsverschiebungen boten der zielstrebigen und politisch begabten Führung der Kommunisten eine willkommene Gelegenheit, die Umstülpung der Nationalitätenverhältnisse mit einer Umformung der Sozialstruktur zu kombinieren. Keine andere Partei hatte so sehr wie die KSČ erkannt, welche Einflussmöglichkeiten sich durch eine gesteuerte Verteilung des konfiszierten Besitzes an die «richtigen» Empfänger ergaben. Mit 53 Prozent der Stimmen erreichte die KSČ in den noch als frei

Propagandaplakat 1950: «Fünf Jahre Aufbau des Sozialismus». Die Neubesiedlung des «Grenzlandes» nach dem Zweiten Weltkrieg wurde offiziell als eine Art Schöpfungsakt verstanden.

geltenden Parlamentswahlen vom Mai 1946 in den Grenzgebieten bereits souverän die absolute Mehrheit (landesweit nur 38 Prozent). Eine genauere Untersuchung der Wahlergebnisse zeigt, dass die tschechoslowakische Nachkriegsgesellschaft politisch aber gerade dort am meisten polarisiert war. Während rund zwei Drittel der Neusiedler kommunistisch wählten, hielten «alteingesessene» Tschechen überwiegend zu den drei anderen tschechischen Parteien.

In den Grenzgebieten entstand eine neue Gesellschaft, die sich in vielem grundlegend von der tschechischen Gesellschaft im Landesinnern unterschied. Ein neuer Typ Mensch, besonders leicht formbar, politisch eher unzuverlässig, da kurzfristig ausgerichtet, unerfahren und im doppelten Sinne mobil, doch mit weit reichenden, der zeittypischen Aufbruch-Mentalität entsprungenen Visionen über eine neue, sozial gerechtere Gesellschaftsordnung ausgestattet.

Heute wird kaum mehr bestritten, dass die Aussiedlung der Deutschen und die dadurch ermöglichte Entstehung einer Neusiedlerschicht von rund zwei Millionen Menschen es der Partei erleichterte, im Februar 1948 ihr Machtmonopol und somit die Sowjetisierung der Tschechoslowakei durchzusetzen. Doch wäre es wahrscheinlich auch ohne eine Massenausbürgerung der Deutschen zu einer kommunistischen Machtergreifung gekommen.

Ein schwieriges Erbe

Die Frage nach dem unmittelbaren Nutzen der tschechischen Besiedlungspolitik für die Staatsführung und die Unter- und Mittelschichten ist verhältnismäßig leicht zu beantworten. Eine historische Wertung ist weit schwieriger. Die Absicht der kommunistischen Führung, die an den Staat gefallenen Besitztümer schnellstmöglich in politisch höchst wirksames Kapital umzumünzen, verhinderte eine gemächlicher voranschreitende und somit ökonomisch, sozial und kulturell verträglichere Entwicklung. In dem Ziel, den ethnischen Charakter der Grenzgebiete innerhalb kurzer Zeit radikal umzuformen, nahmen die Prager Zentralorgane bewusst in Kauf, dass sich unter den Neusiedlern eine große Zahl unqualifizierter oder moralisch zweifelhafter Siedler befand.

Wenn man das Interesse der damaligen Staatsführung berücksichtigt, in den Grenzgebieten umgehend vollendete Tatsachen zu schaffen, erweist sich diese Prioritätensetzung durchaus als gerechtfertigt und richtig kalkuliert. Doch für die weitere Entwicklung war sie eine schlechte Voraussetzung. Dass ganze Landstriche nur spärlich besiedelt wurden und allmählich verwahrlosten, dass Tausende von kleineren landwirtschaftlichen Betrieben verschwanden, dass komplette Industrielandschaften durch schonungslos extensive Produktionsverfahren zerstört und in blinder Planungswut Zehntausende Industrie- und Gewerbebetriebe geschlossen wurden – all dies sind Symptome einer verfehlten und überstürzten Besiedlungspolitik.

Um breite Gesellschaftsschichten für das «volksdemokratische» Regime zu gewinnen, aber auch durch Misswirtschaft, wurden riesige Vermögenswerte vernichtet, sodass der Reingewinn aus dem Verkauf des konfiszierten Besitzes weit hinter den Erwartungen zurückblieb. Die abrupte Auflösung von jahrhundertelang gewachsenen Strukturen hatte ihren Preis. Vor allem ein Blick auf die weitere Entwicklung zeigt, dass der Erfolg der tschechischen Besiedlungsbemühungen erheblich relativiert werden muss.

Am Ende konnte das Grenzgebiet die geplante Pionierfunktion auf dem Weg zu einer vollkommeneren Gesellschaft kaum erfüllen. Stattdessen wurde es – zumindest aus heutiger Sicht – zu einem Vorreiter im eher unerfreulichen Sinne: als Gebiet, das von totalitären Herrschaftspraktiken, der Gleichschaltung von sozialen Lebensformen und nicht zuletzt einer unsensiblen Einstellung gegenüber der Umwelt und Kulturgütern früher betroffen war als der Rest des Landes.

Die nach dem Krieg von allen Seiten gebetsmühlenartig geforderte nahtlose «Verschmelzung» mit dem traditionell tschechischsprachigen Landesinnern erwies sich als eine Aufgabe von Jahrzehnten, nicht von bloß einigen Jahren. Wurde das ehemalige Sudetenland in der zeitgenössischen Darstellung gerne als «slawischer Wall gegen das Germanentum» gerühmt, so vermehrten sich im Laufe der Jahrzehnte kritische Stimmen tschechoslowakischer Dissidenten, die von einer «Peripherie der Republik» oder von einem Gebiet mit «verlorener Geschichte» sprachen.

Klar ist, dass der Substanzverlust durch den beschriebenen Bevölkerungswechsel weit mehr als nur die Infrastruktur betraf. So ergab sich aus dem leichtfertigen Umgang mit dem ehemals deutschen Besitz eine verhängnisvolle Hypothek für die kommenden Jahrzehnte. Die Zuteilung von Gütern zu Preisen meist weit unter Marktwert und die Gewährung von günstigen Langzeitkrediten, zu deren Rückzahlung es oft nicht mehr kam, trug zur Aushöhlung eines über Jahrhunderte gewachsenen Rechts- und Wertekodexes einer ganzen Gesellschaft bei. Eine allgemein laxe Rechtsauslegung und die beispiellose Enteignung etwa eines Viertels der Staatsbürger per Federstrich waren mitverantwortlich dafür, dass der Begriff des Eigentums stetig an Bedeutung verlor, was wiederum die staatlichen Maßnahmen zur Liquidierung des *tschechi-*

schen Privateigentums enorm erleichterte. Das tschechische Sprichwort «Schnell gewonnen, schnell verloren» wurde für viele Siedler innerhalb weniger Jahre bittere Realität.

Auch die Mitverantwortung für die Zwangsaussiedlung der deutschen Bevölkerung und das Bewusstsein, materiell daraus Vorteil gezogen zu haben, gehörte zum geistigen Erbe, mit dem die neuen Bewohner der Grenzgebiete irgendwie fertig werden mussten. Bei einem Teil der tschechischen Gesellschaft förderte dies den weiteren Verfall von moralischen Grundsätzen, andere entwickelten ein latent schlechtes Gewissen. Mit Blick auf die Tatsache, dass die übergroße Mehrheit der Sudetendeutschen sich zuvor als begeisterte Anhänger von Henlein und Hitler erwiesen hatte, war es aber für viele Tschechen durchaus auch möglich, ohne moralische Skrupel auszukommen.

Sechzig Jahre nach Kriegsende muss man feststellen, dass es für viele Zeitzeugen und Nachgeborene noch immer kein unverkrampftes und von den Geistern der Vergangenheit befreites Verhältnis zur Tatsache der Vertreibung und ihrer Folgen für die tschechische Geschichte gibt.

Ein Befund übrigens, der nicht weniger auch für die sudetendeutschen Vertriebenen gilt.

Schlussstrich oder Aufarbeitung?

Zumindest den Nachgeborenen dürfte es aus verständlichen Gründen leichter fallen, die Ereignisse der vierziger Jahre nüchtern als historisches Faktum zu betrachten und nicht aus nationaler Sicht zu bewerten. Nachdem in der kommunistischen Tschechoslowakei der Spielraum für Interpretationen äußerst eng blieb und die Erinnerung an die Geschichte der Deutschen in den böhmischen Ländern eher verdrängt wurde, offenbarte sich unmittelbar nach der «Samtenen Revolution» von 1989 ein breites Spektrum von Deutungsmustern.

Es fällt auf, dass sich der öffentliche und politische Diskurs sowohl in Tschechien, wie auch in Deutschland und Österreich, seither immer mehr vom Blick der Historiker, Soziologen und übrigen Wissenschaftler entfernt hat. Während in den Medien oft oberflächlich und pauschal die Grundfrage nach der Richtigkeit oder moralischen Berechtigung der Vertreibung noch immer im Vordergrund steht, so ist die Forschung, die nun auf allen Seiten frei von politischen Zwängen operiert, eher daran interessiert, die Ursachen, Begleitumstände und Folgen des großen Bevölkerungsaustauschs näher aufzuklären.

Seitdem die Beziehungen Tschechiens (bis Ende 1992: der Tschechoslowakei) mit den beiden deutschsprachigen Nachbarn neu ausgerichtet wurden, ist nicht zu übersehen, dass man auf der politischen Ebene im Interesse ungestörter Beziehungen eine Art Schlussstrich unter die konfliktreiche jüngere Vergangenheit ziehen möchte. Man kann die deutsch-tschechische Erklärung von 1997 in diesem Sinne deuten: Mit ihr akzeptiert die deutsche Seite ihre Verantwortung für die Besetzung der böhmischen Länder und die nationalsozialistischen Verbrechen und bedauert diese. Die tschechische Seite äußert in der Deklaration hingegen auch ihr Bedauern darüber, dass nach Kriegsende infolge der Anwendung des Kollektivschuldprinzips unschuldige Menschen viel Leid und Ungerechtigkeit erfahren mussten. Beide Länder haben gleichzeitig ein seither regelmäßig tagendes Diskussionsforum und einen gemeinsam finanzierten «Zukunftsfonds» eingerichtet. Vor allem der Zukunftsfonds sorgt durch die Unterstützung von vielen Projekten dafür, dass sich Wissenschaft und Publizistik gebührend mit der Vergangenheit beschäftigen können.

Es wird jedoch nicht gelingen, die Vergangenheit allein den Historikern zu überlassen und aus der Politik herauszuhalten, solange die Nachkriegsereignisse den Menschen noch in lebendiger Erinnerung bleiben. Anders gesagt: Solange eine größere Gruppe von Menschen innerlich nicht den Frieden mit der Geschichte geschlossen hat, muss man damit rechnen, dass opportunistische

Politiker ihre Ängste und Frustrationen bewusst instrumentalisieren.

Wie lebendig auf tschechischer Seite die Ängste über einen Verlust des nach dem Krieg erlangten Besitzes und einer Rückkehr der Deutschen noch sind, ist nur schwer einzuschätzen. Obwohl sich der frühere deutsche Kanzler Schröder im Interesse pflegeleichter Beziehungen zu Prag während seiner ganzen Amtszeit mit eindeutigen Worten von allen Besitz- oder Entschädigungsansprüchen distanziert hat (und sich Berlins Position einzig in der staatsrechtlich verworrenen Frage, ob das «Münchner Abkommen» von Anfang an oder erst später ungültig gewesen sei, noch vom tschechischen Standpunkt unterscheidet), hat sich die Interessenorganisation der organisierten Sudetendeutschen, die «Sudetendeutsche Landsmannschaft» (SL), von besitzrechtlichen, ja gar von territorialen Forderungen bisher nicht vollkommen losgesagt.

Gerade darauf verweisen viele tschechische Gesprächspartner, wenn sie nach einer Begründung für ihr Misstrauen gegenüber den einstigen Mitbürgern gefragt werden. Allerdings wird in Tschechien kaum wahrgenommen, dass die SL inzwischen nur noch eine Minderheit der einst Vertriebenen repräsentiert – eher den unnachgiebigeren Teil. Wenn in Böhmen allenthalben das Wort von Bernd Posselt (Bundesvorsitzender der SL) mehr gilt als das von Vertretern der Bundesregierung oder «nichtorganisierten» Sudetendeutschen, so ist dies vor allem der tschechischen Medienberichterstattung zu verdanken.

Deshalb überrascht es wenig, dass auf tschechischer Seite gerade in den letzten Jahren Zeichen zu registrieren waren, die bei manchen Beobachtern eher den Eindruck eines sturen Burgverhaltens denn von offener Gesprächsbereitschaft hinterließen. Im April 2002 verabschiedete das tschechische Unterhaus einstimmig eine Resolution, die feststellte, dass die Rechts- und Eigentumsverhältnisse, die auf der Notstandsgesetzgebung der Jahre 1940–1945 (also den «Beneš-Dekreten») beruhen, als Folgen des Zweiten

Weltkriegs «unbezweifelbar, unantastbar und unveränderbar» seien. Zwei Jahre später wurde – auf Antrag der Kommunisten – vom Unterhaus und von Präsident Václav Klaus ein Gesetz ermöglicht, das nur eine einzige Feststellung enthält, nämlich dass Edvard Beneš sich um den Staat verdient gemacht habe.

Es war ein offenes Geheimnis, dass diese «Lex Beneš» vor allem als Signal an Deutschland und Österreich gelten sollte. Das offizielle Prag scheint eine schier irrationale Angst vor jeglichen Gesten zu haben, die für die gegenwärtigen Besitzverhältnisse ja keinesfalls praktische Konsequenzen haben müssten. Selbst mit einer Entschädigung für heutige tschechische Bürger deutscher Nationalität, die nachweislich rechtswidrig verschleppt und zur Zwangsarbeit verpflichtet wurden, tut man sich – mit Bedacht auf die öffentliche Meinung – schwer.

Eine Aufarbeitung des deutsch-tschechischen Auseinandergehens kurz vor der Mitte des 20. Jahrhunderts, die wirklich allen Betroffenen gerecht wird, gleicht einer ständigen Gratwanderung. Zuerst gilt es, die Gefühle der Opfer nicht zu verletzen. Wobei sich praktisch alle Beteiligten (auch) als Opfer identifizieren. Die Deutschen, weil sie enteignet wurden und gehen mussten. Die Tschechen, weil sie vorher sieben Jahre unter dem Besatzungsregime zu leiden hatten und nicht selten schon 1938 zu den ersten Flüchtlingen und Vertriebenen auf tschechoslowakischem Gebiet gehört hatten. Tatsächlich scheint bei vielen tatsächlichen Opfern infolge der traumatischen Erlebnisse eine bestimmte Hemmung vorhanden zu sein, sich mit den Erlebnissen des damaligen Kontrahenten zu beschäftigen. Während auf deutscher Seite im Umkreis der Vertriebenenorganisationen der Unterdrückungscharakter der deutschen Besatzungsherrschaft in Böhmen und Mähren jahrzehntelang notorisch bagatellisiert oder zumindest relativiert wurde und zum Teil noch wird (etwa mit dem Hinweis, in Polen sei doch alles unvergleichlich schlimmer gewesen), so ist in Tschechien noch immer viel zu wenig über das Nachkriegsschicksal der Vertriebenen und deren meist schwierige Integration in den Aufnahmeländern bekannt. Ein schärferer Blick auf die prägenden Erlebnisse des anderen könnte so manche Vorbehalte ausräumen.

Aber ist eine objektive und solide Vergangenheitsbewältigung nur im Rahmen eines Opferdiskurses möglich? Der Sinn für die chronologische Abfolge von Ereignissen darf im Interesse der Versöhnung so wenig geopfert werden wie die aufrichtige Bereitschaft, bei sich selbst oder im «eigenen Lager» Fehler einzugestehen. Wo es Opfer gibt, muss es auch Täter und Mitläufer geben. Diese müssen klar benannt werden – ohne Rücksicht auf gegenwärtige politische Konstellationen und nationales Prestige.

Auch hier wäre die Unterscheidung von «Guten» und «Bösen» kaum der beste Weg. Wenn wir aus der Geschichte tatsächlich Lehren ziehen wollen, müssen wir nach den prägenden Erfahrungen und Motiven fragen, die Menschen dazu gebracht haben, die Menschenwürde anderer zu verletzen. Handelten sie nicht aus rein materiellem Interesse, so wurden sie geleitet von der Verführungskraft sozialer Ideologien, denen etwas gemeinsam war: Sie stellten bestimmte Menschen über andere, räumten den einen mehr Rechte ein als den anderen – obwohl alle im gleichen Land geboren waren.

Nur mit Weitsicht, Nachsicht und vor allem mit mehr Empathie für den anderen werden wir das gegenseitige Aufrechnen beenden können. Damit aus einer zu erhoffenden Wiedergutmachung von Unrecht, die wohl nur noch auf symbolischer Ebene denkbar ist, nicht neues Unrecht entsteht.

Als die Deutschen weg waren:

Ostpreußen

Christian Schulz

Ein Klavier für das Gebietskomitee

Russen und Deutsche
in Tollmingkehmen, Ostpreußen

Die alte Frau sitzt vor dem Ofen in der Küche. Ein russischer Ofen, aus Ziegeln gemauert, flach und breit, damit man auf ihm viele Speisen warm halten kann. Der deutsche Kachelofen, der einst an dieser Stelle stand, war schon bei ihrer Ankunft zerstört, die besten Teile fortgeschleppt. Das Haus hat seit Jahrzehnten keinen frischen Anstrich erlebt, und wahrscheinlich ist das Dach zuletzt vor dem Krieg neu gedeckt worden. Zwei Stockwerke, aus roten Ziegeln gemauert, die unter grauem Mörtelputz hervorlugen, auf dem Spitzdach baumelt eine Fernsehantenne schief im Wind. Ein Haus, das offenbar nach deutschen Maßstäben gebaut wurde – als Siedlungshaus für Neubauern.

Seit dem Ende des Zweiten Weltkriegs wohnt hier Tamara Worobjowa, eine rüstige 78-Jährige, mit wachen Augen, so wie man sich eine echte russische Babuschka vorstellt. Sie ist die letzte Überlebende der ersten russischen Übersiedler, die im Spätsommer 1947 ins ostpreußische Tollmingkehmen kamen. Und damit eine der ersten neuen Bewohner eines alten deutschen Dorfes. Zeitzeugin eines Zusammenpralls zweier Kulturen, der diese Region entscheidend verändern sollte. Tamara Worobjowa hat die planmäßige Besiedlung Ostpreußens durch russische Menschen von Anfang an miterlebt. Weggelockt aus einem Landstrich 300 Kilometer öst-

Tamara Worobjowa. Als Zwanzigjährige kam sie im September 1947 in der ersten Übersiedlergruppe nach Tollmingkehmen: «Wir sagten sofort: Hier wollen wir nicht leben, bringt uns zurück.»

lich von Moskau, auf der Flucht vor dem Hunger und mit dem Versprechen, ein eigenes Heim für sich und ihre Familie zu bekommen. Das Haus, 1500 Kilometer von der Heimat entfernt, entpuppt sich bei ihrer Ankunft als herbe Enttäuschung: «Die Deutschen ließen ja bei der Flucht ihre Möbel zurück, aber als wir ankamen, war außer Ziegeln und Trümmern nichts mehr da. Alles wurde weggeschafft, man sagte: nach Litauen und anderswohin. Tag und Nacht ging das. Sogar die Fenster wurden ausgebaut. Nicht in einem einzigen Rahmen gab es noch Glas.»

Schon zu Kaisers Zeiten galt Ostpreußen als tiefe Provinz, weit im Osten des Deutschen Reiches gelegen. Meist nur flüchtig bekannt als Land der Junker und ostelbischen Großgrundbesitzer. Oder der Landarbeiter und Hinterwäldler mit ihrem merkwürdig breiten Akzent. Während man in der ostpreußischen Hauptstadt Königsberg einiges auf sich halten konnte, war das 166 Kilometer entfernte Dorf Tollmingkehmen von Königsberg aus betrachtet ein ziemliches Nest, nahe an der Reichsgrenze gelegen, fast schon in Litauen. Auch heute, im Kaliningrader Gebiet, befindet sich der Ort in absoluter Randlage, abseits der wenigen größeren Städte. Nur sechzehn Kilometer sind es von hier bis zur Grenze nach Litauen und seit der Teilung des alten Ostpreußens 1945 gerade mal achtzehn Kilometer bis nach Polen. So nah ist diese Gegend der Europäischen Union, geographisch gesehen. Im wirklichen Leben liegen zwischen den aufstrebenden EU-Mitgliedern Polen oder Litauen und dem östlichen Zipfel des Kaliningrader Gebiets nicht weniger als Welten.

Das Haus von Tamara Worobjowa steht an einer alten Eichenallee. Die kaum asphaltierte Schlaglochpiste führt nach einem Kilometer ins nächste Dorf, seinen Namen verkündet ein schmales, rechteckiges Schild in kyrillischen Buchstaben: Tschistye Prudy, zu Deutsch «Saubere Teiche». Als Ostpreußen noch existierte und zum Deutschen Reich gehörte, hieß der Ort Tollmingkehmen. Die Straße führt vorbei am ehemaligen Friedhof der Deutschen, unter alten Bäumen gelegen, heute zugewachsen und verwüstet, im Sommer wird er als Kuhwiese genutzt. Für den Passanten ist er als Friedhof nicht mehr zu erkennen. Bald kommt auf der linken Seite der Bahnhof in Sicht. Ein zweistöckiges Haus aus roten Ziegeln, neben der Kirche und der Ruine des Wasserturms das höchste Gebäude im Ort. Im einzigen Dorfladen, wo es Lebensmittel und Haushaltswaren, Wodka und Zigaretten gibt, ist auch der Klub beheimatet. Der Klub, das ist eine unverzichtbare, aus sowjetischen Zeiten stammende Einrichtung zur Freizeitgestaltung in allen russischen Dörfern. Heute dient er vor allem als Versammlungsort oder an jedem Samstagabend als Dorfdisko.

Ein älterer Herr aus Deutschland steht an diesem Sommernachmittag vor dem Laden, im Gespräch mit einer russischen Rentnerin. Galina hält die geblümte Einkaufstasche in der Hand und lächelt Wolfgang Rothe zu. Ab und zu greifen sich beide freundschaftlich an die Schultern, sie kennen sich schon viele Jahre. Galina versteht ein wenig Deutsch, sie ist Anfang der neunziger Jahre als Russlanddeutsche aus Kirgisien nach Tschistye Prudy umgesiedelt. Für Rothe ist Galina eine wichtige Person, denn sie pflegt hier die Gräber seiner Vorfahren. Kostenlos, weil sie weiß, wie es ist, wenn man die Eltern in weiter Ferne auf dem Friedhof zurücklassen muss.

Wolfgang Rothe, 71 Jahre alt, mit seinem weißen, streng zurückgekämmten Haar und der großen Brille, kennt hier in Tschistye Prudy fast jeder. Er ist einer der Söhne des ehemaligen Gutsbesitzers von Tollmingkehmen. Das Gut existiert seit Kriegsende nicht mehr, und Wolfgang Rothe hat sich, wie er selbst sagt, lange Zeit für die Wurzeln seiner Familie, seiner eigenen Herkunft, nicht interessiert. Bis 1991 die Sowjetunion verschwand und plötzlich alles, auch für ihn, in Bewegung kam. Seitdem ist er bis heute über fünfzehn Mal in seinen Geburtsort gefahren. Es ging ihm wie vielen anderen seiner Generation, Menschen mit einer zerrissenen Biographie, denen sich am Lebensabend plötzlich die Chance bietet, ihre ursprüngliche Heimat wiederzusehen und lose Erinnerungsfäden wieder aufzunehmen. Als die UdSSR zerbricht und der bis dahin hermetisch abgeschlossene nördliche Teil des ehemaligen Ostpreußens auch den Flüchtlingen von damals wieder zugänglich wird, machen sich Tausende auf die Reise.

Viele, vielleicht die allermeisten dieser so genannten Heimwehtouristen, sind von der Zerstörung der Landschaft, der Orte, der buchstäblich verschwundenen Häuser und Dörfer so entsetzt, dass sie es bei einer einzigen Reise belassen und lieber auf die Bilder ihrer Erinnerung vertrauen, die sich nicht mit dem Anblick des Heutigen vertragen wollen. Einige wenige aber scheuen nicht vor dem Verfall, dem Elend und den vielen Schwierigkeiten zurück, die sich nun für die Bewohner im äußersten Westen des zerfallenen Riesenreiches Sowjetunion ergeben. «Ein halbes Jahr nach der überraschenden Öffnung des Gebiets für Deutsche war ich zum ersten Mal hier. Mit demselben Motiv wie hunderttausend andere auch: ‹Ich wollte es nur nochmal sehen.› Begleitet wurde ich von

Ostpreußen 1938

Deutsches Reich
Freie Stadt unter dem Völkerbund

LITAUEN

MEMEL
(seit 1924 Autonomiestatus)

Memel

Tauroggen

Kurische Nehrung

Rossitten

Tilsit

Ragnit

Ruß

Arge

Memel

Inster

Ostsee

Samland

Labiau

Königsberg

Pregel

Insterburg

Gumbinnen

Angerapp

Tollmingkehmen

Angerapp

Masur. Kanal

Angerburg

Frische Nehrung

Pr.-Eylau

Gotenhafen

Danziger Bucht

Braunsberg

Ermland

Alle

Mauersee

Lötzen

Löwentinsee

poln. Korridor

Danzig

Radaunensee

DANZIG

Elbing

OSTPREUSSEN

Frisches Haff

Marienburg

Mohrungen

Nikolaiken

Spirdingsee

Lyck

Pr.-Stargard

Allenstein

Masuren

Johannisburg

POLEN

Marienwerder

Osterode

Oberland

Ortelsburg

Neuenburg

Tannenberg

POLEN

Bobr

Graudenz

Weichsel

Kulmerland

Łomża

0   25   50 km

Ostpreußen 1948

Klajpeda

Litauische SSR

Kurskaja

Tauragė

Neris

Rybatschi

Kurski saliw

Nemunas

Sowjetsk

Neman

Ostsee

Polessk

SOWJETUNION

KALININGRADSKAJA OBLAST

Kaliningrad

Pregola

Tschernjachowsk

Gussew

unter sowjet. Verwaltung

Osjorsk

Tschistye Prudy

Mierzeja Wiślana

Bagrationowsk

Gdingen
(Gdynia)

Zatoka Gdańska

Braniewo

Węgorzewo

Lyna

Zalew Wiślany

J. Mamry

Gdańsk

Elbląg

Gizycko

J. Niegocin

unter polnischer Verwaltung

Malbork

Morąg

Mikołajki

Elk

J. Śniardwy

Starogard Gdański

Olsztyn

Kwidzyn

Ostróda

Pisz

Szczytno

Stębark

POLEN

Narew

Grudziądz

Wisła

Łomża

0   25   50 km

225

meinen beiden Schwestern, die sonst alleine nicht gefahren wären. Dann trafen wir hier, und zwar in unserem Elternhaus, dem Gutshaus, auf Russlanddeutsche und erfuhren durch sie mehr über die Bevölkerung vom heutigen Tollmingkehmen.» Ein Schlüsselerlebnis für Wolfgang Rothe.

Das einst repräsentative Elternhaus der Rothes liegt anderthalb Kilometer vom Dorfkern entfernt. Der ehemalige Gutshof hatte einen eigenen Namen: Samonienen. Als die Gutsbesitzerkinder Wolfgang und seine Schwestern Annegret und Christel das Haus nach fast sechzig Jahren wieder sehen, sind die beiden großen Etagen mit insgesamt 28 Zimmern und der Dachboden in kleine Wohnungen für fast zwanzig russlanddeutsche Familien aufgeteilt. Seit Ende der achtziger Jahre begann die Umsiedlung von Russlanddeutschen, vor allem aus Kasachstan und Kirgisien, in das Kaliningrader Gebiet. Nach Tschistye Prudy und die nähere Umgebung kamen allein 68 Familien. Die Spannungen in Mittelasien nahmen für die deutsche Minderheit zu, und die sowjetischen Behörden duldeten diesen hundertfachen Umzug in Richtung Westgrenze der Union. Für viele Russlanddeutsche hatte dies einen handfesten Grund: Wenn man schon nicht direkt in die damalige BRD ausreisen konnte, so doch dann wenigstens näher an die gelobte Ur-Heimat Deutschland.

Von den Bewohnern ihres Elternhauses erfahren die Rothe-Geschwister erstaunt, dass von über 800 Menschen, die in Tschistye Prudy leben, jeder sechste russlanddeutscher Abstammung ist. Und sie merken rasch, dass die Leute, ob Neuankömmlinge oder Alteingesessene, in katastrophalen Zuständen leben. All das beeindruckt Wolfgang Rothe so sehr, dass er beschließt zu helfen. Er organisiert den Transport von Hilfsgütern, die er in der Familie und im engeren Freundeskreis zusammengesammelt hat. Zunächst hat er nur einen Pick-up. Drei Jahre später sind bis zu zweihundert Menschen mit der Organisation und Logistik beschäftigt. Es werden Schokolade, Apfelsinen, aber auch Gummistiefel und Trainingsanzüge aus NVA-Beständen an die Bewohner verteilt, sowohl die russlanddeutschen Familien wie auch die seit über vierzig Jahren hier lebenden Russen. Doch mit den immer häufigeren Transporten, mitunter ein Konvoi aus mehreren Lastwagen und einem guten Dutzend deutschen Fahrern und Helfern, werden auch öffentliche Einrichtungen komplett runderneuert. Schulen, Kindergärten und die Sozialstationen (etwa der Sitz der Gemeindeschwester, die bei Krankheiten oder Geburten vor Ort hilft) erhalten durch Rothe und dessen Freunde und Bekannte aus verschiedenen «Lions Clubs» neue Fenster, Schultafeln, Herde, Bänke und Kühlschränke. Der gesamte nördliche, heute russische Teil des ehemaligen deutschen Kreises Goldap, dessen Kreisstadt nun in Polen liegt, wird so bis Mitte der neunziger Jahre versorgt, insgesamt sechzehn öffentliche Einrichtungen, dazu noch die Gruppen der Russlanddeutschen und Russen in jedem der vier größeren Dörfer.

Nach gut drei Jahren ist die Euphorie des Anfangs jedoch verflogen. Die Schwierigkeiten, oft auch Schikanen mancher Verwaltungsbeamter sind ermüdend und hören nicht auf, im Gegenteil. «Es ging einfach nicht mehr. Die russischen Bürgermeister, Krankenhausdirektoren und die Kreisbehörden verlangten nun, dass ich Ihnen alle Hilfsgüter ausliefere», erinnert sich Wolfgang Rothe. «Sie würden die Verteilung selbst übernehmen. Aber damit war das System gestorben. Denn es beruhte darauf, dass ich den jeweiligen Spendern am Ende der Reise eine Quittung geben konnte, dass ich die Sachen auch getreulich und richtig abgeliefert hatte. Wenn ich diese Quittungen, vielfach waren es auch einfache Dankesbriefe, nicht mehr hätte nach Deutschland zurückbringen können, dann hätte ich es bei den Spendern gar nicht weiter zu versuchen brauchen.»

Die Zeit der spontanen Hilfe aus Deutschland für das ehemalige Ostpreußen ist vorbei. Nun wollen die Autoritäten vor Ort selber bestimmen, wer die Lieferungen erhält. Auch der russische Zoll verlangt ab 1995 gar Abgaben für die gespendeten Waren. «Da war es aus!» Tschistye Prudy entgeht so eine einmalige Chance. «Wir mussten ein außer Dienst gestelltes Feuerwehrauto, dass uns gespendet wurde, zurückfahren, weil wir es nicht über die Grenze bringen konnten. Wir hatten es schon durch den polnischen Zoll geschafft und waren schon auf der russischen Seite, da sagten die Zöllner: Njet!»

Doch die Bindung zum Heimatort hat sich Wolfgang Rothe bewahrt. Nach seiner Pensionierung fängt er ein Geschichtsstudium an, um Chroniken der Dörfer seiner Heimatregion verfassen zu können. Bis heute hat er neun solcher Bücher geschrieben. Für Rothe ist es ein verzweifeltes Rennen gegen die Zeit, den zunehmenden physischen Verfall. Er will das Verschwinden der letzten Überreste aus der alten, der deutschen Zeit zumindest schriftlich aufhalten. Am meisten liegt ihm die Geschichte Tollmingkehmens

Wolfgang Rothe flieht als Zehnjähriger aus dem Elternhaus. Erst nach fast fünfzig Jahren kann er es wiedersehen. Seitdem lebt er dafür, die Geschichte der Region nicht vergessen zu lassen.

am Herzen. Der pensionierte Jurist aus Essen, früher jahrelang Personalleiter und Anwalt bei den Hamburger Aluminiumwerken, ist in seinem Element. Fast dankbar kann er in seinem Erinnerungsfundus kramen, historische Fakten mit den eigenen Erlebnissen der frühen Jahre vermischen: «Von Samonienen, unserem Gutshof, bis hierher zum Dorfkrug sind es genau zwei Kilometer, ein endlos weiter Weg für kleine Kinderbeine. Dort, gegenüber, da wohnte der Maler. Hinter diesem russischen Holzhaus war früher der Friseur, daneben ein Kurzwarenhändler, noch weiter daneben die Weißschneiderin und dann noch ein Kaufmann, nämlich ein Mühlenkaufmann, eine Mehlhandlung.»

Mit etwas Phantasie kann man sich das Dorf von damals, das deutsche Tollmingkehmen, vorstellen. Viele Häuser stehen immer noch, die Hauptstraße nimmt wie einst ihren historischen Verlauf, und die russischen Bewohner beschäftigen sich wie zu deutschen Zeiten vor allem mit der Landwirtschaft. Rothe ist aber nicht irgendein ehemaliger Bewohner von Tollmingkehmen. Er ist der Sohn des Gutsbesitzers, und das lässt sich auch bis heute nicht ganz verleugnen. Etwas weiter die Straße hoch, noch vor dem Dorfflüsschen, zu deutscher Zeit «Schwentischke» genannt, heute «Russkaja», steht ein Holzhaus, tief eingesunken, direkt am Straßenrand. Die Fenster, auf Höhe des Asphalts, sind vom ständigen Straßenstaub fast blind.

Ganz ähnlich wird es auch ausgesehen haben, als die Familie Rothe noch den Ton angab. In diesem hundert Jahre alten Haus wohnte einst der Schuhmachermeister. «Einen Schuhmacher gab es in jedem Dorf. Dieser hier war auch noch Bürgermeister. Mein Vater und mein Großvater, die Gutsbesitzer, haben nie Bürgermeister gespielt, das wollten sie nicht, und dann musste einer gefunden werden, das war dann eben der Schuhmachermeister.» So wurde also Politik im Dorf gemacht.

Als es noch zu Deutschland gehört, liegt Tollmingkehmen an einem Knotenpunkt der Eisenbahn. Am Bahnhof treffen die Linien Stallupönen – Goldap und Gumbinnen – Szittkehmen zusammen, der Ort hat also strategische Bedeutung als Umschlagplatz für die gesamte Gegend. Tollmingkehmen gehört zum Kreis Goldap. Der Kreis besteht aus 390 Orten mit 45 000 Bewohnern und geht seinerseits im Regierungsbezirk Gumbinnen (heute Gussew im Kaliningrader Gebiet) auf.

Die Dörfer rund um Tollmingkehmen tragen fast alle Namen, die litauische oder prussische Wurzeln haben. Im Dritten Reich ist das nicht deutsch genug. 1938 werden in einer großen Kampagne hier – wie in Westpreußen – die Orts- und Dorfnamen eingedeutscht. Aus Ballupönen wird Wittigshöfen, aus Oszeningken Pfalzrode, aus Pöwgallen Pöwen oder aus Iszlaudschen Schönheide. Tollmingkehmen verliert seine aus dem Litauischen stammende Endung und heißt nun Tollmingen, der Gutshof der Rothes nicht mehr Samonienen sondern Reiterhof.

Gut und Dorf liegen in einer hügeligen Vorlandschaft, nur wenige Kilometer südöstlich beginnt ein großes Wald- und Jagdgebiet, die Rominter Heide. Hier jagte Kaiser Wilhelm II. mit geradezu fanatischer Begeisterung, später ebenso der Reichsfeldmarschall und selbst ernannte Reichsjägermeister Hermann Göring. Seit 1928 bildet Tollmingkehmen verwaltungstechnisch eine Gemeinde, bestehend aus dem gleichnamigen Hauptort und den Ortsteilen Samonienen / Reiterhof und dem Vorwerk Skambrack / Roßfelde. Laut Volkszählung von 1939 leben in der Gemeinde insgesamt 530 Einwohner. Darunter sind 200 bis 250 Gutsarbeiter. Hinzu kommen die Beschäftigen vom Bahnhof, der Post, dem Standesamt. Es gibt eine Hebamme, einen Arzt, einen Tierarzt, einen Zahnarzt, einen Fleischbeschauer, einen Viehhändler und Vertreter für Landmaschinenbau sowie Vieh- und Düngerhandel.

Zwei Drittel der gesamten Bevölkerung sind Kleinbauern. Es gibt keinen Adel, keinen Großgrundbesitz, keine Junker, wie es in anderen Regionen Ostpreußens üblich ist. Dafür existieren in der Gemeinde Tollmingkehmen vier kleinere Gutsbetriebe. Sie sind aus den ehemaligen Domänen hervorgegangen, die im Zuge der preußischen Reformen von 1820 privatisiert wurden. So kann auch die Familie Kaeswurm-Rothe das Gut in Tollmingkehmen und den Hof Samonien in den Jahren 1818 bis 1825 erwerben. Industrie gibt es hier nicht. Nur die Rominter Heide sorgt in einigen wenigen Sägewerken für Arbeit. Die gesamte Gemeindefläche beträgt 858 Hektar, davon werden über 90 Prozent landwirtschaftlich genutzt.

Das Leben auf dem ostpreußischen Land, am äußersten Rand des Deutschen Reiches, ist in vielem noch rückständig. Es gibt keinen allgemeinen Strom- und Wasseranschluss, nur eigene Brunnen im Gutsbetrieb, im Gutshaus und im Dorfgasthaus. Strom ist im Gutshof vorhanden, beim Arzt, beim Dentisten, beim Tierarzt, in der Schule und im Gasthaus. Beim Arzt Dr. Götte, beim Gendarmen Olk, natürlich im Gutshaus und auch beim Kaufmann Weihe kann man in den dreißiger Jahren sogar schon telefonieren.

Das Machtzentrum im Ort ist das Gutshaus. Hier treffen der Gutsherr oder sein erster Stellvertreter, der Inspektor, die Entscheidungen für die Gemeinde und häufig auch für jeden einzelnen Einwohner. In Tollmingkehmen herrschen seit den zwanziger Jahren des 19. Jahrhunderts die Rothes. Wolfgangs Großvater, Dr. Otto Rothe, Sohn eines Zimmermanns hugenottischer Herkunft, ist Militärarzt. Die Großmutter ist die Tochter eines Mühlenbesitzers aus der Kreisstadt Goldap. Ihr Sohn Karl führt seit 1920 die Geschäfte auf dem Gutshof in Samonien – und nachdem seine Eltern 1936 nach Berlin ziehen, auch auf dem Hauptgut in Tollmingkehmen. Wolfgang Rothe und seine Familie leben auf dem Gutshof, anderthalb Kilometer vom Dorf entfernt. Ein stattliches Haus mit kleiner Auffahrt und einem großen Hof. Im Karree gebaut stehen hier Scheunen, Schweinestall, Kornspeicher mit Schrotanlage, Zuchtstutenstall und der Notstromgenerator zum Betrieb des gesamten Gutes. Auf dieser Seite wird gewirtschaftet. Hinter dem Haus wird gelebt. Die Südseite des Herrenhauses ist fast vollständig mit wildem Wein bewachsen, der im Herbst dunkelgrün bis dunkelrot leuchtet. Ein kleiner Park gibt den Blick frei auf die Niederung mit Wiesen und vereinzelten Baumgruppen.

Noch weiter am Horizont beginnt bereits der Waldsaum der Rominter Heide.

In dieser Umgebung, im Gutshaus mit der großen, schwarzweiß gefliesten Eingangshalle und der geschwungenen Holztreppe, bringt Louise Rothe, geborene Stoeckel, acht Kinder zur Welt. Wolfgang Rothe ist das sechste von ihnen. Natürlich liegen Welten zwischen dem Leben der Gutsfamilie und dem ihrer Landarbeiter. Diese leben mit vier Familien in einem kleinen Haus, maximal drei Zimmer für jeweils sieben bis neun Menschen. Die Wasserpumpe steht im Hinterhof, ebenso das Plumpsklo. Bis in die dreißiger Jahre muss man sich mit Petroleumlampen begnügen. Im Gutshaus dagegen ist seit 1920 eine Zentralheizung in Betrieb, mit einem großen Ofen im Keller. Es gibt ein Spielzimmer für die Kinder, eine Hausdame, eine Köchin, weiteres Personal. Die Kinder werden streng erzogen.

Außerhalb des Gutshofes ist es für sie nicht immer einfach. In der einklassigen Dorfschule, die auch Wolfgang Rothe in den ersten Jahren besucht, hat er seine Probleme mit den anderen Kindern. «Ich wurde häufig gehänselt und gelegentlich auch verdroschen. Das war ein besonderer Spaß, den Sohn des Gutsherren zu verhauen.» Der einzige Vorteil in solchen Situationen sind seine Lederschuhe. Die Schulkameraden haben nur Holzpantinen, die sie im Vorraum der Klasse abstellen müssen. Wolfgang Rothe darf seine Lederschuhe anbehalten. «Mit denen war ich aber schneller draußen als die anderen. Die mussten erst ihre Klumpen und Schlorren finden, das war für mich Gelegenheit, Reißaus zu nehmen. Und nicht nur einmal.»

An den Wolfgang in der Schule kann sie sich noch gut erinnern, auch wenn sie damals schon zehn Jahre älter war: Margarete Schmidt, in Tollmingkehmen geboren, lebt heute in einem bescheidenen Reihenhaus in Fuldatal bei Kassel. Ihr Vater war als Eisenbahner am Bahnhof von Tollmingkehmen beschäftigt. Ursprünglich waren ihre Eltern Landarbeiter auf dem Gut der Rothes, doch 1932 fängt der Vater bei der Bahn an. Erst als einfacher Strecken-

Schule

Gruß aus Tollmingkehmen (Ostpr.)

sthaus Karl Mallée

Kirche

Schleusenpartie

Ein ganz normaler Provinzort mit Kirche und Gasthaus: Tollmingkehmen, im Kreis Goldap, Provinz Ostpreußen. Laut Volkszählung von 1939 leben hier 530 Einwohner, davon bis zu 250 Gutsarbeiter.

wärter, später dann im Innendienst. Der Bahnhof steht am Anfang des Dorfes. Die Eisenbahnerfamilien wohnen alle zusammen in einem zweistöckigen grauen Haus am anderen Ende des Dorfes, dort wo die Straße nach Warnen die Schienen kreuzt.

Das Haus steht, äußerlich kaum verändert, noch heute. Margarete Schmidt hat die Lebensbedingungen der einfachen Leute, vor allem der Landarbeiter, noch im Gedächtnis. «Das Klo übern Hof, das würde heute keiner mitmachen. Aber die Leute kannten das nicht anders. Wenn zum Beispiel in einem Haushalt eine Oma war, die nicht mehr arbeiten ging, dann hat die auf die Nachbarskinder aufgepasst. So hatten die Mütter Gewissheit, da ist jemand, der passt auf, der guckt nach den Kindern. Die ganz Kleinen wurden dann in der Stube hingesetzt, ringsum Kissen gesteckt, damit sie nicht umfielen und nicht auf dem Kopf lagen. In der Mittagspause kamen die Mütter ganz schnell von der Feldarbeit heimgelaufen. Haben was zu Essen gemacht, in einer Stunde musste da alles über die Bühne gehen, und dann ging es wieder raus.»

Die Landarbeiter und ihre Familien haben schwer zu schuften. Die Männer mähen noch mit der Sense. Die Frauen binden die Garben. Und sie müssen das Fuder laden. Und die 60 Kühe auf dem Gut werden mit der Hand gemolken. Neben der bezahlten Arbeit wartet auf die Gutsangestellten noch ihr eigenes kleines, zugeteiltes Feld, auf dem sie für sich Kartoffeln und anderes anpflanzen dürfen, damit sie mit ihrem geringen Lohn besser durchkommen. Zeit ist dafür jedoch nur abends oder am Sonntag.

Zur Gutsbesitzerfamilie hat Margarete Schmidt ein sehr gemischtes Verhältnis. Zu den Kindern hat sie Kontakt durch die Schule, in der Nazizeit auch durch die gemeinsame Mitgliedschaft im Bund Deutscher Mädel (BDM). Mit Wolfgang Rothes älterer Schwester Christel ist sie sogar ein wenig befreundet, besucht sie ab und zu im Gutshaus und spielt mit ihr, meist auf der angrenzenden Reitbahn. Die Eltern, der Gutsbesitzer und seine Frau, sind dagegen absolute Respektspersonen. «Das war die Herrschaft. Das war die gnädige Frau und der gnädige Herr. Da musste man einen Diener oder einen Knicks machen. Die waren wie Götter. Wir waren eben die Untertanen. Und die regierten im Dorf.»

Von Tschistye Prudy aus läuft Wolfgang Rothe heute einen kleinen, verschlammten Weg entlang, durch ein Wäldchen, vorbei an zugewachsenen Wiesen auf sein Elternhaus zu. Das war vor über sechzig Jahren auch sein Schulweg. Das ehemalige Gutshaus steht heute zum Großteil leer. Nur zwei russlanddeutsche Familien leben noch im Erdgeschoss. Die anderen sind fast alle nach Deutschland ausgewandert. Kurioserweise besitzen sie heute noch ihren Anteil an den Zimmern und Wohnungen, die sie, als die Sovchose 1992 privatisiert wurde, zugesprochen bekamen. Deshalb ist es für Wolfgang Rothe und seine Geschwister auch so schwierig, das Elternhaus zurückzukaufen, es zu renovieren und dann eine neue Nutzung dafür zu finden. Zunächst müssten sie von jedem Anteilseigner sein Zimmer oder seinen Wohnungsbereich erwerben. Das scheint unmöglich.

Jedes Jahr verfällt das Gutshaus außen wie innen ein wenig mehr. Durch das Dach regnet es herein, einige Fenster sind zerstört, das Dachgebälk fault. Das Haus wurde zu sowjetischen Zeiten erst als Krankenhaus, dann als Kindergarten und zuletzt als Wohnhaus genutzt.

In der ersten Etage blickt Rothe aus dem Fenster auf den völlig zugewucherten Hofbereich, wo die meisten Gebäude längst abgerissen sind, weil man die Ziegelsteine für andere Baustellen brauchte. Ein trostloser Anblick. Vielleicht deshalb flüchtet sich Sohn Wolfgang in die Erinnerung an das wichtigste Betätigungsfeld seines Vaters Karl, das den Gutshof von vielen anderen in der Region unterschied.

Gutsbesitzer im östlichsten Ostpreußen zu sein heißt vor dem Krieg nicht automatisch, mit der Landwirtschaft auch großes Geld zu verdienen. Der Gutshof der Rothes wirft mit dem Getreideanbau und den Milchkühen gerade so viel ab, um den Betrieb, an dem auch das Dorf hängt, am Leben zu halten. Viele andere Güter der Umgebung wechseln seit der Jahrhundertwende häufiger den Besitzer, sei es, weil diese nicht gut wirtschaften oder sie in der Agrarkrise nach der Weltwirtschaftskrise Pleite gehen. Karl Rothe aber hatte ein Zusatzgeschäft entwickelt, das rasch zum Hauptgeschäft wurde: die Pferdezucht. Der Gutshof in Samonienen wird Deckstation für das benachbarte und berühmte Gestüt Trakehnen. Die Rothes können stolz sein: Achtzehn eingetragene Zuchtstuten hat der Hof vorzuweisen, er bildet den Aufzuchtbetrieb für die Zuchtfohlen von rund fünfzig bäuerlichen Pferdezüchtern der Region. Zusammen werden hier mehr als zweihundert Pferde gehalten. Aus der Zucht von Karl Rothe werden viele hochwertige Turnierpferde «ins Reich» exportiert. Der größte Erfolg sind drei

Pferde, die 1928 und 1936 Goldmedaillen im Springreiten bei den Olympischen Spielen erringen.

In Tschistye Prudy befindet sich gegenüber der Kirche eine große Weidefläche. Früher standen hier viele Pferde des Guts auf den Koppeln oder der Reitbahn, die an das alte Gutshaus in der Dorfmitte angrenzte. Wolfgang Rothe streift bei jedem seiner Besuche durch das Dorf und beobachtet bei vielen alten Häusern den raschen Verfall, der häufig auch deshalb beschleunigt wird, weil die zumeist bitterarmen heutigen Dorfbewohner die Dachziegel und das Mauerwerk systematisch abbauen und verwerten. Bis heute gibt es im Kaliningrader Gebiet kein großes Ziegelwerk, das den Bedarf an Steinen für Neubauten nur annähernd decken könnte. Eines der letzten noch erhaltenen Gebäude des alten Guts wird nun auch abgerissen. Der Stall, dessen Dach schon halb abgedeckt und die Seitenwände bereits an einigen Stellen abgetragen sind, ist ursprünglich etwa sechzig Meter lang und 15 Meter breit gewesen, mit einem Spitzdach und stabilem Fundament. 1943 wurde er auf Anordnung des Gutsbesitzers errichtet.

Karl Rothe, der im Dorf nach seinem ehemaligen militärischen Dienstgrad «der Major» genannt wurde, hatte im Gegensatz zu seinen Arbeitern keine Zweifel an einem positiven Kriegsausgang. Bei vielen anderen aber gab es die unterschwellige Furcht vor einem bösen Ende, auch wenn man darüber nicht offen reden durfte. Wolfgang Rothe erinnert sich: «Als der Stall gebaut wurde 1943, also gegen Ende des Krieges, da sagten die Gutsarbeiter, die bei den Mauerarbeiten mitgeholfen haben: ‹Den Stall bauen wir für die Russen.› Das habe ich damals nicht selbst gehört. Das haben mir die Kinder dieser Gutsarbeiter jetzt erst erzählt. Ihre Eltern seien nach Hause gekommen und hätten gesagt: ‹Der Major baut den Stall für die Russen.›»

Eines von vielen Zeichen für den nahenden Untergang. Der Sommer 1944 ist besonders schön. Wolfgang Rothe ist zehn Jahre alt und lernt zu dieser Zeit das Fahrradfahren. Die Ernte scheint prächtig zu werden, und er darf, weil fast alle Männer an der Front sind, gemeinsam mit den kriegsgefangenen Polen und Franzosen bei der Erntearbeit mithelfen. «Das Weiterfahren beim Aufladen des Getreidefuders von Hocke zu Hocke, das machten die Kinder. Oder das Nachharken: Das liegen gebliebene Korn wurde mit einer extra Harkmaschine hinter dem Fuder zusammengeharkt und weiter mit aufgelesen, damit nichts umkommt. Das machten Kinder. Und in diesem Sommer durfte ich das machen. Ich musste nicht, sondern ich durfte das machen. Ich wollte so sein wie alle Kinder auch. Und in dem Jahr durfte ich das.»

Die Nazi-Führung verbreitet Durchhalteparolen. Die verordnete Idylle ist jedoch längst brüchig. Das befohlene Ausharren wird von den Gutsbesitzern der Umgebung heftig diskutiert. Für die Familie Rothe ist es ohnehin eine schwere Zeit. Wolfgangs Vater Karl stirbt am 21. August in einem Königsberger Krankenhaus, er litt seit langem an einer so genannten Schrumpfniere. Seine Frau Louise muss nun die Führung der Familie und des Dorfes übernehmen. Die Tage des alten Tollmingkehmen sind gezählt. «Das fing an mit jeder Menge Soldaten, Nachschub- und Ersatzeinheiten, die hier vorbereitet wurden, die Grenze zu verteidigen, welche 20 Kilometer weiter im Osten verläuft. Die machten Manöver. Ich kann mich erinnern, dass mein Vater ins Krankenhaus kam und dann starb und hier beerdigt wurde und dass die beiden einzigen Nachbarn, die nicht im Krieg waren, in kürzeren Abständen zur Mutter kamen und wieder wegfuhren. Meine Mutter hat mir hinterher erzählt, die haben sie bestürmt, sie soll doch endlich die Kinder nehmen und von hier weggehen. Aber sie spürte die Pflicht als Gutsfrau, und das war bei allen so. Keiner wollte weggehen und die Leute zurücklassen.»

Noch weniger als die Rothes ahnen Margarete Schmidt und ihre Familie, dass die Front nicht mehr weit ist. Ihr Vater muss noch immer seinen Dienst am Bahnhof und an den Gleisen versehen, kann nicht einfach mit der Familie flüchten. Margarete hat zudem gerade einen kleinen Jungen geboren. Die Durchhalteparolen werden immer dünner. «Es war eine ganz miserable Stimmung.

Alle hatten Angst. Denn es hieß ja immer, die Deutschen, die besiegen die Russen und schlagen sie zurück. Aber die kamen dann immer weiter voran, und da hat keiner mehr daran geglaubt. Wir hörten ja schon immer Kanonendonner. Und dann kam die deutsche Artillerie, die ist zehn Kilometer weiter von uns in Stellung gegangen. Das ging so bis zum Oktober 1944. Dann hieß es: «‹Nichts wie weg, die Russen sind durch.›»

Margarete Schmidt und Wolfgang Rothe, die Eisenbahnertochter und der Gutsbesitzersohn, haben Glück. Beide werden noch rechtzeitig weggeschickt. Margarete fährt im Juli mit ihrem Neugeborenen zu den Schwiegereltern nach Landsberg, weiter westlich, aber immer noch in Ostpreußen gelegen. Wolfgang wird unter Aufsicht der ältesten Schwester mit noch zwei kleineren Geschwistern vier Wochen vor der großen Flucht des ganzen Dorfes zu Verwandten nach Hinterpommern gebracht.

Am 18. Oktober 1944 ist die Zeit abgelaufen. Das Dorf Tollmingkehmen wird in letzter Minute evakuiert. Wolfgang Rothe hat vieles über diese dramatischen Tage von seiner Mutter erfahren. Später, nach Kriegsende, findet seine Familie auch noch den Hauptmann einer Wehrmachtseinheit, die auf dem Rückzug im Gutshaus der Rothes ihren Regimentsstab eingerichtet hatte. Die Rote Armee hatte bereits die Grenze von Litauen aus überschritten, und die Hauptkampflinie war nur noch zehn Kilometer entfernt. Dieser Hauptmann, ein gewisser Max Rehbein, erzählt Wolfgang Rothe, was am 18. Oktober geschah. «Abends sagte der Hauptmann Rehbein zu meiner Mutter: ‹Jetzt wird es aber Zeit.› Im Dunkeln hat sie ihm den Schlüssel übergeben von dem alten Portal. Dann ist sie, ohne sich umzudrehen, über den ganzen Hof zu dem für sie bestimmten Treckwagen gegangen und in der Nacht verschwunden. Der Treck floh zehn Tage lang, etwa hundert Kilometer weit in die Mitte der Provinz Ostpreußen, bis in den Kreis Rössel. Dort blieben die Leute aus Tollmingkehmen bis Januar 1945. Als die Russen in der großen Offensive am 12. Januar losrückten, mussten sie auch in Rössel aufbrechen. Manche kamen durch, manche nicht.»

Das Gutshaus in Samonienen/Reiterhof, vom Park aus gesehen. Vor dem Zweiten Weltkrieg ist es das Machtzentrum des Ortes, mit einer Zentralheizung seit 1920. In der sowjetischen Zeit wird es zunächst Krankenhaus, dann Kindergarten und zuletzt Wohnhaus für bis zu 20 russlanddeutsche Familien aus Kasachstan und Kirgisien. (Oben Foto von 1935[?], unten Ansicht von 2004)

Im Gutshaus der Rothes herrscht am 18. Oktober abends, nachdem der Treck auf der Straße in Richtung Westen verschwunden ist, Endzeitstimmung. Hauptmann Rehbein erzählt den Rothes später, dass die Soldaten sich inzwischen auf dem Hof eingerichtet und gefunden hatten, wonach sie suchten: den Weinkeller. Einige hatten aus Verzweiflung zu viel getrunken. Ein Leutnant der Einheit setzte sich an den Flügel im Festsaal und spielte das Lied «Für Elise». Dann stand er auf, ging in den Garten und erschoss sich mit der Pistole.

Für die Familie von Margarete Schmidt ist die Nacht vom 18. auf den 19. Oktober ein Albtraum. Unter der Führung der Mutter von Wolfgang Rothe und ihrem Inspektor hat der Treck das Gut verlassen. Alle noch im Dorf verbliebenen Bewohner werden auf diesem Treck mitgenommen. Bis auf die zwei Familien im Eisenbahnerhaus, das am Dorfende ein wenig abseits steht. Das Eisenbahnerhaus wurde vergessen, erinnert sich Margarete Schmidt, «die haben sie nicht benachrichtigt, die zwei Frauen. Vielleicht, weil sie angenommen haben, dass der Bahnhof noch besetzt ist. Aber die waren ganz allein da mit ihren Kindern. Die Nachbarin hatte zwei Kinder, und meine Mutter hatte den kleinen Hans. Im Dorf war alles leer, da war keine Menschenseele mehr».

In dieser Situation, auf sich allein gestellt, die russischen Truppen nur noch wenige Kilometer entfernt, haben die beiden Frauen mit ihren Kindern großes Glück: Der Vater von Margarete Schmidt hat während seines Dienstes gerade im nahen Bahnhof zu tun. Kurzerhand nutzt er seine Möglichkeiten. «Er hat mit Kollegen eine Lok samt Güterwaggon rückwärts vorgeschoben, also runter vom Bahnhof auf den Gleisen bis vor unser Haus an der Bahnschranke. Und so konnten sie ihre Frauen, die Kinder und deren Sachen einladen und wegfahren, bis in die Kreisstadt nach Goldap. Dort sind sie dann später mit dem Treck wieder zusammengetroffen.»

Der erste Versuch der Roten Armee, Ostpreußen zu erobern und in einer Zangenbewegung vom Rest des Reiches zu trennen, beginnt am 16. Oktober 1944. Das Ziel, die Hauptstoßrichtung der 2. Belorussischen Front, ist die Bezirkshauptstadt Gumbinnen. Deshalb wird dieser letztlich fehlgeschlagene Versuch in Militärkreisen auch «Operation Gumbinnen» genannt. Zunächst gelingt es den sowjetischen Truppen recht schnell, die deutschen Linien, die aus mehreren schwer bewaffneten Verteidigungsringen bestehen, zu durchbrechen, so bei den Orten Schirwindt, Eydtkuhnen und am Vyschtiter See. Kusma Galizikij, General der 11. Gardearmee, schreibt in seinen Erinnerungen, der Hauptstoß in Richtung Gumbinnen sei auch durch Tollmingkehmen verlaufen. Das Dorf ist sowohl von den Russen wie auch von den deutschen Verteidigern als strategisch wichtiger Knotenpunkt von Bahn- und Straßenverbindungen ausgemacht.

Am frühen Morgen des 20. Oktober erreichen Einheiten der 84. Gardeschützen-Division, wenige Stunden, nachdem der Treck der Dorfbewohner sich in Bewegung gesetzt hat, den Ortsrand von Tollmingkehmen und werden von deutschen Truppen sofort in heftige Kämpfe verwickelt, die bis zum nächsten Tag andauern. Erst mit der Unterstützung der 18. Gardedivision aus dem Süden kann Tollmingkehmen schließlich am folgenden Tag erobert werden. General Galizkij vermeldet: «Gegen 14 Uhr am 21. Oktober ist der Ort vom Feind gesäubert.» Insgesamt dauert diese erste Offensive der Roten Armee im Oktober 1944 nur zehn Tage und wird wegen des anhaltenden Widerstands der deutschen Verteidiger zunächst abgebrochen, ehe am 12. Januar 1945 die zweite, weit größere Offensive die Rote Armee in wenigen Tagen bis an Königsberg heranführt.

Ende Oktober 1944 stabilisiert sich die neue Frontlinie zunächst. Die sowjetischen Angreifer sind nur 30 Kilometer tief auf deutsches Gebiet vorgerückt. Doch im besetzten Gebiet liegt auch Tollmingkehmen. Wolfgang Rothe findet Jahrzehnte später, Anfang der neunziger Jahre, eine Zeichnung in einem Kaliningrader Museum. Zu sehen ist sein Elternhaus, von einem russischen Soldaten per Feder skizziert. Im Park vor der unverkennbaren Südseite ste-

Das Gutshaus der Rothes kurz nach der Einnahme durch die Rote Armee. Ein Soldat zeichnet die Südseite. Er schreibt dazu: «Ostpreußen. November 1944. Tollmingkehmen (ehemaliges Herrenhaus)».

hen Militär-Lkws. Zelte sind zu erkennen, sowjetische Wachtposten und ein Lkw mit aufgesessenen Infanteristen. Das Gutshaus der Rothes ist sowjetisches Armeequartier geworden. Der russische Zeichner schreibt unter sein Bild: «Ostpreußen. November 1944. Tollmingkehmen (ehemaliges Herrenhaus)».

«Alte slawische Erde – dem Feind abgekämpft»

Wenn man von Tschistye Prudy in Richtung Westen fährt, auf der Straße, die am ehemaligen Gutshof Samonienen vorbeiführt und auf der vielleicht an jenem Oktoberabend 1944 der große Dorftreck auf Nimmerwiedersehen seine Flucht begann, müssten laut alter Landkarte nach wenigen Kilometern auf der rechten Seite die

Häuser des Guts Waldaukadel erscheinen. Tatsächlich existieren davon nicht einmal mehr Ruinen. Zur Linken, auf der anderen Seite der Eichenallee, ist ein Soldatenfriedhof. Unter Pappeln, eingezäunt und gepflegt mit Mitteln des Volksbunds Kriegsgräberfürsorge, liegen hier die sterblichen Überreste Hunderter Soldaten. Es sind nicht die Gefallenen der Kämpfe um Tollmingkehmen im Herbst 1944, sondern die Opfer der Kavalleriegefechte, die sich deutsche und russische Truppen im Ersten Weltkrieg geliefert haben. Für die toten sowjetischen Soldaten aus dem Herbst 1944 hat man später einen Gedenkstein und Namenstafeln in der Mitte einer zentralen Kreuzung in Tschistye Prudy errichtet. Die Namen von über zweitausend Soldaten und Offizieren sind dort verzeichnet. Von den Toten der deutschen Seite und ihrem Verbleib ist nichts bekannt. Der alte Soldatenfriedhof bei Waldaukadel hingegen, angelegt nach dem Ersten Weltkrieg, beherbergt die sterblichen Überreste deutscher und russischer Soldaten.

In den Jahren vor dem Zweiten Weltkrieg kommen die Russen in den Gesprächen der Deutschen rund um Tollmingkehmen wenig vor. Denn ihre direkten Nachbarn jenseits der Grenzen sind zu dieser Zeit die Polen und Litauer. Die Russen sind noch weit weg. Einzig den Einfall der russischen Armee 1914, die Kämpfe des Kaiserreiches gegen die Truppen des Zaren, das hatte man im Gedächtnis. 1914 erreichen russische Truppen bereits 24 Stunden nach Kriegsbeginn Tollmingkehmen. Nicht alle aus dem Dorf fliehen damals. Wolfgang Rothes Großeltern, die damaligen Herrschaften, und mit ihnen sämtliche Gutsarbeiter bleiben, wo sie sind, werden Zeuge einer Kriegsführung, die uns heute merkwürdig erscheint. Die Kavallerieattacken wechseln sich fast täglich ab und damit auch die Eroberung von Dorf und Gut. Mal sind die Russen abends da, ihre Offiziere sitzen bei Rothes zu Tisch, und am nächsten Morgen die Deutschen, und wieder umgekehrt. Beide Seiten verschonen weitgehend die Zivilbevölkerung.

Als im Oktober 1944 ganz Tollmingkehmen vor den sowjetischen Truppen flieht, mögen die Älteren noch an die Erfahrungen von 1914 gedacht haben. Es wird vielleicht nicht so schlimm kommen. Man flieht, kehrt zurück und räumt den Schaden wieder auf. Wolfgang Rothe erinnert sich genau an die Schilderungen seiner Mutter Louise über das Unbehagen vieler Dorfbewohner, während sie vor der Roten Armee fliehen. «Die ganze Fluchtzeit hatte meine Mutter als Leiterin des Trecks ein Hauptproblem. Nämlich die Leute zu bewegen, sich immer weiter von zu Hause zu entfernen. Im Oktober war für sie das Problem: Wir dürfen nicht so weit wegfahren, dass wir nicht im nächsten Frühjahr rechtzeitig zurück sind, um die Kartoffeln einzusetzen.»

Doch diesmal gibt es kein Zurück nach Tollmingkehmen, auf das Gut Samonienen, in die eigenen Häuser. Diesmal ist die Flucht endgültig. Keiner der Dorfbewohner kann es zu diesem Zeitpunkt wissen: Ihre Felder und Äcker werden über zwei Jahre lang brachliegen, und danach wird die alte Kulturlandschaft im nordöstlichen Ostpreußen für immer zerstört sein.

Es beginnt nach dem Ende des Zweiten Weltkriegs ein Experiment ohne Beispiel. Eine ganze Region wird ihrer Menschen und ihrer Geschichte beraubt. Als Resultat der Abkommen von Jalta und Potsdam erhält die Sowjetunion das nordöstliche Ostpreußen als Kriegsbeute. An eine mögliche Rückgabe wird im Kreml nie gedacht. Die Ziele Stalins sind bereits endgültig: Es gilt, einen kommunistischen Außenposten auf ehemals deutschem Terrain zu etablieren, die «Kornkammer des Deutschen Reiches» und, noch wichtiger, einen eisfreien Zugang zur Ostsee zur übernehmen und ein ehemaliges Herzstück des «militaristischen und revisionistischen» Preußens in ein sowjetisches Musterland umzuwandeln.

Um das zu erreichen, werden Menschen gebraucht. Sowjetische Menschen, die ab 1946 planmäßig und in Massen nach Ostpreußen umgesiedelt werden. Der russische Historiker Jurij Kostjaschow hatte noch in den letzten Jahren der Sowjetunion begonnen, sich mit der Entstehungsgeschichte des Kaliningrader Gebietes zu beschäftigen. Sein Ziel war es, die Angehörigen der ersten sowjetischen Generation auf ehemals deutschem Boden selbst erzählen zu lassen. Bis weit in die neunziger Jahre stieß er dabei jedoch auf große Widerstände bei den Bewohnern wie bei den Behörden des Kaliningrader Gebiets. Denn das, was die ersten russischen Übersiedler in zahllosen Interviews der Forschungsgruppe von Kostjaschow erzählten, widerspricht zumeist der sowjetischen Propaganda und dem Geschichtsverständnis der heutigen Bevölkerungsmehrheit. Nach diesen Recherchen ist eines unstrittig: «Die massierte Besiedlung durch sowjetische Zivilisten begann 1946 aufgrund einer speziellen Regierungsanordnung, die von Stalin persönlich unterschrieben worden war. Es wurden zirka zwanzig Kreise aus Russland und Weißrussland festgelegt, aus denen die Übersiedler kommen sollten. Dort wurden Eisenbahntransporte zusammengestellt, und mit Beginn des August 1946 kamen diese nach und nach im Kaliningrader Gebiet an. Die Übersiedlung dauerte mehrere Jahre und endete etwa Mitte der fünfziger Jahre.» Insgesamt kommen über 42 000 Familien, zusammen fast 190 000 Menschen bis Ende 1953 in das ehemalige Land des gerade besiegten Feindes.

Wer sind diese Menschen? Zu den allerersten neuen Bewohnern des nordöstlichen Ostpreußens gehören Soldaten, die aus dem Kriegsdienst entlassen wurden, und ehemalige Kriegsgefangene, die sich entschließen, nicht wie die große Mehrheit nach Hause zu fahren, sondern einfach zu bleiben. Dann kommen die «Besten der Besten», wie es die sowjetische Propaganda ihren eigenen Landsleuten weismachen will. So zeigt ein sowjetischer Wochenschau-Bericht Ende der vierziger Jahre einen Lkw mit offener Ladefläche, voll beladen mit fröhlich und optimistisch ausschauenden Menschen. Männer, Frauen, Kinder, die durch eine blühende Obstbaumallee fahren. Oberhalb der Windschutzscheibe ist ein übergroßes Stalinporträt befestigt, umkränzt mit frischen Blumen und Zweigen. Der Sprecher erklärt mit fester Stimme: «Das Kaliningrader Gebiet. Dem Feind abgekämpft wurde diese alte slawische Erde. Neues Leben haben ihr sowjetische Menschen eingehaucht, die angereist sind aus allen Ecken des Landes.»

Dies war das offizielle Bild der sowjetischen Besiedlung des ehemaligen Feindeslands. Eine Zwecklüge der Propaganda, wie der Historiker Kostjaschow bestätigt: «Wenn man der Regierungserklärung glauben möchte, dann wurden hierher nur die Allerbesten eingeladen, die besten Kolchosniki, Vorzeigearbeiter. Doch die Realität sah ganz anders aus. Diejenigen, die ein Haus besaßen, hatten keinen Grund, hierher zu kommen. Es waren also hauptsächlich Leute, die sehr unter dem Krieg gelitten hatten, deren Haus im besetzten Gebiet abgebrannt war, die ihr Familienoberhaupt im Krieg verloren hatten. Und die typischen Übersiedler waren sogar mehr Frauen als Männer, mit einem oder mehreren Kindern. Kurz gesagt, das waren Leute, denen der Krieg am übelsten mitgespielt hatte.»

Tamara Worobjowa, die letzte noch lebende Übersiedlerin, die mit der ersten Gruppe nach Tollmingkehmen kam, ist wie die allermeisten anderen vom sowjetischen Staat geworben worden. In den ausgewählten Kreisen Russlands und Weißrusslands rollt bereits 1946 eine regelrechte Werbekampagne. Mit Plakaten, Radiosendungen und gezielter Agitation in Kolchosen und Fabriken werden vor allem jene Leute, denen es zu Hause schlecht geht oder die für sich keine Perspektive sehen, animiert, nach Ostpreußen zu ziehen.

Die Lebensumstände der Familie Worobjow sind typisch für viele Tausend Übersiedler, die das Abenteuer wagen, eine neue Heimat im ehemaligen Ostpreußen zu suchen: «Unser Vater war in der Stadt Kowrow in einer Armeefabrik beschäftigt. Als es bei uns im Dorf gar nichts mehr zu essen gab, hat er uns alle in die Stadt geholt, aber unserer großen Familie wurde nur ein einziges Zimmer gegeben. Man vertröstete uns jahrelang, dass es später besser würde und wir eine Wohnung bekämen. Etwas zu essen zu bekommen, war auch nach Kriegsende unglaublich schwer. Ein Brotgeschäft wurde eröffnet, da stand die ganze Stadt an. Nachts schrieb man sich in Wartelisten ein, wir hatten aber in unserer Familie niemanden, der anstehen konnte, da wir mittlerweile alle in

Tamara Worobjowa mit Mann und ihren zwei Kindern, Anfang der fünfziger Jahre in Tschistye Prudy. Das sind die Jahre einer ersten, bescheidenen Stabilität für die Übersiedler, die lange brauchen, um sich in der fremden Umgebung einzuleben.

der Armeefabrik arbeiten mussten. Und dann kam eines Tages ein gewisser Sagainow vom Gebietskomitee, der begann uns alle zu agitieren, dass wir doch hierher kommen sollten nach Ostpreußen. Unser Vater kam abends nach Hause und fragte: ‹Nun, Kinder, wie sieht's aus? Sie erzählen, dort gibt es eine interessante Natur, es soll warm sein.› Mehr hat er nicht gesagt, nur dass es dort eine gute Natur gibt. Ein hervorragendes Klima, da wachse mehr, bei uns friert ja alles schnell ein. ‹Fahren wir?›, hat er gefragt. Und wir haben eingewilligt.»

Das Wichtigste für die Familie von Tamara Worobjowa wie überhaupt für alle Übersiedler sind aber nicht die Aussichten auf ein wärmeres Klima, sondern vor allem die vielfachen Vergünstigungen, mit denen der Staat sie lockt. Der Transport samt Hausrat und – falls vorhanden – Tieren (bis zu zwei Tonnen) ist per Güterwaggon gratis. Außerdem wird mit einem eigenen, kostenlosen Haus auf dem Land geworben, dazu eine Kuh oder ein Darlehen für ihre Anschaffung in Höhe von 3000 Rubeln. Zudem werden den Übersiedlern Schulden erlassen, und sie werden für drei Jahre von Steuern und Pflichtabgaben an den Staat befreit. Nicht zuletzt gibt es 1000 Rubel Reisegeld für jedes Familienoberhaupt und je 300 Rubel für jedes Familienmitglied, dazu die Garantie, zu vergünstigten Preisen einkaufen zu können.

Nach vier Jahren eines grausamen Krieges mit teils furchtbaren Folgen für die Zivilbevölkerung wollen sich viele dieses staatliche Versorgungspaket nicht entgehen lassen. Es geht dabei auch um elementare Dinge, wie ein Auszug aus der Verordnung des Ministerrats der UdSSR vom 9. Juli 1946 zeigt: «Das Handelsministerium der UdSSR ist dazu verpflichtet, jeder Übersiedlerfamilie … am Ort zu staatlichen Preisen zu verkaufen: Mäntel, 30 Meter Baumwollstoff, zehn Liter Kerosin, zehn Kilo Salz, 40 Streichholzschachteln und jedem Familienmitglied: ein Paar Schuhe, eine Kopfbekleidung (Tuch, Mütze), zwei Paar Socken und Strümpfe, zwei Rollen Faden und ein Kilo Kernseife.»

Oft gibt es große Unterschiede bei der Verteilung dieser Privilegien. Nicht alle erhalten das größtmögliche Versorgungspaket. An manchen Orten gibt es nur einen Teil der Vergünstigungen, trotz Versprechungen zuweilen auch gar nichts. Was in speziellen Werbe-Zeitungen und auf den Agitationsversammlungen garantiert wird, erweist sich später vor Ort oft als ein reines Märchen. Jurij Kostjaschow hat aus den vielen Interviews mit den ersten Übersiedlern ein ganz anderes Bild gewonnen: «Für viele war die Realität ernüchternd. Am Anfang gab es noch genügend Häuser zum Verteilen, man setzte auch beispielsweise die Deutschen einfach auf die Straße. Aber ab 1948 gab es kaum noch freie Häuser oder Wohnungen. Daher waren die Übersiedler enttäuscht. Es begann bald eine schnelle Abreisewelle der Bevölkerung zurück nach Russland. Das war übrigens das Hauptgeheimnis der gesamten Aktion: wie viele Leute wieder zurückgekehrt sind. Natürlich gibt es darüber keine offiziellen Zahlen, aber aus geheimen Statistiken kann man schlussfolgern, dass etwa 65 Prozent der Leute in den ersten zehn Jahren zurückgefahren sind. Also zwei Drittel derjenigen, die hierher gezogen sind, kehrten zu ihren Heimatorten zurück.»

Die neue Bevölkerung Ostpreußens ist in den ersten zehn Jahren nach dem Krieg einem ständigen Wandel unterworfen. «Die einen reisten an, andere verließen die Ecke wieder, manche reisten zwei- oder dreimal an. Es gab eine permanente Rotation innerhalb der Bevölkerung. Viele kamen hierher, weil es eine der wenigen Stellen in der UdSSR war, wo man Bauern einen Pass ausstellte. Die Bauern waren ja praktisch Kolchosniki, sie waren ihrer Kolchose zugeordnet. Wenn sie hier einen Pass bekommen konnten, hatten sie die Möglichkeit, ein neues Leben zu beginnen. Es gab auch die Gruppe der so genannten professionellen Übersiedler, die Vorteile, Gelder und so weiter in Anspruch nahmen und sich mehrmals für die Übersiedlung anwerben ließen. Diese Zeit der Unbeständigkeit hat bis heute die Mentalität der Kaliningrader geprägt.»

Die Enttäuschung der Angereisten, die nach tagelangen Fahrten in zugigen Güterwaggons endlich in einer völlig fremden Umgebung ausgeladen werden, ist auch deshalb so groß, weil die Zerstörungen vor Ort weit stärker sind, als sie sich ausgemalt haben. Anders als in Schlesien oder im Sudetenland treffen die neuen Bewohner nicht auf Häuser und Höfe, die gerade erst verlassen wurden. Sie können es sich nicht, wie sonst häufig kolportiert, in den gemachten Betten, in den wohlbestallten Häusern der einstigen Bewohner gemütlich machen.

Tamara Worobjowa erinnert sich an ihre Ankunft in der neuen Heimat Anfang September 1947: «Wir kamen auf dem Bahnhof in Tollmingkehmen an. Ein Armeelastwagen holte uns ab, um uns auf die einzelnen Häuser aufzuteilen. Und als wir bei diesem Haus ankamen, war alles zugewachsen, ein einziges Unkraut, man kam da gar nicht voran. Das Auto kam schließlich durch. Es gab keine Fenster, keine Türen. Der Vater und der Bruder sprangen vom Wagen und schauten sich um. Die Öfen waren alle zerstört, der Fußboden aufgebrochen. Wir sagten sofort: Hier wollen wir nicht leben, bringt uns zurück. Aber der Soldat, ein junger Mann, sagte: Wo soll ich euch hinbringen? Höchstens in die Kaserne. Also wurden wir ausgeladen. Wir setzten uns erst einmal hin und weinten, während die Männer begannen, die losen Ziegel aus dem Haus zu schleppen.»

Warum aber sieht es bei der Ankunft der ersten Übersiedler 1947 bereits in vielen Orten und Dörfern Ostpreußens so desolat aus? Einer, der vieles dazu erzählen kann, lebt heute schwer krank in der Repinstraße in Kaliningrad. Alexander Studinskij, 85 Jahre alt, ein kleiner, drahtiger Mann mit lebhaften blauen Augen, ehemals Hauptmann im 247. Garde-Regiment, Befehlshaber eines Minenwerferzuges, mit dem er an der Eroberung Ostpreußens teilnimmt. Studinskij bleibt im Land, zieht nicht mit den vorrückenden Truppen weiter in Richtung Berlin. Er wird stattdessen dazu auserkoren, mit anderen Offizieren das gerade eroberte Ostpreußen zunächst provisorisch zu verwalten. Alexander Studinskij soll gemeinsam mit anderen die Leitung des deutschen Kreises Stallupönen übernehmen, dem auch der Ort Tollmingkehmen zugeordnet wird.

Von Februar 1945 bis Mitte 1946 untersteht die deutsche Provinz Ostpreußen ausschließlich der sowjetischen Militärverwaltung. Anderthalb Jahre herrschen in den Dörfern und Städten nur die Soldaten der Roten Armee. Es ist eine furchtbare Zeit für die verbliebene deutsche Zivilbevölkerung. Aus diesen Jahren wird von vielen Gräueltaten berichtet: Diebstählen, Vandalismus, massenhaften Vergewaltigungen und Morden. Die Militärverwaltung bekommt viele dieser Ausschreitungen nicht in den Griff, oder es ist ihr schlicht gleichgültig. Sie ist zunächst nur am reibungslosen Ablauf der gewaltigen Kriegsreparationsleistungen interessiert, die mit jedem weiteren Vorrücken der Roten Armee sofort in die Sowjetunion abtransportiert werden. Das Gebiet Ostpreußen dient den Sowjets dabei als Umschlag- und zeitweiliger Lagerplatz für demontierte Industriebetriebe, Viehbestände, Kunst- und Kulturgegenstände, die aus Deutschland kommen.

In Ostpreußen selbst wird alles wertvoll Erscheinende aus Häusern und Höfen herausgeholt. Da sind zunächst die Soldaten und

Offiziere, die sich mit Gebrauchsgegenständen eindecken, die sie später auf dem sowjetischen Schwarzmarkt tauschen oder zu Geld machen wollen. Dann werden viele Häuser von Einheimischen aus dem benachbarten Litauen geplündert. Die Gelegenheit ist günstig, die meisten Ostpreußen sind geflohen, und die selbst Not leidenden Litauer können, wenn es nicht auf den Schwarzmarkt gelangt, alles auch zu Hause gut gebrauchen: vom elektrischen Schalter bis zum Spiegel, von der elektrischen Tränke in den Ställen und den Ackergeräten bis hin zum Mobiliar, Hausrat und Hauseinrichtungen.

Nicht zuletzt kommen aus den vielfach zerstörten Gegenden der Sowjetunion, aus Regionen, in denen die Wehrmacht nur verbrannte Erde hinterlassen hatte, sehr schnell Abgesandte, die ihre

Alexander Studinskij (Mitte) nimmt als Hauptmann im 247. Garde-Regiment an der Eroberung Ostpreußens teil. Kurz darauf ist er mit seinem amerikanischen Jeep als Militärverwalter im deutschen Kreis Stallupönen unterwegs.

Ansprüche anmeldeten, erklärt Alexander Studinskij. «Es gab dazu regelrechte Regierungsanweisungen. Zu uns kamen Delegationen nach Ostpreußen, die forderten im Gebietskomitee Dinge ein, wie etwa ein Akkordeon, ein Klavier oder einen Spiegel, um bei sich das Kulturhaus wieder aufzubauen. Verstehen Sie, da gab es in deren Gebieten ja auch kein Glas mehr, alle Fenster waren zerschlagen worden. Deshalb wurden hier in Ostpreußen auch die Fenster abtransportiert oder sogar Stromkabel aus den Wänden gerissen. Oder etwa die Viehbestände, die zurückgeblieben waren, Kuhherden aus ostfriesischer Rasse wurden aufgeteilt und an verschiedene Kolchosen in die UdSSR geliefert. Das Gleiche passierte mit den Schafen. Begehrt waren auch die Zinkleitungen auf den Bauernhöfen. Alles wurde offiziell oder halb offiziell abtransportiert.»

Dieses Schicksal trifft viele verlassene Dörfer, Güter und Höfe Ostpreußens. Tollmingkehmen und Umgebung sind bereits seit ihrer frühen Eroberung im Herbst 1944 an der Reihe. Die auf diese Weise geplünderten Häuser und Gebäude müssen meist ohne Fenster und Türen mindestens zwei Winterperioden überstehen, von denen der Winter 1946/47 als der kälteste der gesamten Nachkriegszeit gilt. Erst seit Ende 1946 reisen die ersten russischen Übersiedler an. Es ist für sie eine völlig fremde Welt und die meisten wissen nicht, dass hier durchaus noch Deutsche leben. Anna Neumejka trifft mit Mann und Kindern 1948 in Tollmingkehmen ein. «Die Zerstörungen haben uns einen ganz schönen Schrecken eingejagt. Die Häuser in unserem Dorf waren zwar außen alle ganz, nur die Fenster fehlten. Aber innen war alles stark beschädigt. Der russische Iwan hat mehr zerstört, als im ganzen Krieg kaputtging. Dann kamen auch noch die Litauer. Sie haben alle Kacheln in den Häusern abgerissen und auf den Friedhöfen die Grabsteine entfernt. Dachziegel ebenfalls. (…) Wir haben dann für uns ein kleines Gehöft gesucht und gefunden.»

Oder Raissa Jeschkowa, die aus dem Vladimirer Gebiet wegen großer Hungersnot mit ihrer Familie 1948 nach Ostpreußen fährt und ebenfalls in Tollmingkehmen ausgeladen wird: «Das Haus war ein gutes, deutsches Haus. Es musste natürlich repariert werden. Es fehlten einige Türen und Fenster. ‹Iwan Iwanowitsch› war auf der Suche nach Fenstern und Türen vorbeigekommen. Wir haben alles selbst repariert. In den Nachbarhöfen haben wir die nötigen Sachen eingesammelt. So wurde es gemacht: Von einem Gehöft abgebaut, am anderen wieder eingebaut. (…) Am Anfang haben wir uns natürlich sehr gefürchtet, vor allem als es noch keine Fenster im Haus gab. Wir haben abwechselnd geschlafen und vor dem Haus mit einer Glocke gewacht. [Wir hatten Angst] vor den Deutschen. Wir dachten, dass sie uns angreifen könnten. Über sie wurde alles Mögliche erzählt.»

Trotz der großen Flucht sind nicht wenige Deutsche in den eroberten Gebieten zurückgeblieben. Einige hatten nicht rechtzeitig fliehen können, andere werden auf dem Treck von der Roten Armee überholt. Von knapp zweieinhalb Millionen Ostpreußen leben nach Kriegsende noch etwa 139 000 Deutsche im besetzten Gebiet. Die meisten im Raum Königsberg und in der Stadt selbst. Viele werden von der sowjetischen Militärverwaltung gezwungen, in so genannten Nebenwirtschaften zu arbeiten, etwa zusammengefassten Bauernhöfen, deren Produkte wie Getreide, Milch und Fleisch zur Ernährung der Roten Armee dringend benötigt werden. Aus ihnen entstehen bald Militär-Sowchosen, staatliche Landwirtschaftsbetriebe mit je rund 10 000 Hektar Land, die später in zivile Verwaltung übergehen. Nicht zuletzt gibt es auch Deutsche, die von der abgebrochenen Flucht in ihre angestammten Orte zurückkehren oder, weil das eigene Haus zerstört oder besetzt ist, sich in anderen Dörfern zeitweilig ansiedeln.

Fast ein Jahr nach dem Ende des Krieges wird das «kenigsbergskaja oblast», das Königsberger Gebiet, am 7. April 1946 auch offiziell in die Russische Föderative Sozialistische Sowjetrepublik eingegliedert. Wenig später, am 1. Juni, übergibt die sowjetische Armee die Macht in die Hände einer staatlichen Zivilverwaltung. Zu diesem Zeitpunkt stellen die übrig gebliebenen Deutschen noch die Mehrheit der Landbevölkerung, doch Woche für Woche reisen nun die angeworbenen Familien aus Russland und Weißrussland in Ostpreußen ein.

Für beide Bevölkerungsgruppen ist die Zeit nach dem Krieg extrem schwierig. In den Archiven der heutigen Gebietshauptstadt Kaliningrad lagern viele Dokumente, die von den damaligen Lebensumständen zeugen. So finden sich beispielsweise in den Akten der Militär- und später auch der Zivilverwaltung viele deutsche Schriftstücke: Speisekarten, Bestellzettel über Kohlelieferungen, Bankauszüge. Jedes Papier, das eine freie Rückseite hat, ist den sowjetischen Siegern wichtig. Denn wegen akuter Papierknappheit notieren sie auf den unbeschriebenen Rückseiten die ersten Verordnungen, Befehle oder Protokolle von Verwaltungssitzungen. Darunter finden sich auch Berichte, die teils sogar bis nach Moskau gelangen, etwa über die fehlende Versorgung mit Lebensmitteln für die Übersiedler. In Ostpreußen herrscht Hungersnot. Noch schlimmer trifft es die verbliebenen Deutschen. Meist besitzen sie kein eigenes Vieh mehr, werden kaum oder gar nicht für Arbeiten bezahlt. Viele haben vor der Flucht ihr wertvollstes Eigentum im Garten vergraben, nun bieten sie es zum Tausch gegen Lebensmittel den neuen Nachbarn aus Russland an.

Alexander Studinskij, der ehemalige Armeehauptmann, steigt derweil in der gerade gegründeten Zivilverwaltung auf. Zunächst arbeitet er als Direktor eines Industriekombinats, danach als Vorsitzender des Stadtsowjets von Stallupönen, später als Stellvertretender Vorsitzender des Gebietssowjets. Er muss mit den unzureichenden Versorgungslieferungen irgendwie auskommen: «Nichts wurde in der ersten Zeit planmäßig geliefert. Im Gegenteil, wir mussten auch noch große Viehbestände abgeben. Mit dem Essen war es daher sehr schwer. Es gab viel Kartoffeln, Beeren und alles Mögliche andere. Nur, es gab kein Fett. Der Deutsche aber war daran gewöhnt, es sich zum Beispiel aufs Brot zu schmieren. Und obwohl es Brot gab, Kartoffeln und Gemüse, fingen die Körper der Deutschen an anzuschwellen. Es gab kein Fett und daher viele Fälle von Unterernährung.» Die Berichte, die sich in den Archiven finden, deuten sogar noch schlimmere Verhältnisse an. Die Hungersnot der ersten Winter fordert viele Todesopfer, vor allem unter der verbliebenen deutschen Bevölkerung.

Was geschieht mit Tollmingkehmen, mit dem Gut der Rothes, ihrem Reiterhof und den Höfen der Kleinbauern in der Umgebung? Am 17. Juni 1946 wird hier die Sowchose Nr. 19 gegründet. Sie ist dem Ministerium für Milch- und Fleischerzeugung unterstellt. Im Gegensatz zu Kolchosen gelten die Sowchosen als reine Staatsbetriebe, die nicht den regionalen Verwaltungsstrukturen unterliegen. Zwanzig solcher Sowchosen werden im gesamten Gebiet gegründet, geleitet von einem Trust mit Sitz in Kaliningrad. Die Sowchose Nr. 19 umfasst nach klassischen sowjetischen Maßstäben mehrere Orte und deren Ländereien: Tollmingkehmen, Ballupönen, Waldaukadel, Schackeln und einige ganz kleine Weiler werden zusammengezogen. Eine erste Zählung der Bewohner ergibt am 11. November 1946: In diesen Dörfern leben 225 Russen und noch 15 Deutsche. Ihre Namen und ihr Schicksal sind bis heute völlig unbekannt. Lediglich eine kurze Notiz aus dem Kaliningrader Archiv verrät eine kleine Spur. Im Bericht des «Kaliningrader Molshivsovchostrest» vom 11. Februar 1948 über die Überprüfung der Sowchose Nr. 19 wird eine Deutsche namens Christiane Kovskich erwähnt: «Wegen eigenmächtigem Verlassen ihres Dienstplatzes wird der Deutschen Christiane Kovskich ein strenger Verweis erteilt, im Wiederholungsfall droht ein Gerichtsverfahren.»

Die Sowchose Nr. 19 soll vor allem Viehzucht und Viehhaltung betreiben und für Milcherzeugung sorgen. Am Anfang jedoch besitzt sie, wie ein Dokument von November 1946 ausweist, lediglich vier Kühe. Wenig später kommen Viehbestände aus Armeeeinheiten dazu («Feldkontor Nr. 3»), die auf dem Vormarsch nach Deutschland eingesammelt und zum Abtransport in die UdSSR bestimmt waren. Doch weiter als bis in die Sowchose von Tollmingkehmen schaffen sie es nicht, «aus Gründen von Erschöpfung, Unterernährung und Verletzungen», wie ein Archivdokument be-

sagt. Weiter heißt es dort: «Fast die gesamte Herde ist mit Tuberkulose oder Bruzellose infiziert, dazu kommen Hauterkrankun-
gen.» In der Sowchose gibt es kein Futter für die Tiere. Heu und
Stroh werden in entfernteren Gehöften eingesammelt, zum Teil
muss die Suche nach Futter auf das benachbarte Litauen ausge-
dehnt werden.

Zu allem Überfluss sind die Wiesen und Felder der neu gegründeten Sowchose zum großen Teil durch die Kriegshandlungen im
Oktober 1944 schwer beschädigt. Tamara Worobjowa erinnert
sich: «Die Felder waren verwüstet. Alle zehn Schritte traf man auf
diese Unterstände oder auf Bombentrichter. Die jungen Männer
und wir Mädchen mussten nach der Heuernte im November 1947
die Schützengräben zuschütten, den ganzen Rest des Jahres 1947,
und überall war Stacheldraht.»

Auch im Frühjahr 1948 sind die Kriegsspuren noch überall
sichtbar. In einem der nächsten Übersiedlerkonvois kommt im
März die Familie Schalajew nach Tollmingkehmen, mit den Söhnen Anatolij und Vladimir, damals 14 und 12 Jahre alt. Wladimir
fiel gleich auf, dass es hier vorher mal gepflegt gewesen sein musste. Die Straßen, Höfe und Häuser seien hübsch gewesen. Sein Bruder Anatolij erinnert sich an einen traurigen Moment für die Familie: «Hier gab es noch viel Kriegsgerät. Panzer standen rum,
Geschütze, Waffen, Pistolen, riesige Haufen lagen da. Mein jüngerer Bruder Jurij wurde beim Spielen aus Versehen mit einer Pistole
erschossen. Die Panzer standen geradewegs auf der Straße, und bei
jedem Hof gab es Schützengräben. Wir mussten alles selber wieder
zuschütten. Und vieles ist irgendwann von selbst in die Luft gegangen, dabei sind auch einige aus Versehen gestorben.»

So ist die Lage in vielen Orten im nördlichen Ostpreußen kurz
nach Kriegsende. Die sowjetischen Übersiedlerfamilien, die nun
ins Land kommen, geraten neben all den Widrigkeiten, Gefahren
und Enttäuschungen in eine auch kulturell völlig fremde Welt. Sie
kommen aus der tiefen russischen Provinz. Die verbliebenen Deutschen dürfen ihnen nicht helfen. So bleiben elementare Fragen un-

beantwortet. Welches Getreide gedeiht auf den Feldern? Wann muss hier gesät und wann geerntet werden? So werden sie von den jahrhundertealten Erfahrungen ostpreußischer Bauern abgeschnitten, ganz im Sinne der Politik Stalins.

Das «kenigsbergskaja oblast» soll von Anfang an möglichst eng in die innersowjetische Entwicklung einbezogen werden. Ein Sonderweg, der auf Kenntnissen der deutschen Bewohner beruhen könnte, ist nicht vorgesehen. Solche Einflüsse gelten als schädigend für die gesamte UdSSR. Es gibt nur eine Zukunft für das neu erworbene Gebiet: gesellschaftliche und wirtschaftliche Strukturen nach sowjetischem Muster. Und das, wie der Historiker Jurij Kostjaschow weiß, ohne Kompromisse. «Es war die offizielle Politik der sowjetischen Regierung, alles Deutsche, das auf diesem Territorium übrig geblieben war, auszurotten. Mit dem Ziel, eine sozialistische Gesellschaft aufzubauen, die der bourgeoisen, kapitalistischen deutschen Gesellschaft überlegen sein sollte. Vom ersten Tag an sollte die Geschichte hier mit einem weißen Blatt Papier beginnen. Die Geschichte bis 1945 existiert nicht.»

Die Sowjetisierung des nördlichen Ostpreußens beginnt zunächst nicht etwa mit Propagandabemühungen, Umerziehungsversuchen oder der bereits mehrfach erwähnten Neubesiedlung, sondern mit der Eisenbahn. Die neue Macht braucht im gerade eroberten Gebiet ein funktionierendes Schienennetz. Ostpreußen ist aufgrund seiner Lage in diesen Jahren strategisch äußerst wichtig. Über die Eisenbahnschienen rollt der Nachschub der Roten Armee bei ihrem Vormarsch nach Deutschland, rollen die Waggons gefüllt mit Reparationsgütern zurück in die UdSSR. Ebenso müssen später enorme Menschenmassen bewegt werden: die siegreichen sowjetischen Militäreinheiten nach Hause und ehemalige Kriegsgefangene zurück in ihre Heimat nach Westeuropa. Noch später folgt die Deportation der verbliebenen Deutschen aus Ostpreußen in die Sowjetische Besatzungszone (SBZ). Für all diese Zwecke muss das Schienennetz möglichst reibungslos funktionieren. Doch es gibt ein Problem: Die Spurbreite der russischen Eisenbahnen ist größer als die deutsche. Eine logistische Herausforderung, die von der Roten Armee umgehend in Angriff genommen wird. Hauptmann Alexander Studinskij, der damals gerade in die Verwaltung des eroberten Gebiets gewechselt ist, weiß um den Zeitdruck: «Als Erstes hat man noch im Herbst 1944 ein Holzkombinat gegründet. In Groß-Rominten errichteten wir dazu eine Sägefabrik. Wir brauchten dringend Eisenbahnschwellen. Die deutschen Schwellen waren entweder aus Eisen oder Beton, da konnte man praktisch nichts zugunsten unserer Spurbreite verändern. Also war die Entscheidung: Die gesamten Schienenwege mussten komplett ausgewechselt werden.»

Groß-Rominten ist ein größeres Dorf, neun Kilometer von Tollmingkehmen entfernt, und es liegt am Rande des großen Waldgebiets der Rominter Heide. 1944 beträgt ihre gesamte Fläche 26 000 Hektar. Heute ist sie, wie das ehemalige Ostpreußen, geteilt in einen russischen und einen polnischen Teil. Die Grenze verläuft mitten durch die Heide. Für die Auswechslung der Schienenwege ab Ende 1944 wird eine gewaltige Menge Holz benötigt. Das ist fast das Todesurteil für die Rominter Heide, wie Alexander Studinskij bestätigt: «Ich habe den Rominter Wald noch vor meinen Augen, was war das für ein Wald, was für Kiefern gab es dort! Das waren Eisenbahnschwellen. Von 1945 bis zur Hälfte 1947, stellen Sie sich vor, haben wir dort 17 Millionen Kubikmeter Wald gefällt.» Heute ist die Rominter Heide auf russischer Seite ein relativ junger Wald. Der Bestand wurde nach dem großen Kahlschlag erst ab 1960 wieder nach und nach aufgeforstet.

Alexander Studinskij lehnt sich zurück auf dem roten, altersschwachen Diwan, der ihm gleichzeitig auch als Schlafstatt dient. Seit über 40 Jahren wohnt er mit seiner Frau Lidija Petrowna in dieser kleinen Zwei-Zimmer-Wohnung in Kaliningrad. Lidija Petrowna hat er in den turbulenten Jahren nach Kriegsende im litauischen Grenzort Kibartai kennen gelernt. Sie hat eine deutsche Großmutter, einen russischen Vater und eine litauische Mutter. Obgleich mit

Alexander Studinskij in seiner Zwei-Zimmer-Wohnung in Kaliningrad. Mit dem Abstand der Jahre weiß er, dass bei der Sowjetisierung Ostpreußens vieles mehr als schief gelaufen ist. Doch auf die frühen Jahre nach dem Krieg will er mit Stolz zurückblicken.

80 Jahren nur wenig jünger als ihr Mann, führt sie den Haushalt wie eh und je. Sie spricht noch ein wenig deutsch, und wenn man sie darum bittet, singt sie auch ein deutsches Lied, das ihr in den Kopf kommt. Es ist die erste Strophe aus dem Kriegspropagandaschlager des Dritten Reiches «Wir fliegen gegen Engelland …» Während Lidija Petrowna singend in der Küche Kartoffeln schält, erzählt ihr Mann im Wohnzimmer mit zunehmend leuchtenden Augen von den Jahren nach dem Krieg in Ostpreußen, wo aus dem Nichts heraus die sowjetische Ordnung etabliert werden musste. Und er ein gefragter Mann war. Es ist ihm wichtig, dass man begreift, unter welchen Bedingungen damals gehandelt wurde. Ein grundsätzlicher Zwiespalt: Zum einen sind es Jahre seines Lebens, auf die er mit Stolz zurückblicken will, weil er zum Beispiel mit dafür sorgte, dass

auf unorthodoxe Art und Weise die Stromleitung von Gumbinnen nach Stallupönen wieder instand gesetzt wurde, und so die Kleinstadt, die mittlerweile Nesterow hieß, ab 1950 endlich wieder regelmäßig mit Elektrizität versorgt wurde. Auf der anderen Seite weiß Studinskij mit dem Abstand der Jahrzehnte, dass vieles schief gelaufen ist, manche Maßnahmen und Entscheidungen der Sowjetisierung des Landes im Rückblick mehr als kontraproduktiv waren.

Doch als Armeehauptmann zählt damals nur die Ausführung der Befehle: «Es kam ein Befehl zur Umbenennung. Es war wie eine Epidemie. Unsere Leute konnten nicht erklären, in welchem Ort sie wohnten, weil sie den deutschen Namen nicht aussprechen konnten. Aber wir brauchten eine ordentliche Karte, die wir herstellen mussten. Alles für die Erfüllung des staatlichen Fünfjahresplans, die sowjetische Wirtschaft war ja eine Planwirtschaft.»

Bereits am 4. Juli 1946 wird Königsberg offiziell in Kaliningrad umbenannt, zu Ehren des gerade verstorbenen stalintreuen Kremlpolitikers Michail Kalinin, dem formellen Staatsoberhaupt der Sowjetunion. Gleich im Anschluss sollen dann, so ist die Anweisung aus Moskau, sämtliche Dorf-, Stadt-, Fluss- und Landschaftsnamen neue, russische, Bezeichnungen erhalten. Die meisten größeren Ortschaften werden zu Ehren bestimmter Personen umbenannt. Sie erhalten die Familiennamen bekannter Armeeführer. So Tschernjachowsk, das frühere Insterburg, oder Gumbinnen, aus dem Gusev wird. Stallupönen bekommt den Namen des unmittelbaren Vorgesetzten von Alexander Studinskij: Stepan Kusmitsch Nesterow, der bei der ersten Offensive im Oktober 1944 fällt.

Gerne werden Dörfer auch nach dem ersten Kolchosvorsitzenden genannt, oder aber die Mehrheit der dort nun lebenden Umsiedler beschließt aus Nostalgie, den Namen ihres russischen Heimatdorfes oder der ursprünglichen Heimatregion einfach nach Ostpreußen zu übertragen. So entstehen Dorfnamen wie Kirowo und Newskoje. Schließlich bestimmen auch örtliche Besonderheiten, die Lage des Dorfes oder landschaftliche Merkmale den neuen

Namen. Doch nicht wenige neue Ortsnamen entstehen am Ende rein zufällig, wie Alexander Studinskij erzählt: «Der Sekretär des Gebietskomitees fuhr über die Kolchosen und verliebte sich in eine Melkerin. Die Leute kamen und fragten: Wo ist der Sekretär? Und da sie die deutschen Ortsbezeichnungen nicht aussprechen konnten, sagten die anderen, der Sekretär sei zu Maria der Melkerin gefahren, also nach Marino, zu Maria. So wurde der Ort Marino genannt. Das ist ja wie ein Witz, verstehen sie, aber das ist die Wahrheit.»

In Tollmingkehmen wird als Erstes der kleine Dorffluss Schwentischke in «Russkaja» umbenannt, wie ein blau-weißes Schild noch heute ausweist. Dann wird über die Neubenennung nachgedacht. Doch hier sorgen die Akten in den Archiven und die Erzählungen von Zeitzeugen für Verwirrung. Die Vorschläge für die neuen Namen im Kreis Stallupönen / Nesterow werden durch eine dreiköpfige Kommission von Mitarbeitern der zivilen Gebietsverwaltung gesammelt und vorbereitet. Der Kommissionsvorgesetzte bestätigt diese Vorschläge im November 1946. Zunächst ist vorgesehen, Tollmingkehmen in «Koschedubowo» umzubenennen, zu Ehren des Jagdfliegers und dreifachen Helden der Sowjetunion Iwan Koschedub. So ist es auf einer ersten offiziellen Umbenennungsliste nachzulesen. Aus unbekannten Gründen wird diese Bezeichnung aber ausgetauscht. Tollmingkehmen heißt nun «Tschistye Prudy», zu Deutsch «Saubere Teiche», obwohl es solche Teiche als besonders markante Punkte in der Umgebung nie gegeben hat. Wahrscheinlich wurden bei der offiziellen Ausstellung der Umbenennungsdokumente Fehler gemacht. Die Bezeichnung «Saubere Teiche» ist laut Liste eigentlich für einen anderen Ort in der weiteren Nachbarschaft vorgesehen, nämlich für das kleine Dorf Nassawen, das tatsächlich bekannt ist für seine beiden großen und schönen Teiche. Nassawen bekommt stattdessen den Namen «Lesistoe», zu Deutsch etwa «Waldreich».

In Tschistye Prudy selbst, dem ehemaligen Tollmingkehmen, kann sich Tamara Worobjowa noch gut an die Umbenennungskampagne erinnern. «Am Ende des Jahres 1947 kam ein Vertreter der Gebietsverwaltung zu uns, der alles offiziell benannt hat. So wurde der Ort zu Tschistye Prudy. Später hat man allerdings gesagt, er sei so genannt worden, weil viele Soldaten aus Tschistye Prudy bei Moskau, ein ganzes Regiment oder so, hier gekämpft haben.» Für die Umbenennung des Nachbarortes Ballupönen übernimmt Tamara Worobjowa mit einem leicht verschmitzten, stolzen Lächeln selber die Verantwortung. In der Sowchos-Versammlung hat sie damals die entscheidende Idee: «Dubovaja Roschtscha, das war mein Vorschlag. Lasst uns Ballupönen in «Dubovaja Roschtscha», zu Deutsch «Eichenhain», umbenennen. Hier gibt es so viele Eichen, die ganzen Alleen sind voll damit. Dort, wo wir vorher wohnten, da gab es überhaupt keine Eichen.»

Während die Namen der Orte bereits geändert werden, leben in ihnen trotzdem noch Deutsche. Zwar wird auf der Potsdamer Konferenz im Juli 1945 endgültig beschlossen, dass Ostpreußen als Territorium zwischen Polen und der UdSSR aufgeteilt wird, doch es gibt keine Regelung, was mit den verbliebenen Deutschen vor Ort geschehen soll. Ihr Zustand und die Lebensumstände haben sich nach Kriegsende nicht gebessert, im Gegenteil. Am 15. April 1947 wird von sowjetischer Seite eine Zählung abgeschlossen. 110 119 Deutsche leben noch im nördlichen Ostpreußen, darunter 36 201 Kinder und Minderjährige, 31 112 Männer und 42 806 Frauen. Die allermeisten von ihnen wollen nur noch weg, «heim ins Reich», wie es heißt, obwohl das Reich schon nicht mehr existiert. Aber das wissen die wenigsten, da sie von allen Nachrichten abgeschnitten sind. So wächst die Zahl der Anträge auf Familienzusammenführung mit Verwandten, die in der Sowjetischen Besatzungszone (SBZ) wohnen.

Die meisten Deutschen, die seit 1945 in Ostpreußen unter sowjetischer Verwaltung leben, erkennen relativ schnell die Diskrepanz zwischen dem propagierten Ideal einer kommunistischen Zukunftsgesellschaft und der sowjetischen Realität vor Ort. Auf der anderen Seite steht die Verwaltung der Siegermacht den Deutschen misstrauisch gegenüber. Sie gelten als Störfaktor auf dem Weg zur normalen sowjetischen Oblast. Das größte Problem ist die Sprachbarriere. Beide Bevölkerungsgruppen, Deutsche wie Russen, haben keine gemeinsamen Erfahrungen miteinander, ihr Wissen basiert fast ausschließlich auf der jeweiligen Propaganda des vergangenen Krieges.

Wie es den verbliebenen Deutschen wirklich erging, darüber gibt es bis heute erstaunlich unterschiedliche Wahrnehmungen. Etwa schreibt der Vertreter des sowjetischen Innenministeriums in Kaliningrad, Generalmajor Trofimow, an seinen Vorgesetzten, den Innenminister in Moskau, Generaloberst Kruglow, im April 1947 über die Lage der Deutschen im nördlichen Ostpreußen: «Ein bedeutender Teil dieser Deutschen ist infolge einer starken körperlichen Schwäche nicht erwerbsfähig und geht keiner gesellschaftlich nützlichen Arbeit nach. Der Rest von 36 600 Menschen arbeitet vorwiegend in den Sowchosen des Ministeriums der Streitkräfte, zum Teil in den Sowchosen der Fleisch- und Milchindustrie und in anderen Industriebetrieben und wirtschaftlichen Einrichtungen des Gebietes. (...) Die nicht berufstätige deutsche Bevölkerung erhält mit Ausnahme von Invaliden und Kindern, die in Kinder- und Altersheimen untergebracht sind, keinerlei Lebensmittelzuteilung und ist deshalb äußerst ausgezehrt. Als Folge dieser Situation nahm in der letzten Zeit unter der deutschen Bevölkerung die Kriminalität zu (Lebensmitteldiebstähle, Raubüberfälle, sogar Morde). Im ersten Quartal 1947 gab es sogar Fälle von Kannibalismus, im ganzen Gebiet wurden insgesamt zwölf registriert. In Fällen von Kannibalismus verwendeten manche Deutsche nicht nur das Fleisch von Leichen als Nahrung, sondern töteten ihre Kinder und Angehörigen. Es gibt vier durch Kannibalismus verursachte Morde. (...) Da die deutsche Bevölkerung, wie oben aufgeführt, die Erschließung des neuen sowjetischen Gebietes negativ beeinflusst, sehe ich es als zweckmäßig an, die Frage einer organisierten Aussiedlung der Deutschen in die Sowjetische Besatzungszone Deutschlands aufzuwerfen. Ich erwarte Ihre Weisung (...)»

Diesen Eindrücken und Beschreibungen, erfasst für den internen Dienstgebrauch, stehen die Aussagen von damaligen Zeitzeugen gegenüber. Jurij Kostjaschow kommt nach der Auswertung von Hunderten Interviews mit Übersiedlern der ersten Generation zu folgendem Schluss: «Natürlich gab es die verschiedensten Beziehungen zwischen Deutschen und den russischen Umsiedlern. Es gab Fälle von Diebstahl, Hass, Plünderungen. Aber es gab auch anderes. Die Gespräche mit den ersten Übersiedlern zeigten, dass dort, wo die Deutschen arbeiteten und lebten, die Beziehungen zu den Russen sich sehr normalisierten, sie waren nachbarschaftlich, manchmal sogar freundschaftlich.»

Im ehemaligen Kreisgebiet von Tollmingkehmen werden 1946 von den Sowjets noch 1482 Deutsche gezählt. Tamara Worobjowa, die mit ihrer Familie im September 1947 eintrifft, kann sich recht gut an die noch verbliebenen Deutschen in der Nachbarschaft erinnern. «Was gab es da für Beziehungen? Die Mädchen waren alle so ernsthaft. Sie trugen ihre Kopftücher auf eine interessante Weise, und wir russischen Mädchen sagten uns, los, wir wollen es auch mal so versuchen. Die deutschen Mädchen sprachen nur deutsch, und wenn wir etwas sagten, dann verstanden sie es nicht und wir sie auch nicht. Aber dann gab es da noch Galja, sie lebte in der dritten Sowchosabteilung. Sie kam zu uns, um mit uns russischen Mädchen zu arbeiten.» Die dritte Sowchosabteilung ist ein Nachbardorf von Tollmingkehmen, das selbst die zweite Abteilung bildet. Galja ist vermutlich nicht der wirkliche Name des deutschen Mädchens gewesen, doch für Tamara Worobjowa und ihre Freundinnen ist er damals wahrscheinlich einfacher auszusprechen. «Sie selbst sagte, dass sie Galja heißt, wir wussten es ja nicht anders. Sie sagte, ihre Schwester heiße Irma, ihr Bruder war noch ein Junge, etwa 14 oder 15 Jahre alt. Und dann die Eltern, der Vater war so ein ernsthafter.» Zwischen Tamara und Galja entwickelt sich so etwas wie eine Freundschaft. Bei den Fahrten der Russinnen ins nahe Litauen, wo es auf den Märkten häufig mehr zu kaufen gibt, ist Galja dabei, weil sie ein wenig Litauisch kann.

Doch die Deportation der Deutschen ist nach langen internen Verhandlungen in Moskau nun beschlossene Sache. Ab Oktober 1947 beginnen die Züge mit den letzten Ostpreußen in Richtung Westen zu rollen. Auffanglager ist in den meisten Fällen zunächst das heute zu Mecklenburg-Vorpommern gehörende Pasewalk. Die Deportationswelle beginnt an der ostpreußischen Ostseeküste und rollt dann nach und nach in den einzelnen Kreisen ostwärts weiter. Am Anfang werden vor allem Kinder, Greise und Nicht-Arbeitende weggeschafft. Das Gebiet um Tollmingkehmen ist aufgrund seiner östlichen Lage erst im Mai 1948 an der Reihe. Tamara Worobjowa berichtet: «Wir selbst sind am 2. September 1947 angekommen. Acht ganze Monate haben wir mit den Deutschen zusammengelebt, und im Mai wurden sie dann weggebracht. Der Frühling war sehr warm. Am ersten Mai blühten schon die Apfelbäume. Wir haben uns noch darüber gewundert. Vor ihrer Abreise sagte Galja zu mir, sie können nicht viel mitnehmen. Aber sie hätten neben dem Haus gutes Geschirr vergraben. Und wenn es nötig sei, betrachtet es als Geschenk von mir. Und so ist Galja davongefahren. Wir haben das dann ganz vergessen, bis mir später erzählt wurde, dass es am Jahresende beim Pflügen alles zerbrochen sei, das gute Geschirr. Denn am Jahresende hatte man uns schon die ersten Traktoren geliefert, und die waren darauf gestoßen.»

Die Erinnerung an die Deutschen, speziell an ihre Freundin Galja, hat Tamara Worobjowa nie verlassen. Obwohl man sich damals wegen fehlender Sprachkenntnisse kaum oder gar nicht über mehr als elementare Dinge unterhalten konnte, hat Tamara Worobjowa noch nach der Abreise der Deutschen versucht, den Kontakt aufrechtzuerhalten. «Wir haben uns beide fest vorgenommen, uns gegenseitig zu schreiben, sobald Galja angekommen sei. Aber es passierte nichts. Da habe ich selbst einen Brief an die deutsche Botschaft nach Moskau geschickt, mit der Bitte, dass man Galja suchen sollte. Vergebens. Und Galja sagte, sie werde uns auf jeden Fall schreiben. Aber es kam nichts. Und ich erinnere mich noch, wie ihr Vater dabei schaute, als sie das sagte. Ich weiß nicht, ob er Russisch verstand oder nicht. Aber solange wir uns verabschiedeten und umarmten, hat er auf uns so ernsthaft geschaut.»

Der Abschied von der Heimat geht in den einzelnen Dörfern schnell vonstatten. In einer Nacht-und-Nebel-Aktion werden die Deutschen zusammengetrieben und in den größeren Orten am Bahnhof in Güterwaggons geladen. In Tollmingkehmen, wie in vielen anderen Orten, schaut die neue, die russische Bevölkerung zu, wie die Alteingesessenen für immer weggebracht werden. «Wir standen alle in der Nähe der Schule, wir haben sie dorthin begleitet. Militär-Lkws kamen, und ihnen wurde gesagt, dass sie 24 Kilo pro Person mitnehmen dürften, was sie wollten. Lebensmittel oder Kleidung. Aber die meisten hatten nur wenige Sachen.»

Nun, da die Deutschen endgültig weg sind, gibt es für die russischen Übersiedler keine Chance mehr, von den Erfahrungen und Traditionen der bisherigen Bewohner zu profitieren. Der Kulturlandschaft Ostpreußens wird das sowjetische Kolchos- und Sowchossystem übergestülpt – kollektivierte Landwirtschaft, Aussaat und Ernte nach Plan, ohne Kenntnisse der hiesigen Klima- und Bodenverhältnisse. Alexander Studinskij, der als Mitglied der Verwaltungsspitze des Kreises Nesterow regelmäßig durch alle Ortschaften reist, erlebt damals den täglichen Zusammenprall der Kulturen. «Russische Menschen und hier Ostpreußen, können Sie sich das vorstellen? Hier gab es ein System von Bauernhöfen und Herrenhäusern. Hier war alles sehr kultiviert, die Häuser, die Vieh- und Pferdeställe. Eigentlich die gesamte Technik: die Mähmaschinen, die Dreschmaschinen … die Traktoren auf Rädern, ‹Lanz Bulldog›. Das war allerdings insgesamt alles so kleinteilige Technik. Und bei uns in der Sowjetunion gab es dafür einfach keine Spezialisten.»

Viele Techniken sind den Übersiedlern aus der Sowjetunion schlicht unbekannt. In Ostpreußen ist etwa über Jahrhunderte ein Drainagesystem entwickelt und in die Böden eingebaut worden, damit sie nicht zu feucht werden und damit übersäuern. Mit Hilfe von aus Ton gebrannten Entwässerungsrohren, mit Abzugsgräben,

Vorflutern und kleinen Bächen wird so die Landwirtschaft größtenteils betrieben. Alle fünf Jahre müssen diese Drainagerohre neu verlegt, jedes Jahr einmal nach der Ernte überprüft und gesäubert werden. Die Landarbeiter aus der russischen Provinz rechnen nicht mit der Technik, als sie zum ersten Mal in den Sowchosen die Felder beackern wollen, wie Alexander Studinskij freimütig erzählt: «Es war nicht die Unkultiviertheit, es war einfach Unwissen. Damals wurden die Traktoren einfach angeschmissen und der Pflug senkte sich in die Erde. Bei uns in Russland geht man auf eine Tiefe bis 60 Zentimeter, aber in Ostpreußen liegt die Drainage bei 40 Zentimeter Tiefe. So wurde alles herausgerissen. Stellen Sie sich vor, so eine Dummheit. Es war einfach Unwissenheit. Deshalb klappte auch die Ernte nicht.»

Die sowjetische Propaganda will von der deutschen Geschichte vor 1945 nichts wissen: «Das Kaliningrader Gebiet. Dem Feind abgekämpft wurde diese alte slawische Erde. Neues Leben haben ihr sowjetische Menschen eingehaucht, die angereist sind aus allen Ecken des Landes.»

In Tollmingkehmen laufen alle landwirtschaftlichen Fäden in der Sowchose Nr. 19 zusammen, die ab 1955 in Sovchose «Tschistye Prudy» umbenannt wird. Zudem ist der Ort auch verwaltungstechnisch aufgewertet, ab Ende 1946 wird in Tollmingkehmen der Dorfsowjet für die Umgebung eingerichtet, insgesamt 24 Ortschaften fallen so in diese Verwaltungseinheit, die von Tschistye Prudy aus gesteuert wird.

Wie funktioniert das sowjetische Landwirtschaftssystem im ehemaligen Tollmingkehmen? In den Akten der Kaliningrader Archive sind die Tätigkeitsberichte fast aller Sowchosen und Kolchosen gesammelt: Buchhaltungsabrechnungen, Anordnungen der Sowchos-Direktoren, Produktionspläne, die Buchhaltung einzelner Dörfer und Berichte über die Ergebnisse in den nächsthöheren Instanzen der Zivil- und der Parteiebene. Es sind Dokumente des Scheiterns.

Von ihrer Gründung an ist die Sowchose in Tschistye Prudy für lange Zeit eine der schlechtesten im gesamten Kaliningrader Gebiet. So ergibt die Getreideernte 1947 im Durchschnitt 1,2 Zentner pro Hektar, 4,7-mal weniger als im gebietsweiten Durchschnitt von 5,6 Zentnern pro Hektar. Ebenso hat die Sowchose die schlechtesten Ergebnisse bei der Milcherzeugung. In den ersten fünfzehn Jahren ihres Bestehens hält sich die Sovchose nur mit staatlichen Zuschüssen über Wasser. Die Verluste erreichten über eine Million Rubel im Jahr. Ständig ist die Sowchose in Geldschwierigkeiten, kann ihren Arbeitern nicht immer regelmäßig den Lohn auszahlen. Bis 1949 gibt es in Tschistye Prudy als einziger von 20 Sowchosen im ganzen Gebiet keinen Stromanschluss. Der Ort leidet auch schon zu dieser Zeit unter seiner Randlage. Beschlüsse, Anordnungen oder Hilfestellungen aus der Gebietshauptstadt Kaliningrad erreichen das entfernte, abseits gelegene Tschistye Prudy seltener und meist mit viel Verspätung.

Dazu gibt es aus ähnlichen Gründen ein permanentes Führungsproblem. Die meisten fähigen Umsiedler mit Karrierewillen und fundierter Ausbildung versuchen ihr Glück zunächst in Kaliningrad selbst oder in den Orten an der ostpreußischen Ostseeküste. So kommt es in Tschistye Prudy zu einem ständigen Wechsel in der Chefetage. Die Arbeitsdisziplin ist extrem lax. In den Aktennotizen der regelmäßigen Überprüfungen wiederholen sich die Berichte, dass Arbeiter der Sowchose verspätet oder gar nicht zur Arbeit erscheinen. In einer Revisionsakte aus dem Jahre 1949 werden viele Mängel berichtet: «Die Pläne werden nicht erfüllt, es kommt vermehrt zu Diebstahl, ein Teil der Ernte verfault auf den Feldern, die landwirtschaftlichen Arbeiten werden nicht korrekt ausgeführt, manche Sowchosmitglieder kümmern sich lieber um ihr eigenes Feld, besetzen dafür staatliche Erde. Ein sozialistischer Arbeitswettkampf findet nicht statt.»

Besonders schlecht steht es um die Tiere, die in der Sowchose gehalten werden. Sie sind «nicht gesäubert vom Mist des laufenden und der vorherigen Jahre». Spezialfutter erhalten sie «in nicht zubereiteter Form», im Sommer werden sie «in den Winterställen in unhygienischem Zustand gehalten». So kommt es regelmäßig zu Viehsterben, etwa im August 1950, als sich die Schweineherde der Sovchose (256 Tiere) um mehr als die Hälfte reduziert. Als im Mai 1955 wieder einmal ein neuer Direktor berufen wird, kommentiert er die Situation der Sowchose «Tschistye Prudy» nach eingehender Besichtigung so: «Die Viehhaltung ist völlig vernachlässigt. Alle Schweineställe sind vollgerümpelt und zugemistet. Der größte Teil des Viehbestandes ist erkrankt an Rachitis und Krätze. (…) Der Stallmist wird nicht entsorgt, es sind fast 15 000 Tonnen aufgelaufen. Alle Viehställe brauchen eine grundlegende Reparatur. Der Zustand der Arbeitsdisziplin ist mehr als schlecht. Im letzten Quartal des laufenden Jahres sind 46 Personen entlassen worden.»

Zehn Jahre nach der Flucht der Deutschen sind das Gut und die benachbarten Bauernhöfe rund um Tollmingkehmen komplett heruntergewirtschaftet. Längst ist das nördliche Ostpreußen auch formal in die UdSSR eingegliedert. Stolz titelt die Kaliningrader Prawda bereits am 7. April 1950 auf ihrer Seite eins neben einem großen Stalinfoto: «Ostpreußen existiert nicht mehr.»

Vom ehemaligen Gutshaus der Rothes, vom Gutshof Samonienen, führt in westlicher Richtung ein schmaler Feldweg in die Ferne. Nach etwa hundert Metern beginnt auf der linken Seite eine Reihe mit hoch gewachsenen Pappeln. Gegenüber fällt ein zaunumgrenztes Areal ins Auge. Im Schatten einer alten Eiche sitzt ein Mann auf einem Klapphocker, neben sich ein Eimer mit schwarzer Farbe. Wolfgang Rothe hat zum Schutz altmodische Autofahrerhandschuhe mit Löchern angezogen. Sorgfältig erneuert er die Schrift auf einem etwa anderthalb Meter großen Gedenkstein, der vor einem doppelt so hohen Holzkreuz steht. «Zum Gedenken an fünf Generationen der Familien Rothe-Kaeswurm und der Bewohner von Samonienen-Reiterhof», steht da geschrieben. Rothe sitzt auf einem Hügel, der einmal die Familiengruft seiner Vorfahren gewesen ist. 1992 hat er den Gedenkstein setzen und das etwa dreißig mal zwanzig Meter große Geviert vom gröbsten Unkraut befreien lassen. «Beim ersten Besuch war gar nichts zu sehen. Die Gruft war leer, und der ganze Friedhof war mit etwa 200 bis 250 jungen Bäumen bewachsen. Die Russlanddeutschen der beiden Dörfer haben auf meine Bitte und um sich bei mir für die Hilfeleistung zu bedanken, diese Bäume gefällt. Und die Stümpfe mit dem Traktor rausgeschleppt. Dann habe ich Schablonen mitgebracht, und der Steinmetz in Königsberg hat das genau so, wie ich wollte, gesetzt. Die Russlanddeutschen haben es dann hier montiert, eingegraben mit Zement und einem Armiereisen.»

Rund um den Grufthügel sind im gemähten Gras die Einfassungen alter Gräber zu erkennen. Bei wenigen liegt noch ein Grabstein daneben, die Inschriften darauf sind kaum noch zu lesen. Wie in den meisten Orten wurden auch hier die Ruhestätten geplündert. Wolfgang Rothe hat die Spuren selbst gesehen: «Man tut den Russen nicht unrecht, wenn man sagt, es ist buchstäblich jedes Grab, das sie finden konnten, aufgebrochen worden. Als ich auf den Friedhof in Samonienen kam, da fand ich die Familiengruft erbrochen vor, und auf dem Grab meines Vaters habe ich menschliche Oberschenkelknochen gefunden. Es bleibt nun meiner Phanta-

Kirchenruine in Kalinino/Mehlkehmen. Fast alle Gotteshäuser in den Dörfern der näheren und weiteren Umgebung sind seit langem zerstört oder verfallen.

sie überlassen, mir vorzustellen, dass es die Gebeine meines Vaters waren. Ich bin nun sowieso ziemlich dicht am Wasser gebaut, aber das wünsche ich keinem anderen.»

Dass der kleine Familienfriedhof wieder einigermaßen hergerichtet und aus der Vergessenheit gerissen wurde, ist für Wolfgang Rothe eines der wichtigsten Ziele, die er in seiner alten Heimat erreicht hat. Mehr noch, der Friedhof ist auch heute wieder in Benutzung. Neben den deutschen Gräbern, neben dem Grab seines Vaters, wo Wolfgang Rothe einen neuen Grabstein mit deutscher und russischer Schrift hat setzen lassen, liegen die Ruhestätten russischer Bewohner von Tschistye Prudy. Vor mehr als zehn Jahren ist Wolfgang Rothe zum Landrat des russischen Kreises gegangen und hat nach einigen Gesprächen Ungewöhnliches erreicht: Der ehemalige Familienfriedhof wurde von seiner Tochter Bettina, die Vikarin ist, und von dem evangelischen Probst aus Kaliningrad neu eingesegnet und wieder zur Nutzung freigegeben. Seitdem sind stetig neue Grabstätten auf dem Areal entstanden. «Der Landrat war hier und die Schulleiterin. Der Bürgermeister hat gesprochen. Insgesamt waren an die 300 Leute gekommen. Und in den Ansprachen, sowohl von mir als auch von meiner Tochter als Pastorin wie auch vom Bürgermeister, wurde hervorgehoben: «Im Tod sind alle gleich.» Und dann können sie auch nebeneinander liegen, alle die hier gewohnt haben. Wir, das heißt mein Vater mit seinen Vorfahren und auch die Russen. Es gibt keine Unterschiede mehr.»

Die Zerstörung des Friedhofs von Samonienen ist bei weitem kein Einzelfall, in den meisten Orten und Gemeinden des ehemaligen Ostpreußens werden Friedhöfe geplündert. Wie überhaupt die deutschen Kulturdenkmäler und vieles, was an die deutsche Vorgeschichte erinnert, von den neuen Bewohnern überwiegend achtlos behandelt, wenn nicht sogar absichtlich vernichtet wird. Jetzt nach Kriegsende rächt sich der verbrecherische Überfall auf die Sowjetunion und die unmenschliche Kriegsführung besonders auf dem Gebiet Ostpreußens.

Hinzu kommt, dass Ostpreußen schon vor dem Einmarsch im Januar 1945 von der sowjetischen Propaganda als besonderes Feindbild innerhalb des faschistischen Deutschlands aufgebaut wird. Den Soldaten und Offizieren wird eingetrichtert, dass Preußen Nationalsozialismus bedeutete, dass besonders Königsberg ein Hort des deutschen Militarismus sei und die preußische Erde historisch gesehen eigentlich nicht zu Deutschland gehöre. So heißt es in der sowjetischen Propaganda: «Jeder Meter dieses Landes ist vom Blut slawischer Völker getränkt, die hier von den teutonischen Rittern ausgerottet wurden.»

Unter solchen Vorzeichen muss man das Verhalten vieler Soldaten und Übersiedler gegenüber deutschen Bauten, Denkmälern und öffentlichen Einrichtungen bewerten, wie auch der russische

Historiker Jurij Kostjaschow bestätigt: «Da war zunächst die Erfahrung des gerade zu Ende gegangenen Krieges, der die Macht und die einfachen Leute einte. Alles, was mit Deutschland und den Deutschen zu tun hatte, wurde mit dem Faschismus gleichgestellt. Und diese Psychologie erstreckte sich auch auf die völlig unschuldigen Kultur- und Geschichtsdenkmäler der Deutschen. Daher war es nicht verwunderlich, dass der Hass auf den ehemaligen Feind das Verhalten der Macht und der einfachen Leute bestimmte.»

Nach dem Krieg kommen zum ohnehin negativen Ostpreußenbild die Folgen der sowjetischen Kampagne «Kampf gegen den Kosmopolitismus» hinzu. Diese von höchster Stelle gesteuerte Aktion ist ein Vorgriff auf den Kalten Krieg und wendet sich gegen alles Westliche. In dieser Atmosphäre wird vieles, was an deutsche und damit bürgerliche, vorsowjetische Traditionen erinnert, planmäßig zerstört, wie Jurij Kostjaschow in vielen Recherchen erfahren hat: «Die Macht war natürlich ungleich verteilt. Die russische Seite als Sieger fühlte sich hier als Hausherr. Nach dem Tod Stalins gab es zwar keine planmäßigen Zerstörungen von Denkmälern mehr, manche wurden sogar extra erhalten. Aber bis Ende der Achtziger galt die Geschichte vor 1945 offiziell als Tabu. Zugleich gab es allerdings auch Menschen, die sich, obwohl offiziell verboten, für deutsche Denkmäler und das Kulturerbe interessierten. Und dank ihrer Initiative wurde manches gerettet oder erhalten.»

Nicht erhalten geblieben ist ein anderes typisches Merkmal Ostpreußens. Die historische Siedlungsstruktur passt nicht ins sowjetische Konzept einer kollektivierten Landwirtschaft. Im nördlichen Ostpreußen verschwinden daher Dutzende von Dörfern und Hunderte von Höfen buchstäblich von der Erde. Neben achtlosem Umgang und der Verwertung leer stehender Häuser als Ersatzteillager für andere Bauten werden ab Mitte der sechziger Jahre ganze Dörfer und Gehöfte, die weit von der nächsten Kolchos- oder Sowchoszentrale entfernt liegen, systematisch stillgelegt. Viele werden, damit sich niemand dort wieder ansiedelt, gezielt niedergerissen.

Heute existieren diese Orte, Dörfer, Weiler und Höfe nur noch auf alten deutschen Karten. Nur wer die Straßen, die ihre ursprünglichen Wege behalten haben, aufmerksam befährt, kann an manchen Stellen noch Spuren menschlicher Besiedlung erkennen. Am besten im Frühling und Sommer, wenn die Obstbäume aus den Gärten der längst verschwundenen Höfe blühen.

Auch im Bereich der Sowchose von Tschistye Prudy verändert sich so die Landkarte. Die Sowchosgrenzen werden im Laufe der Jahrzehnte nach dem Krieg mehrfach neu gezogen. Orte, die zu klein sind, verschwinden. Von 14 Dörfern, die in der Verwaltungseinheit Tschistye Prudy zusammengeschlossen sind, ist bis 1976 die Hälfte «aus der staatlichen Inventur gestrichen». Die Bewohner der Orte werden stattdessen in so genannte Großdörfer wie etwa Tschistye Prudy umgesiedelt. Für Pranas Budris, einen litauischen Umsiedler, der 1950 ins ehemalige Tollmingkehmen kommt, ist das der Höhepunkt einer verfehlten Politik der sowjetischen Administration, wie er ungewöhnlich offen erklärt: «Es gab solche Partei-Befehle: Alle Dörfer liquidieren. Die Leute sollten in Groß-Dörfern zusammenleben. Der Grund war die Kollektivierung. Die Leute wurden auf einen Haufen zusammengeführt, damit man sie unter Beobachtung hatte. Hier im Dorf hat man dann neue Häuser gebaut, aber für das landwirtschaftliche Leben sind die gar nicht geeignet. Wenn dort ein Bauer in der zweiten Etage wohnt, dann soll er mit Stiefeln und Eimern hochlaufen? Das ist menschenunwürdig.»

Tschistye Prudy erfährt in den Nachkriegsjahrzehnten die typischen Auswirkungen der Sowjetisierung – mit einer überraschenden Ausnahme. Nichts unterscheidet Tschistye Prudy in der sowjetischen Zeit von anderen gleich großen Orten, bis auf die Kirche. Fast alle Gotteshäuser in den Dörfern der näheren und weiteren Umgebung sind seit langem zerstört oder verfallen. In Wolfgang Rothes und Margarete Schmidts Heimatort steht jedoch eine schmucke, vollständig restaurierte Kirche auf einer Anhöhe mitten im Dorfkern, von einer kleinen Schutzmauer umgeben, mit einem gepflegten Kirchhof und Garten. Auch ein großer Besucherparkplatz, auf dem mehrere Busse gleichzeitig halten können, ist angelegt. Dies hat mit Tollmingkehmens berühmtestem Bewohner zu tun: Christian Donalitius, der von 1743 bis 1780 hier als Pfarrer des Kirchspiels wirkte. Im Laufe der Geschichte ist er zu einem Symbol für den multiethnischen Charakter des ostpreußischen Grenzlandes geworden. Sein Wirken widerspricht auch dem oft gepflegten Urteil, Ostpreußen sei eine Region mit ausschließlich deutscher Scholle gewesen, die als Bollwerk vor dem Ansturm aus dem Osten gedient hatte.

Tatsächlich lebten auf diesem Gebiet über die Jahrhunderte Preußen und Slawen, Deutsche, Litauer und Polen zusammen. Christian Donalitius, oder auf Litauisch Kristijonas Donelaitis, war ein außergewöhnlicher Mann für seine Zeit und seine Umgebung. Er baute musikalische Instrumente, Uhren und auch physikalische Geräte, komponierte Lieder und schrieb kleine Fabeln und Versepen. Als Pfarrer predigte er in der Dorfkirche von Tollmingkehmen vor allem zu litauischen Bauern. Damit sie ihn verstanden, predigte und schrieb er auf Litauisch.

Sein wichtigstes Werk, «Die Jahreszeiten», erzählt vom schweren Schicksal der einfachen Leute und Bauern der Region, das unausweichlich von Frühling, Sommer, Herbst und Winter beherrscht wird. Da Donalitius die «Metai» in litauischer Sprache schrieb und damit überhaupt erstmalig weltliche Dichtung in dieser indogermanischen Sprache verfasst wurde, gilt er als der bedeutendste litauische Literaturklassiker. Aus diesem Grund wird er bis heute in Litauen wie eine Art Schiller oder Goethe verehrt. Bereits in Zeiten der Sowjetunion gelang es der litauischen Kulturelite, ihren Donelaitis in den Literaturkanon der UdSSR aufzunehmen. In den siebziger Jahren schafften es engagierte Litauer mit Hilfe der Partei- und Gebietsführung, die vermutlich im Krieg zerstörte Dorfkirche wiederaufzubauen. So kam Tollmingkehmen zu einer echten Sehenswürdigkeit, die jahrzehntelang von Tausenden organisierter Touristen, vornehmlich aus dem sowjetischen Litauen, besucht wurde. Heute ist das Gotteshaus in Tschistye Prudy ein Donalitius-Museum, dessen Gebeine in einer Gruft unter der Kirche ruhen. Gottesdienste können hier bislang nicht abgehalten werden. Die Kulturabteilung der russischen Gebietsverwaltung als Trägerin des Museums ist dagegen.

Abgeschnitten von Russland: Tschistye Prudy heute

Mit dem Ende der UdSSR kamen die organisierten Besucherströme im Donalitius-Museum abrupt zum Halt. Heute sind es vor allem Reisebusse mit deutschen Heimwehtouristen, die auf ihren Touren durch das Kaliningrader Gebiet auch eine der ganz wenigen wiederaufgebauten Kirchen des Gebietes ansteuern. Solch vereinzelte Besuche, vielleicht zweimal im Monat, sind die größten Ereignisse im Alltag der immer noch sieben fest angestellten Museumsmitarbeiter. Ihre Arbeit könnte auch leicht von zwei oder drei Menschen erledigt werden, doch natürlich beschwert sich niemand von ihnen: Sie sind froh, dass sie überhaupt noch bezahlt werden. Für alle anderen Einwohner ist die Lage miserabel. Dem Dorf geht es schlecht, wie fast der gesamten Region. Etwa 700 Menschen leben heute in Tschistye Prudy, Anfang der achtziger Jahre waren es noch mehr als doppelt so viele. Der Zusammenbruch der UdSSR hat die Menschen im Kaliningrader Gebiet, die über Jahrzehnte ohnehin keine wirkliche Verbundenheit mit dem Land entwickelt hatten, in eine große Leere gestürzt. Die auch zu Sowjetzeiten nur selten erfolgreiche Sowchose ist in den neunziger Jahren endgültig in die Knie gegangen. Noch existiert sie offiziell, mittlerweile als eingetragene Firma, doch ihr völlig veralteter Fuhrpark verrostet im Freien, und die Kuh- und Schweineherden sind auf ein Minimum geschrumpft.

Auch nach Tschistye Prudy ist die Privatisierung gekommen. 1992 wurde das Land der Sowchose zu gleichen Anteilen unter allen Bewohnern verteilt. Jeder bekam zehn Hektar und das Haus oder die Wohnung, in der er gerade lebte. Die Sowchose, für ihre Mitglieder seit Jahrzehnten Lebensmittelpunkt, einziger Arbeitgeber, wichtigstes Ordnungssystem, verlor ihren Stellenwert. Was soll die Zukunft bringen? Die meisten haben eher Angst vor den Möglichkeiten, die sich ihnen bieten. Man wartet auf die Hilfe des Staates, anders hat man es nie gelernt. Die Jungen versuchen aus Tschistye Prudy, wo es keine Arbeit und keine Perspektiven gibt, in die Großstadt Kaliningrad zu fliehen. Für viele andere bleibt nur der Alkohol. Das Dahinsiechen der Sowchose, die zunehmende Korruption und das Desinteresse der Polizeibehörden untergraben Recht und Ordnung. Die noch vorhandenen Gebäude und Hinterlassenschaften aus deutscher Zeit fallen seit 1990 umso schneller dem Niedergang anheim. Im Gegensatz zu anderen Dörfern haben sich die ehemaligen Sowchosmitglieder in Tschistye Prudy, nun jeder mit eigenem Landbesitz, nicht zu einer funktionierenden Produktionsgenossenschaft zusammengeschlossen. Im Gegenteil. Der amtierende Sowchosdirektor, immer noch der wichtigste Mann im Dorf und Umgebung, hat 2004 die meisten Einzelbesitzer dazu überredet, ihr Stück Land an einen Großinvestor aus Moskau zu verkaufen, der Anbauflächen für die Produktion seiner Weizenstärkefabrik sucht. Für 10 Hektar wurden 10 000 Rubel gezahlt, umgerechnet etwa 260 Euro. Damit kommen die alten Besitzer, vielfach Rentner, die nicht mehr selber den Boden bestellen können, gerade über den nächsten Winter. Nur eine Minderheit hat ihren Anteil behalten, entweder um ihn vielleicht zum Teil selbst zu bewirtschaften oder um das Land an private Bauern oder Genossenschaften zu verpachten.

Nicht weit von Margarete Schmidts Elternhaus, am südlichen Ende von Tschistye Prudy, leben seit vierzehn Jahren die Worobjowskijs. Iwan, ein Russe, ist mit seiner russlanddeutschen Frau Frieda, seinen zwei Söhnen und seiner Tochter 1991 aus Kirgisien hierher gekommen. Im Frühling und Sommer fällt ihr kleines Haus sofort ins Auge: Da ist ein Garten vor der Tür, ein prächtiges Blumenmeer, das in der weiteren Umgebung seinesgleichen sucht. Besonders die großen Rosen sind der ganze Stolz von Frieda. Fast noch mehr überrascht die Betriebsamkeit vor dem Haus der Worobjowskijs. Traktoren fahren auf den Hof und wieder raus, auf der Straße sind Anhänger und landwirtschaftliche Geräte geparkt, Arbeiter packen an. Die Worobjowskijs, beide über 60 Jahre alt, haben aus dem Nichts der Übergangszeit von 1991 bis heute einen landwirtschaftlichen Betrieb mit Perspektive geschaffen, ein reines Familienunternehmen, in dem neben dem Chef Iwan auch seine Söhne und zur Saisonzeit über zwanzig Arbeiter, zumeist Russlanddeutsche, beschäftigt sind.

1991, bei ihrer Ankunft, ist das zugewiesene Haus eine Müllhalde, wie Frieda auf Deutsch erzählt, kein Garten zu sehen. Die Alteingesessenen, obwohl einst auch Übersiedler, sind zu den Neuankömmlingen aus Kirgisien oder Kasachstan mehr als unfreundlich. «Die erste Zeit war sehr schwer, ich habe fast zwei Jahre lang häufig geweint. Mein Mann hat mich immer getröstet. Jetzt geht es schon.» Frieda Worobjowskij hätte auch gleich nach Deutschland übersiedeln können, wo sie viele Verwandte hat, die sie auch heute häufig besucht. Doch die Familie ist ihr das Wichtigste, und nicht alle Worobjowskijs wollen nach Deutschland, vor allem ihr russischer Mann Iwan, der spürt, dass er im ehemaligen Ostpreußen vielleicht besser zurechtkommen wird. «Meine Söhne und ich wollten nicht nach Deutschland, Frau und Tochter aber schon. Es war also unentschieden. Da haben wir sozusagen ein neutrales Territorium gewählt», lächelt Iwan ein wenig.

Der studierte Ingenieur für Energetik hat in Kirgisien lange in einem Großbetrieb und später in der Gewerkschaft gearbeitet. Zuletzt wurde er auch wegen seines ruhigen und kompetenten Führungsstils zum Direktor einer großen Schule mit 1500 Schülern gewählt.

Doch die Zeiten für Russlanddeutsche in den ehemaligen asiatischen Sowjetrepubliken werden seit dem Ende der achtziger Jahre immer unerträglicher, auch für Iwan und seine Familie: «Als die Auswanderungswelle aus den mittelasiatischen Staaten begann, wurden auch wir genötigt zu fahren, es war nicht unser freier Wille. Hier in Tschistye Prudy haben wir uns sozusagen selbst umgeschult zu Bauern, auch mein ältester Sohn, der ebenfalls früher Lehrer war. Wir haben uns daran gewöhnt, und heute fahren wir fast jeden Tag auf unsere Felder raus, um zu sehen, ob und wie alles wächst. Wir sehen die Erde schon wie unsere Kinder an. Ich wollte immer gerne selbständig arbeiten, sodass mich niemand stört, mir niemand etwas befiehlt. Früher war ja alles von oben gesteuert, heute sind wir freie Leute, es ist besser geworden.

Iwan Worobjowskij kam mit 51 Jahren aus Kirgisien ins Kaliningrader Gebiet. Noch steht der gebraucht gekaufte Mähdrescher eingezwängt hinter seinem kleinen Haus in Tschistye Prudy. Bald soll er auf dem noch nicht zu Ende gebauten Bauernhof genügend Platz finden, von dem aus die Worobjowskijs dann ihre 700 Hektar Land bewirtschaften werden.

Im Gegensatz zu Iwan Worobjowskij wählen viele andere Russ-landdeutsche schon nach wenigen Jahren in Tschistye Prudy die Option Deutschland und reisen endgültig aus. Von 68 Familien, die ab 1990 hierher kommen, sind nur noch knapp 40 geblieben. Den übrigen ist das Leben in diesem abgeschiedenen Winkel zu schwer und eine bessere Zukunft kaum abzusehen. Dazu gibt es Konflikte mit den Alteingesessenen, die die aktiveren Russland-deutschen als Bedrohung empfinden, wie Iwan aus Erfahrung weiß. «Viele der alten Übersiedler denken, dass wir das Unglück mitgebracht haben. Dass wir reich sind und hier alle arm wurden, obwohl wir vor dreizehn Jahren mit nichts angekommen sind.» Die Worobjowskijs packen an, wollen sich etwas Eigenständiges aufbauen, können dabei dem Familienverbund und den Freund-schaften aus kirgisischer Zeit vertrauen. In kurzer Zeit stellen sie mehr auf die Beine als die Alteingesessenen. «Der Unterschied liegt natürlich in den Leuten. Wir sind es gewöhnt zu arbeiten, von Kindheit an. In jeder Situation sind wir darauf gefasst, mit ihr klar-zukommen. Hier lebten die Leute alle vollständig von der Staats-versorgung. Den Wohnraum gab der Staat, die Reparaturen führte der Staat durch. Manche hatten einige Privilegien hier, wir haben aber dort in Kirgisien alles mit den eigenen Händen aufgebaut.» Die Größe seines Familienunternehmens erwähnt Iwan fast bei-läufig, die bloßen Zahlen sind beeindruckend genug. «Als wir hier-her kamen, hatten wir sechs Hektar, das war lächerlich. Da haben wir noch per Hand gesät. Jetzt bearbeiten wir insgesamt 700 Hek-tar.» Der größte Teil davon ist gepachtet, meist von denen, die ihr Land nicht dem Großinvestor aus Moskau verkaufen wollten. Sie erhalten von den Worobjowskijs nun regelmäßig Pachtzins in Form von Kornlieferungen und Futter für die eigenen Tiere.

Die Worobjowskijs haben auch Glück, denn sie haben Wolf-gang Rothe getroffen. Der ehemalige Gutsbesitzersohn will den Russlanddeutschen helfen, will das zum Großteil brachliegende Land seiner Vorfahren wieder bestellt sehen. Er ist stolz darauf, dass er eine so genannte Bauernsozietät initiiert hat. Ein genossen-

Das Gutshaus in Samonienen/Reiterhof heute: In Wolfgang Rothes Elternhaus wohnen noch zwei russlanddeutsche Familien, der Rest des Gebäudes
steht leer und verfällt. Vom ehemaligen Vierseitenhof sind nur vereinzelte
Stallruinen übrig.

schaftlicher Zusammenschluss von Landwirten wie den Worobjowskijs, um gemeinsam Getreide zu trocknen, Dünger sowie Saat-
gut einzukaufen und die Erträge zu verkaufen. Rothe fand dafür
einen interessierten Rentner in Deutschland, der die Sozietät vor
Ort mit Fachverstand konkret aufgebaut hat. Bis 1998 erhielten die
Landwirte auch staatliche Zuschüsse über die Deutsche Landwirtschaftliche Gesellschaft in Frankfurt. In dieser Bauernsozietät ist
der Familienbetrieb von Iwan Worobjowskij noch heute einer der
Eckpfeiler. Mit moderner Technik produzieren sie auf 700 Hektar
Ackerfläche vor allem Raps, der zumeist nach Deutschland exportiert wird, aber auch Gerste und Weizen. In seinen besten Jahren

bewirtschaftete der Gutsbesitzer Karl Rothe 750 Hektar, davon 500 Hektar Ackerfläche. Die Worobjowskijs planen weiter in die Zukunft. Vom Erlös ihrer Produktion wollen sie moderne Traktoren und Mähdrescher anschaffen und in einigen Jahren tausend Hektar ihr Eigen nennen.

Provinz Königsberg – Kaliningrader Gebiet. Tollmingkehmen – Tschistye Prudy. Schwentischke – Russkaja. Rominter Heide – Romentowskij Les. Das alte, überlieferte Ostpreußen ist nur noch ein Mythos. Heute ist das Kaliningrader Gebiet eine russische Exklave inmitten der Europäischen Union. Ein geschundenes Land, gefangen in einer merkwürdigen Starre. Konservierte Geschichte allerorten, weil der Fortschritt, die Normalisierung Europas nicht bis hierher dringt. Bis heute ist das Kaliningrader Gebiet eine Geisel der Konsequenzen eines furchtbaren Krieges. Das Schicksal des kleinen Ortes Tschistye Prudy, der früher Tollmingkehmen hieß, in der Randlage zwischen Polen und Litauen, ist nur ein Beispiel von Tausenden ähnlicher Schicksale. Die Bewohner, frühere und heutige, die Übersiedler der ersten und der neuesten Generation, alle haben sich in der Gegenwart einrichten müssen. Und alle haben einen Anspruch auf ihre Version von Heimat.

Jurij Kostjaschow

Am Schnittpunkt dreier Welten

Ostpreußen: Zankapfel der Völker

Die besondere Geschichte jener Region, die später den Namen Ostpreußen erhalten sollte, begann vor fast acht Jahrhunderten. Im Jahre 1226 rief der polnische Herzog Konrad von Masowien den Deutschen Orden zu Hilfe im Kampf gegen die heidnischen Stämme der Prussen – Konrad wollte deren Territorien seinem Herrschaftsbereich einverleiben. Vier Jahre später trafen die Kreuzritter in der Region ein und siedelten sich im Kulmer Gebiet an, das ihnen von Konrad zugeteilt worden war. Mit Unterstützung des Kaisers und mit Segen der päpstlichen Kurie begannen sie, die prussischen Stämme zu unterwerfen und sie zum Christentum zu bekehren. Die christlichen Krieger waren bestens ausgestattet und motiviert – so eroberten sie Jahr um Jahr neue Gebiete und erstickten den verzweifelten Widerstand der heidnischen Prussen ohne Erbarmen. Auf dem eroberten Territorium errichteten die Ordensritter Festungen, gründeten Städte und besiedelten bislang menschenleere Gebiete mit Kolonisten aus Deutschland und anderen europäischen Ländern. Sie förderten den Handel und führten eine neue, fortschrittliche Rechtsprechung ein. Auf diese Weise entstand an der Stelle des alten Preußen ein mächtiger, straff organisierter Ordensstaat.

Bald aber wurde es dem Staat des Deutschen Ordens in seinen ursprünglichen Grenzen zu eng, und als Nächstes eroberten die

Ritter eine Reihe polnischer und litauischer Gebiete. Zugleich wuchs die deutsche Dominanz: Die Mehrheit der Ureinwohner Preußens, die der Vernichtung während der blutigen Eroberungsfeldzüge des 13. Jahrhunderts entronnen waren, verlor in den folgenden Jahrhunderten ihre ethnische und kulturelle Identität, und auch die Gruppen anderer baltischer und slawischer Volksgruppen, die auf dem Territorium Ostpreußens siedelten, unterwarfen sich dem machtvollen Einfluss der deutschen Sprache und der deutschen Kultur. Zu Beginn des 20. Jahrhunderts zeugten meist nur noch die Ortsnamen, die in den Ohren von Besuchern «aus dem Reich» fremd und sonderbar klangen, von den prussischen Wurzeln eines großen Teiles der ostpreußischen Bevölkerung.

Das historische Ergebnis der Ansiedlung des Deutschen Ordens im Gebiet der Prussen war die Entstehung einer eigentümlichen «deutschen Insel» im Baltikum – eines Stücks westeuropäischer Zivilisation, das rundherum von einer fremden (und zuweilen feindlichen) Welt umgeben war. Diese Lage der «deutschen Insel» in einem slawisch-baltischen Meer hatte ihre Vorzüge, aber auch schwer wiegende Nachteile. Zum einen bildete der Ordensstaat, und in der Folge Ostpreußen, eine Art kultureller Brücke und wurde zum Repräsentanten neuer, progressiver Strömungen in diesem Winkel Europas. Die 1544 gegründete Königsberger Universität war unschätzbar wichtig für die Entwicklung der Wissenschaft und der Aufklärung in ihren Nachbarländern. Aber auch das Gebiet Ostpreußens war im Laufe der Jahrhunderte offen für die Einflüsse der Welt, die es umgab.

Die exponierte Lage der «Insel» Ostpreußen erwies sich allerdings auch als Nachteil und gefährdete zuweilen gar die Existenz des Ordensstaates: Je mächtiger die angrenzenden Staaten wurden, desto häufiger sahen deren Herrscher in der deutschen Enklave ein willkommenes Objekt ihrer Expansionsgelüste. Diese Gelüste wurden in der Regel als das Bestreben deklariert, verloren gegangene Territorien zurückzugewinnen, um auf diese Weise die historische Gerechtigkeit wiederherzustellen.

Der erste große Zusammenstoß des vereinten polnisch-litaui-schen Heeres mit den Rittern des Deutschen Ordens geschah in der Schlacht von Tannenberg im Jahre 1410, als die Kreuzritter eine vernichtende Niederlage erlitten. Doch erst ein halbes Jahr-hundert später kapitulierte der Orden vor dem polnischen König und musste einen Großteil seines Territoriums abtreten. Pomerel-len mit Danzig, das Gebiet um Kulm, das Ermland, die Hauptstadt des Ordensstaates Marienburg sowie die Stadt Elbing gehörten jetzt unter der Bezeichnung «Königliches Preußen» zu Polen. Der Ordensstaat selbst verlor einen Teil seiner Souveränität und stand fortan im Lehensverhältnis zur polnischen Krone.

Unter dem letzten großen Ordensmeister und Reformator Al-brecht von Brandenburg wurde der Ordensstaat im Jahre 1525 in ein weltliches Fürstentum umgewandelt. Dieses «Herzogtum Preu-ßen» war nun nicht nur das am weitesten abgelegene deutsche Ter-ritorium, sondern überdies vom deutschen Kernland abgeschnit-ten. So bildete sich im Osten zum zweiten Mal eine deutsche Enklave heraus.

Seit seiner Gründung zu Anfang des 17. Jahrhunderts bestand der brandenburgisch-preußische Staat aus zwei voneinander ge-trennten Teilen. Beinahe zweihundert Jahre lang bemühten sich die herrschenden Hohenzollern nun darum, Brandenburg mit dem ehemaligen Ordensstaat territorial zu verbinden. Friedrich II. sah es als seine Aufgabe an, den «polnischen Zwischenraum» endgül-tig zu beseitigen. Solange die Provinz Ostpreußen von den übrigen Landesteilen abgeschnitten sei, könne sie kaum gegen mögliche Angriffe Russlands verteidigt werden. Diese Befürchtung sollte dann während des Siebenjährigen Krieges Realität werden, als Ostpreußen für fast fünf Jahre (1758–1762) durch russische Trup-pen besetzt und durch einen russischen Gouverneur verwaltet wurde.

Die drei Teilungen Polens im 18. Jahrhundert befreiten Ost-preußen aus seiner isolierten Insellage. Preußen und Russland rückten näher zusammen. Nach der Niederlage Napoleons konnte sich die östlichste preußische (und seit 1871: deutsche) Provinz für ein ganzes Jahrhundert friedlich und stabil entwickeln. Im 19. Jahrhundert wurde Deutschland zum wichtigsten Wirtschaftspartner Russlands, und Ostpreußen verwandelte sich einmal mehr zu jener Brücke, die die Weiten des russischen Reiches mit Deutschland und Europa verband – eine Rolle, die den Bewohnern der Provinz spürbar zugute kam. Nicht umsonst wurde Königsberg damals – nur halb im Scherz – ein «russischer» Hafen genannt.

Zu Beginn des 20. Jahrhunderts zählte die russische Gemeinschaft in Ostpreußen mehr als zweitausend Mitglieder. Zahlreiche bekannte russische Staatsmänner, Wissenschaftler und Kulturschaffende erhielten ihre Ausbildung an der Albertina. Ein großer Teil der Russen, die damals in Ostpreußen lebten, war allerdings nicht freiwillig in die Provinz gekommen, sondern zählte zu den so genannten Altgläubigen, die ihre Heimat aufgrund religiöser Verfolgung hatten verlassen müssen.

Angesichts der Grenzlage Ostpreußens und der engen Verflechtungen mit dem Nachbarland ist es wenig verwunderlich, dass der Kriegsausbruch im August 1914 diese Provinz besonders hart traf. Ostpreußen war während des Ersten Weltkrieges das einzige deutsche Gebiet, das unmittelbar vom Krieg betroffen war, wenn auch nicht lange: Die angreifende russische Armee wurde rasch geschlagen. Die deutsche Propaganda nannte die zwei großen Kesselschlachten in Erinnerung an die Niederlage des Deutschen Ordens «Schlacht von Tannenberg».

Allein auf russischer Seite starben bei den Kämpfen in Ostpreußen 245 000 Mann. Die Deutschen hatten sehr viel geringere Verluste, doch der materielle Schaden war immens: Er belief sich auf die für damalige Verhältnisse gewaltige Summe von 1,5 Milliarden Mark. 39 Städte und etwa 1900 kleinere Ortschaften wurde mehr oder weniger in Mitleidenschaft gezogen. Vor allem die östlichen Regionen hatten gelitten: Die Städte Eydtkuhnen, Darkehmen, Schirwindt wurden fast vollständig zerstört.

Einen noch heftigeren Schlag erhielt Ostpreußen jedoch durch den Versailler Vertrag. Die polnische Delegation verlangte auf der Pariser Friedenskonferenz die Aufteilung der Provinz zwischen Polen und Litauen und die Schaffung eines kleinen Freistaates nach Danziger Vorbild. Doch die Alliierten lehnten die Aufteilung Ostpreußens ab – sie erlaubten lediglich, die Bevölkerung im ethnisch gemischten Süden Ostpreußens abstimmen zu lassen, ob sie weiter zu «Ostpreußen» oder zum neuen polnischen Staat gehören wollten.

Die Abstimmung im Juli 1920 ergab eine deutliche Mehrheit für den Verbleib bei Preußen. Das ebenfalls ethnisch gemischte und sehr viel kleinere Memelgebiet im Norden Ostpreußens dagegen wurde ohne Abstimmung zunächst der Verwaltung des Völkerverbundes unterstellt, bis es dann im Jahre 1923 von Litauen putschartig annektiert wurde.

Nach dem Ersten Weltkrieg fanden sich die zweieinhalb Millionen Einwohner Ostpreußens plötzlich in einer völlig veränderten geopolitischen Situation wieder: Die Provinz war nicht – wie während des Krieges vom Oberkommando des deutschen Heeres verkündet – das Zentrum eines deutsch beherrschten Ostmitteleuropas geworden, sondern seit 1919 durch den «polnischen Korridor» vom Reich und vom deutschen Markt abgetrennt. So war die Provinz erneut zu einer deutschen Enklave im Osten geworden.

Die Gebietsabtretungen nach dem Ersten Weltkrieg belasteten das Verhältnis zu Polen und Litauen schwer. Die in Jahrhunderten gewachsenen Verbindungen in den Osten wurden aber auch durch die Revolution und den Bürgerkrieg in Russland zerrissen: Der Transithandel nach Russland – eine der wichtigsten Einnahmen der Provinz – kam eine Zeit lang völlig zum Erliegen und sollte nie wieder das Vorkriegsniveau erreichen.

Eine Folge dieser neuen Situation war der Verlust der Offenheit, die Ostpreußen traditionell geprägt hatte, und das Ende der grenzüberschreitenden Zusammenarbeit. Die ostpreußischen Eliten begannen, verschiedene separatistische Pläne zu entwickeln. Man erwog, einen unabhängigen Oststaat zu gründen, der nicht nur militärische Angriffe von außen abwehren, sondern auch militärisch gegen seine Nachbarn vorgehen sollte. Weniger populär (und auch kaum ernsthaft erwogen) war die Idee einer Konföderation mit Polen. All diese Pläne genossen in der Bevölkerung der Provinz keine große Unterstützung und wurden von der Regierung in Berlin klar abgelehnt.

Die Isolation auf der internationalen Bühne brachte die Kriegsverlierer und ehemaligen Kriegsgegner Deutschland und Russland einander näher. Im Jahre 1920 wiederholte Lenin in einer seiner Reden gleich viermal, dass die durch den Versailler Vertrag geschaffene Lage «Deutschland an Sowjetrussland heranstoßen wird». Notgedrungen sah man dies auch in Ostpreußen so. Einen seiner ersten Berichte aus Königsberg begann der frisch berufene sowjetische Generalkonsul mit folgenden Worten: «Es wird sich wohl kaum eine andere Provinz in Deutschland finden, wo das Interesse an der UdSSR so groß ist wie in Ostpreußen.» Die örtlichen politischen und wirtschaftlichen Eliten versuchten einen Ausweg aus der schweren wirtschaftlichen Lage zu finden, indem sie mit Unterstützung der Regierung in Berlin alles unternahmen, die regionalen Verbindungen wiederzubeleben, etwa durch eine internationale Ostmesse, die nach Osteuropa und vor allem Russland orientiert war.

Im Jahre 1922 wurde in Königsberg das Wirtschaftsinstitut zur Förderung der Beziehungen zu Russland und den osteuropäischen Staaten gegründet, und in Moskau eröffnete eine ständige Vertretung der Ostmesse. In Königsberg wurden drei Zeitschriften in russischer Sprache herausgegeben, die sich an das sowjetische Fachpublikum wandten, und die örtlichen Zeitungen druckten Sonderbeilagen über die UdSSR. Und im Königsberger «Ostmarkenrundfunk» wurden während der Zeit der Ostmesse Sondersendungen übertragen.

Überaus erfolgreich entwickelten sich vor allem die gesellschaftlichen, kulturellen und wissenschaftlichen Kontakte, obwohl sowjetische Funktionäre unablässig betonten, Ostpreußen sei «die reaktionärste deutsche Provinz». Zahlreiche russische Wissenschaftler, Musiker, Artisten und Künstler reisten entweder als Mitglieder offizieller sowjetischer Delegationen an oder hielten sich privat in Königsberg auf. Mindestens zweimal im Monat wurden in den größten Sälen der Stadt Vorträge über die Sowjetunion gehalten. Es gab Ausstellungen sowjetischer Kunst, sowjetische Filme wurden vorgeführt und gemeinsame Kulturabende veranstaltet. Zu den Mitgliedern des Deutsch-Russischen Clubs in Königsberg zählten die höchsten Beamten der Provinz und bekannte Unternehmer. An den örtlichen Bildungseinrichtungen absolvierten russische Studenten ihre Praktika. Umgekehrt fuhren auch ostpreußische Delegationen nach Moskau, und Studenten aus Königsberg absolvierten ausgedehnte Exkursionen durch die Sowjetunion.

Nach der Machtübertragung an Hitler wurden all diese Kontakte jäh abgebrochen, die deutsch-sowjetischen Gesellschaften mussten ihre Aktivitäten einstellen, und viele ihrer Mitglieder wurden verhaftet. Erst nach Abschluss des deutsch-sowjetischen Paktes von 1939 begannen sich die Beziehungen zwischen Ostpreußen und der Sowjetunion wieder neu zu beleben. Die UdSSR wurde eingeladen, an der 28. Königsberger Ostmesse des Jahres 1940 teilzunehmen, auf der der sowjetische Pavillon einer der repräsentativsten war. Er wurde von hochrangigen Vertretern des NS-Regimes besucht, während der sowjetische Botschafter Schkwarzew auf dem von Gauleiter Koch ausgerichteten Festempfang einen Toast auf die NS-Führung ausbrachte.

Doch bald zeigte sich, dass diese Flut «freundschaftlicher» Gefühle gegenüber den sowjetischen Gästen zu jenem gut geplanten Manöver Berlins gehörte, mit dem es Hitler gelang, Stalin über seine wahren Absichten zu täuschen.

Krieg und Deportation

Ab 1939 war in Ostpreußen für einige Jahre praktisch nichts vom Krieg zu spüren, und die Stimmung in der Bevölkerung war gut. Man vertraute den entlang der Ostgrenze errichteten Befestigungen, dem «Ostwall». Doch gegen die erste schwere Angriffswelle auf die Provinz konnte auch diese Befestigung nichts ausrichten – denn sie kam von Westen und aus der Luft: Ende August 1944 flog die Bomberflotte der Royal Air Force Luftangriffe auf Ostpreußen, in deren Verlauf allein auf Königsberg etwa 40 000 Bomben abgeworfen wurden, die das Stadtzentrum fast völlig zerstörten.

Im Oktober 1944 begann der Angriff der Roten Armee auf Ostpreußen. Erst zu diesem Zeitpunkt setzte die massenhafte Evakuierung der Zivilbevölkerung ein – bis zum Jahresende verließen etwa eine halbe Million Menschen die Provinz in Richtung Westen. Die Evakuierung verlief überaus schleppend und schlug in eine planlose Flucht um, als die Rote Armee im Januar 1945 erneut vorrückte. Viele Menschen mussten bei eisigen Temperaturen Hals über Kopf flüchten und konnten häufig nicht genügend Lebensmittel mitnehmen. Die Zivilbevölkerung vermischte sich mit zurückweichenden Teilen der Wehrmacht, und viele Menschen starben.

Die Flüchtlinge versuchten nach Königsberg zu gelangen und von dort weiter auf die Samland-Halbinsel – stets in der Hoffnung, von Pillau aus über das Meer nach Westen evakuiert zu werden. Diese Hoffnungen schwanden, als sich Gerüchte verbreiteten, wonach mehrere Flüchtlingsschiffe bei der Fahrt über die Ostsee torpediert worden seien – Gerüchte, die sich bald als schreckliche Gewissheit herausstellten. Viele Flüchtlinge warteten daher ihr Schicksal in Königsberg ab. Doch auch für jene, die in der Stadt verblieben, war die Hoffnung trügerisch, dem Tod und all dem Schrecken zu entgehen, die der Krieg in das Land zurücktrug, von dem er seinen Ausgang genommen hatte.

Am 6. April 1945 begann die Rote Armee mit der Erstürmung

der schon seit Monaten eingeschlossenen ostpreußischen Hauptstadt; nach vier Tagen erbitterter Straßenkämpfe gaben die deutschen Verteidiger auf.

Heute lässt sich kaum noch feststellen, wie viele Zivilisten während der angloamerikanischen Luftangriffe auf Königsberg, der verlustreichen Kämpfe in Ostpreußen und in den Flüchtlingsschiffen ihr Leben verloren. Ebenso wenig kann man mit Sicherheit sagen, wie viele Deutsche auf dem von den Sowjets besetzten Territorium nach dem Ende der Kriegshandlungen verblieben. In seinen Erinnerungen schätzte der Kommandant der «Festung Königsberg», General Otto Lasch, die Anzahl der deutschen Zivilisten, die sich zum Zeitpunkt der Kapitulation in der Stadt aufhielten,

Flüchtlinge aus Ostpreußen, Frühjahr 1945. Im Hintergrund riegelt ein sowjetischer Posten die Straße ab.

auf rund 110 000, von denen im Verlaufe der folgenden zwei Jahre mehr als 75 Prozent umgekommen seien und nur etwa 20 bis 25 Prozent überlebt hätten und schließlich nach Deutschland deportiert worden seien.

Die ersten sowjetischen Daten über die Lage der Deutschen stammen vom 26. April 1945. Bis zu diesem Tag wurden in Königsberg 23 247 deutsche Staatsbürger registriert, weitere 40 000 warteten auf ihre geheimdienstliche Überprüfung durch die sowjetische Gegenspionageorganisation «SMERSCH» («Smert' Schpionam!», Russisch für: «Tod den Spionen!»). Hinzu kam ein unablässiger Strom von Flüchtlingen aus ganz Ostpreußen, vor allem aus Pillau, das erst am 25. April gefallen war.

Laut der ersten offiziellen Volkszählung der sowjetischen Militärbehörde lebten am 1. September 1945 in dem Gebiet Ostpreußens, das der UdSSR zugesprochen worden war, 139 614 deutsche Zivilisten – vor dem Krieg lebten auf dem gleichen Gebiet etwa 1,086 Millionen Menschen. Über 60 Prozent dieser Zivilisten waren Frauen, der Anteil der Minderjährigen betrug über 30 Prozent. Ein großer Teil von ihnen (68 000 Personen) konzentrierte sich in Königsberg und in den auf dem Weg zur Küste gelegenen Kreisen. In den östlichen Regionen (Stallupönen, Darkehmen, Gumbinnen, Insterburg) waren nie mehr als je 2000 Deutsche registriert. Diese Angaben sind natürlich unvollständig: Selbst in offiziellen sowjetischen Dokumenten wurde vermerkt, dass die Registrierung nicht zufriedenstellend verlief und dass sogar mehrere sowjetische Militäreinheiten, die Deutsche als Arbeitskräfte beschäftigten, deren Existenz in ihren Rechenschaftsberichten verheimlichten. Die örtliche Bevölkerung ihrerseits setzte sich über die Verbote der neuen Machthaber hinweg. Sie zog innerhalb der Provinz weiterhin von Ort zu Ort und entging auf diese Weise der Registrierung.

In der Zwischenzeit blieb der Status der deutschen Bevölkerung unklar. Die Frage der Übertragung Ostpreußens an die Sowjetunion war zum ersten Mal auf der Konferenz von Teheran im Jahre 1943 aufgetaucht. Stalin hatte sich während der Erörterung der neuen Grenzen Polens mit einer gewichtigen Forderung zu Wort gemeldet: «Die Russen haben keinen eisfreien Hafen an der Ostsee. Darum brauchen die Russen die eisfreien Häfen Königsberg und Memel und einen entsprechenden Teil Ostpreußens. Umso mehr, da dies historisch gesehen urslawischer Boden ist.» Entsprechend dem Protokoll der Potsdamer Konferenz vom 1. August 1945 wurde Königberg mitsamt dem umliegenden Gebiet der Verwaltung der UdSSR übergeben (während der südliche Teil an Polen ging). Da aber das Potsdamer Abkommen keinerlei Vorgaben enthielt, wie mit den im sowjetischen Teil Ostpreußens verbliebenen Deutschen zu verfahren sei, lag deren Schicksal nun vollständig in den Händen der sowjetischen Militäradministration.

Für mehr als ein Jahr nach dem Ende der Kampfhandlungen blieben die Militärs die alleinigen Machthaber auf diesem Territorium. Die Anwendung militärischer Verwaltungsmethoden auf die zivile Sphäre war jedoch wenig effektiv. Als völlig unrentabel erwiesen sich beispielsweise die im Januar 1946 gegründeten dreißig Militär-Sowchosen, in denen hauptsächlich Deutsche unter dem Kommando sowjetischer Offiziere arbeiteten. Ein großer Schaden entstand der Wirtschaft auch durch die planlose Tätigkeit der «Trophäenkommissionen», die die Provinz auf der Suche nach Rohstoffen, Maschinen und anderen Wertgegenständen durchforsteten und diese über die Grenze in die innere Sowjetunion schafften.

Erst am 7. April 1946 wurde auf dem Territorium des ehemaligen Ostpreußens das Königsberger Gebiet als Bestandteil der RSFSR gegründet. Danach folgte die Verstaatlichung des Bodens, der Banken, der Industrieunternehmen und der Versorgungsnetze, und die sowjetische Gesetzgebung wurde eingeführt. Am 4. Juli 1946 wurde Königsberg zu Ehren des soeben verstorbenen Stalingefährten Michail Kalinin in Kaliningrad umbenannt. Mit diesem Akt wurde eine gigantische Umbenennungskampagne in Gang gesetzt, in deren Verlauf Tausende deutsche Namen und Bezeichnungen für Ortschaften, Flüsse und Seen geändert und neue russische Namen für Zehntausende Straßen, Plätze und Gassen erfunden werden mussten.

Wegen der Eile, mit der die Umbenennungskampagne durchgeführt wurde, und weil qualifiziertes Personal für dieses Vorhaben fehlte, tauchten auf den Karten des Kaliningrader Gebietes nun zahlreiche Namen auf, die kaum zu unterscheiden waren oder die gar mehrmals vergeben wurden. Oft waren sie schlicht phantasielos.

Der Übergang von der militärischen zur zivilen Verwaltung des Gebietes war enorm schwierig und wurde von zahlreichen Konflikten begleitet. Die Militärs hatten sich nicht um den Erhalt des ihnen zugefallenen Eigentums gekümmert – nicht selten hatten Soldaten Wohn- und Wirtschaftsgebäude zerlegt, um Brennholz zu gewinnen. Dennoch war der Abzug der Militärs aus den Ortschaften ein ebenso großes Problem. In einer Reihe von Städten hatten die Kommandeure Straßenzüge oder gar ganze Stadtviertel komplett abgesperrt und an anderen Stellen Checkpoints errichtet, an denen die Passanten kontrolliert wurden. Sie weigerten sich nun, die in Beschlag genommenen Häuser wieder abzutreten.

Als Stalin am 9. Juli 1946 den Erlass über die Besiedlung des Kaliningrader Gebietes unterzeichnete, war dies der entscheidende Schritt zur Sowjetisierung des ehemaligen Ostpreußen. Demnach sollten in 23 Gebieten der RSFSR und in Weißrussland Menschen geworben werden, die bereit waren, sich auf dem neuen sowjetischen Territorium eine neue Existenz aufzubauen. Schon Ende August trafen in Ostpreußen die ersten Züge mit Übersiedlern ein.

Obgleich die Übersiedler aus der Gruppe der «fortschrittlichsten und fleißigsten» Kolchosbauern und Arbeitern ausgewählt werden sollten, trugen die Werber auf den Antragslisten schließlich jeden ein, der sich freiwillig meldete, weil die Zielvorgaben sonst nicht zu erfüllen waren. Die meisten Menschen, die sich nun zur Übersiedlung bereit erklärten, gehörten zu denen, die am schwersten unter dem Krieg gelitten hatten: Der typische Kaliningrader

Übersiedler war eine Witwe, die ihren Ehegatten an der Front verloren hatte und nun allein mit mehreren Kindern dastand.

In der sowjetischen Behördensprache wurden diese Menschen als «unvollständige Familien» bezeichnet. Die meisten Übersiedler kamen aus den Gebieten Russlands, der Ukraine und Weißrusslands, die während des Krieges von den Deutschen besetzt worden waren: Für die Bevölkerung der verbrannten Dörfer und der zerstörten Städte war das Versprechen, sie bekämen in Ostpreußen kostenlos Häuser oder Wohnungen zur Verfügung gestellt, der entscheidende Anreiz. Viele aber wollten sich und ihre Kinder einfach vor dem Hunger retten und griffen nach den kümmerlichen staatlichen Beihilfen wie der Ertrinkende nach dem Strohhalm: Die Übersiedler erhielten 1000 Rubel Übersiedlerprämie (das entsprach etwa einem Monatslohn), die kostenlose Anreise, eine Steuerbefreiung für drei Jahre, einen halben Hektar Land, zinsgünstige Kredite für den Bau eines Hauses und zum Erwerb von Vieh sowie das Recht, zu staatlichen (also niedrigeren) Preisen eine kleine Auswahl von Lebensmitteln und Waren des täglichen Bedarfs einzukaufen. Pro Familie waren das unter anderem ein Mantel, eine Kopfbedeckung, zwei Paar Socken, zwei Rollen Garn, ein Kilogramm Seife, zehn Liter Petroleum.

Obwohl die Umsiedlung in das ehemalige Ostpreußen staatlich gefördert und von der stalinistischen Propaganda als «Rückkehr auf urslawischen Boden» gefeiert wurde, war die Unsicherheit unter vielen Übersiedlern groß: Viele Sowjetbürger empfanden die Fahrt in das Kaliningrader Gebiet als Reise in ein fremdes Land, «nach Deutschland». Sie fürchteten die Zerstörungen, die sie dort erwarteten, und hatten Angst vor den Begegnungen mit den «noch nicht völlig geschlagenen Faschisten». Doch andererseits waren sie auch neugierig, insbesondere die jungen Übersiedler. Sie wollten mit eigenen Augen sehen, wie die Leute «im Ausland» wohnten.

Verblüfft stellten sie fest, dass nicht nur in den Städten, sondern selbst auf dem Lande kaum Holzhäuser zu finden waren. Sie bewunderten die mit roten Ziegeln gedeckten und von verspielten

Wetterfahnen bekrönten steilen Satteldächer, staunten über das Kopfsteinpflaster und die Granitplatten auf den Wegen. Viele genossen es, über die örtlichen Friedhöfe zu spazieren, die an gepflegte Parkanlagen erinnerten. Die Kirchen dagegen mit ihren langen Sitzbänken empfanden sie als düster. Als die Übersiedler in die unversehrt gebliebenen Häuser einzogen, trafen sie dort auf einen Wohnkomfort, der ihnen gänzlich fremd war. In den Dörfern begegneten sie ungewohntem Inventar und fremden Methoden der Viehzucht und des Ackerbaus.

Als die Kolchosbauern das erste Mal zu pflügen begannen, entdeckten sie in den Äckern sonderbare lange Rohre von unterschiedlichem Durchmesser. Sie sammelten sie ein und warfen sie in die Abflussgräben, die die Felder umgaben und die sie für Schützengräben hielten. Auf diese Weise wurde an vielen Stellen aus Unwissenheit das traditionelle Meliorationssystem zerstört.

Die meisten Übersiedler stammten aus den drei slawischen Sowjetrepubliken: aus Russland (70 Prozent), aus Weißrussland (11 Prozent) und aus der Ukraine (7 Prozent); unter ihnen waren kaum ältere Menschen oder Rentner. Sehr häufig zogen ehemalige Landbewohner in die ostpreußischen Städte, während sich umgekehrt viele ehemalige Städter auf dem Lande ansiedelten. Auf diese Weise wurden traditionelle Lebensweisen vollständig durcheinander geworfen, was zu wirtschaftlichen und sozialen Problemen führte, die noch lange anhalten sollten. Zwei Drittel der Übersiedler kehrten wieder in ihre Herkunftsorte zurück – viele waren enttäuscht, dass die Versprechen nicht eingelöst worden waren. Und «professionelle Umsiedler» machten sich wiederholt auf den Weg nach Ostpreußen, einzig mit dem Ziel, mehrmals in den Genuss der staatlichen Zuwendungen und anderer Vergünstigungen zu kommen.

Die Periode von 1946 bis 1948 war eine Zeit, in der auf dem Gebiet Ostpreußens zwei Völker mit komplett verschiedenen kulturellen und psychologischen Prägungen zusammenlebten. Ihr Verhältnis zueinander war häufig von Misstrauen, Gleichgültigkeit und sogar Hass bestimmt, der zuweilen in offene Gewalt umschlug.

Es war das Verhältnis zwischen Siegern und Besiegten, mit all den bedauerlichen Folgen für die Letzteren, deren Recht – und zuweilen sogar deren Leben – von niemandem verteidigt wurde.

Die formellen Verfügungen der sowjetischen Zivilverwaltung stellten Deutsche und Russen häufig nur auf dem Papier gleich. Man muss allerdings auch anerkennen, dass die Willkür der Militärs zu einem wesentlichen Teil die unausweichliche Reaktion auf die ungeheuerlichen Verbrechen war, die die Nationalsozialisten in den von den Deutschen besetzten Gebieten der Sowjetunion verübt hatten.

Allerdings legen die Erfahrungen dieser Jahre auch einen anderen, optimistischeren Schluss nahe: Dort wo die Menschen gemeinsam lebten und arbeiteten, wichen Angst und Missgunst, und an ihre Stelle trat häufig gegenseitige Hilfe und sogar Freundschaft. Wenn es nicht die Anteilnahme und das Mitleid vieler einfacher Russen für die ins Unglück gestürzten ehemaligen Feinde gegeben hätte, dann wäre das ohnehin unermessliche Leid der deutschen Zivilbevölkerung wohl noch größer gewesen.

Hunger, Kälte, mangelnde Hygiene und die damit verbundenen Epidemien führten zu einer hohen Sterblichkeit unter den Deutschen. In Königsberg starben in den Jahren 1945 und 1946 nach offiziellen Angaben bis zu zweitausend Menschen im Monat. Im Herbst 1945 bestand die Lebensmittelration für arbeitende Deutsche gemäß den offiziellen Verlautbarungen der Machthaber aus 400 Gramm und für alle anderen (und das war die überwiegende Mehrheit) aus nur 200 Gramm Brot pro Tag. Doch selbst diese Versorgung war unregelmäßig und fiel zuweilen gänzlich aus. Im Winter und Herbst 1947 erreichte die Hungersnot ihren Höhepunkt und traf sogar die sowjetischen Übersiedler. Bis zu 5000 Deutsche starben damals pro Monat.

Die Sowjetmacht entwickelte ungeachtet der katastrophalen Versorgungslage in einem anderen Bereich eine bemerkenswerte Aktivität: bei der «Umerziehung des ehemaligen ideologischen Gegners». Zu diesem Zwecke wurden im Gebiet Kaliningrad in den Jahren 1947/48 die deutschsprachige Zeitung «Neue Zeit» herausgegeben, Radiosendungen in deutscher Sprache produziert und seit 1947 mehr als 40 deutschsprachige Schulen eröffnet. Besonderes Augenmerk legten die Machthaber auf die Propaganda, wobei sie sich bemühten, die Deutschen mit den gleichen Methoden zu beeinflussen, die für die sowjetischen Bürger entwickelt worden waren. So wurden etwa in so genannten Deutschen Clubs formalisierte Tagesveranstaltungen organisiert, in deren Verlauf Vorträge über die Nürnberger Prozesse oder den «Großen Sieg des sowjetischen Volkes» gehalten und die Anwesenden aufgefordert wurden, im Chor sowjetische Lieder zu singen, etwa «Wie schön ist es doch, im Sowjetlande zu leben!», oder «Du mein weites Heimatland!» Häufig wurden auch Filme mit Titeln wie «Der Faschismus – der schlimmste Feind der Menschheit» gezeigt, bevor die Veranstaltungen dann mit dem Abspielen von Trauermärschen deutscher Komponisten zu Ende gingen. Man kann sich leicht ausmalen, wie wenig diese Veranstaltungen ihren Zweck erfüllten.

Die Deutschen aus Ostpreußen teilten das Schicksal der meisten Deutschen in Polen, der Tschechoslowakei und anderen Ländern Mitteleuropas, die bald nach Ende des Krieges zwangsweise nach Deutschland umgesiedelt wurden. Doch zunächst wurde die Aussiedlung der Deutschen aus dem sowjetischen Teil Ostpreußens nicht forciert. Es entsteht der Eindruck, dass eine solche Maßnahme anfänglich in den Plänen der sowjetischen Führung überhaupt nicht vorgesehen war: Da noch offen blieb, wie die «deutsche Frage» entschieden werden würde, und eine gewisse Unklarheit über den Status Ostpreußens herrschte, dessen Aufteilung zwischen der UdSSR und Polen durch eine Friedenskonferenz bestätigt werden sollte, war die sowjetische Führung zur Vorsicht in dieser Frage gezwungen.

Die Verzögerung der Deportation der Deutschen um über zwei Jahre erklärt sich aber auch aus rein pragmatischen Gründen – der Wiederaufbau der Provinz erforderte eine gewaltige Kraftanstrengung und viel Zeit. Die neue sowjetische Verwaltung sah es als sinnvoll an, für diese Aufgabe auf die Arbeitskraft der örtlichen Bevölkerung zurückzugreifen, bis diese durch die neu angesiedelten Russen ersetzt werden konnte. Einzelnen deutschen Staatsbürgern, in der Regel Mitgliedern von antifaschistischen Widerstandsgruppen, wurde es allerdings schon vorher erlaubt, zu ihren Familien nach Deutschland auszureisen. Laut dem erhaltenen «Registrierungsbuch» der sowjetischen Meldebehörde von Kaliningrad wurde dies allein bis Juli 1947 insgesamt 3390 Menschen gestattet.

Erst im Jahre 1947 entwickelte sich in Kreisen der sowjetischen Führung die Auffassung, dass die deutsche Bevölkerung vollständig aus dem neuen Gebiet ausgesiedelt werden müsse. Die veränderte internationale Lage beförderte diese Entscheidung: Je offensichtlicher der Bruch der ehemaligen Anti-Hitler-Koalition wurde, desto unwahrscheinlicher war es, tatsächlich eine Friedenskonferenz unter Beteiligung der UdSSR abzuhalten, auf der über den endgültigen Status des ehemaligen Ostpreußen verhandelt werden konnte. Im beginnenden Kalten Krieg meinte die sowjetische Führung zudem, in der Frage der Deportation der Deutschen keine Rücksicht mehr auf ihre ehemaligen Verbündeten und die öffentliche Meinung im Westen nehmen zu müssen.

Unter diesen Umständen unterschrieb Stalin am 11. Oktober 1947 die streng geheime Regierungsresolution «Über die Übersiedlung der Deutschen aus dem Kaliningrader Gebiet in die Sowjetische Besatzungszone Deutschlands». Diese Resolution sah vor, dass in den Monaten Oktober und November 1947 zunächst 30 000 Deutsche deportiert werden sollten – vor allem die Bewohner von Pillau und der übrigen Ortschaften an der Ostsee sowie die nichtarbeitsfähige deutsche Bevölkerung: Alte, Kinder und Invaliden. Den Deutschen wurde erlaubt, persönliches Eigentum mit einem Gewicht von bis zu 300 Kilogramm pro Familie auszuführen. Doch Augenzeugen bestätigen, dass diese Regel ignoriert wurde: Vor den Deutschen wurde sie einfach verheimlicht. Tatsächlich durften die Auszusiedelnden lediglich Handgepäck mit sich führen, Kof-

fer, Taschen und Beutel – das, was sie tragen konnten. Im Herbst 1947 verließen 14 Züge das Gebiet in Richtung Deutschland, insgesamt 30 113 Deutsche.

Am 15. Februar des folgenden Jahres erließ die sowjetische Regierung eine zweite Resolution, die die Aussiedlung der noch verbliebenen Deutschen in zwei Etappen vorschrieb: Im März / April und von August bis Oktober sollten die Aussiedlungen abgeschlossen werden. Insgesamt verließen im Jahre 1948 33 Züge das Gebiet, mit denen laut der erhaltenen Aussiedlerlisten exakt 68 041 Personen in die SBZ deportiert wurden. Zudem wurden an die Kaliningrader Züge zuweilen Waggons mit Deutschen aus dem Memelgebiet angehängt, das nun zur Litauischen Sowjetrepublik gehörte; mit ihnen wurden im Jahre 1948 insgesamt 1290 Personen deportiert.

Nach diesem Zeitpunkt verblieb nur noch eine geringe Anzahl von Deutschen im Kaliningrader Gebiet, die zeitweise von der Aussiedlung ausgeschlossen wurden. Dies waren vor allem hoch qualifizierte Spezialisten, auf die einige Industrieunternehmen nicht verzichten konnten. Diese 1409 Personen wurden im November 1949 deportiert (darunter befanden sich erneut 652 Deutsche aus Litauen). Die allerletzte Gruppe von 193 Repatrianten wurde im Mai 1951 in die DDR gebracht. Somit wurden in den Jahren 1947–1951 (ohne die Kriegsgefangenen und ehemaligen Bewohner Litauens) insgesamt 102 494 deutsche Staatsbürger aus dem Kaliningrader Gebiet deportiert.

Die Bilder der Deportation der Deutschen brannten sich den ersten russischen Übersiedlern tief ein. Sie erinnerten sich daran, dass die Deutschen ganz unerwartet abtransportiert wurden, zuweilen sogar nachts, und dass sie kaum Zeit hatten, etwas mitzunehmen. Fast alle Deutschen weinten, manche verabschiedeten sich von ihrem Haus, den Gräbern ihrer Verwandten und den Stätten ihres bisherigen Lebens. Viele wollten bleiben – egal unter welchen Umständen. Doch ihre Wünsche interessierten niemanden. Unter den russischen Neusiedlern selbst gab es sehr unterschiedliche Positionen zur Deportation. Manche glaubten, dass die Deutschen nun ihre gerechte Strafe erhielten und ihnen das Gebiet nun sowieso nicht mehr gehöre. Manche waren gleichgültig. Doch gab es auch viel Mitfühlende, die die Entscheidung der sowjetischen Führung als zu hart empfanden, sich aber nicht trauten, diese offen zu kritisieren.

Das Schicksal des historischen Erbes von Ostpreußen

Am Ortseingang von Eydtkuhnen, der ersten deutschen Stadt, die sowjetische Soldaten im Oktober 1944 eingenommen hatten, wurde neben dem Grenzpfahl ein Schild aufgestellt, auf dem zu lesen war: «Kämpfer der Roten Armee! Vor dir liegt die Höhle des faschistischen Untiers!» In den sowjetischen Massenmedien wurde Ostpreußen als «Wespennest der deutschen Hunde-Ritter», als «räuberisches Bollwerk von Kriegstreiberei und Reaktion» oder schlicht als «Kriegsfabrik» bezeichnet. «Königsberg», so schrieb die «Prawda» im April 1945, «das ist die Geschichte der Verbrechen Deutschlands. Ihr ganzes vielhundertjähriges Dasein hat die Stadt vom Raub gelebt; ein anderes Leben war ihr nicht vergönnt.»

Diese Kriegspropaganda ging unvermindert weiter, auch als der Krieg schon vorbei war und eigentlich keine Notwendigkeit mehr bestand, die Hasspredigten über den Feind fortzuführen. Keine der lokalen Traditionen und der auf ihrer Grundlage geschaffenen kulturellen Werte wurde für wert erachtet, weiterhin genutzt zu werden. Hinzu kam, dass die stalinistische Führung in dieser Zeit einen Kampf gegen den «Kosmopolitismus» und die «Speichelleckerei» gegenüber dem Westen führte – ein Kampf, der in dieser Grenzregion in der Losung von der «Austreibung des preußischen Geistes» seinen Ausdruck fand.

Auf Partei- und Komsomol-Veranstaltungen wurden nun regelmäßig diejenigen angeprangert, die sich wohlwollend über die deutsche Kultur oder auch nur über die «bequemen und gemütlichen deutschen Wohnungen» im ehemaligen Ostpreußen geäußert hatten, die Interesse an den Sehenswürdigkeiten Königsbergs bekundeten oder deutsche Briefmarken, Postkarten oder Antiquitäten sammelten. In den lokalen Verlagen und Druckereien bestand ein heimliches Verbot, Fotos von charakteristischen deutschen Gebäuden zu veröffentlichen – vor allem war die Abbildung von ziegelgedeckten Steildächern untersagt. Im Theater konnten Aufführungen schon allein aus dem Grunde verboten werden, weil ein aufmerksamer Zensor im Bühnenbild ein «Gartenbänkchen deutschen Typs» entdeckte.

In den Schulen und übrigen Lehranstalten des Gebietes fehlte allerdings nicht nur die deutsche Vorkriegsgeschichte in den Lehrplänen, sondern überhaupt jede Form von lokaler Geschichtsschreibung. Ein Museum im eigentlichen Sinn gab es lange Zeit nicht, und als es endlich gegründet wurde, zeigte man dort keine Exponate, die aus der Zeit vor 1945 stammten. Lange Zeit verstand man im Kaliningrader Gebiet unter «Denkmälern» und «Gedenkstätten» nur die Grabstätten der in den Kämpfen in Ostpreußen gefallen Sowjetsoldaten. Die architektonischen Hinterlassenschaften aus deutscher Zeit, etwa Burgen, Kirchen, Wohnhäuser oder Denkmäler), wurden nicht nur als nicht schützenswert betrachtet, sondern schlichtweg ignoriert und tauchten in keiner offiziellen Liste oder Dokumentation auf.

In diesem Verhältnis zum historischen Erbe der Region drückte sich auch der mentale Zustand der sowjetischen Neusiedler in der unmittelbaren Nachkriegszeit aus: Einen Appell zur Pflege ostpreußischer Traditionen oder zum Erhalt deutscher Baudenkmäler hätten damals viele als Schändung des Andenkens der Millionen Opfer des Nationalsozialismus empfunden. Die Parteiinstanzen in Kaliningrad hielten es gar nicht für nötig, den Übersiedler ein Mindestmaß an Wissen über jene Welt zu vermitteln, in der sie von jetzt an leben sollten: Die Funktionäre glaubten tatsächlich, dass es ausreichen würde, den Menschen Wohnraum, Arbeit und die notwendigen Vergünstigungen zu geben, damit sich die Probleme des Einlebens von selbst erledigten. Zudem war dies nicht das erste Mal, dass die sowjetischen Kommunisten sämtliche Brücken in die Vergangenheit abbrachen und die Geschichte von vorne beginnen ließen.

Die Ablehnung des deutschen historisch-kulturellen Erbes durch die neuen Machthaber, aber auch durch die breite Masse der sowjetischen Neusiedler, resultierte nicht zuletzt aus einer bestimmten kulturellen Konfrontation. Das ehemaligen Ostpreußen wurde eben nicht mit Bewohnern der angrenzenden baltischen Gebiete besiedelt, deren Lebensweise und kulturelle Traditionen in gewissem Maße mit denen des gesamten Ostseeraumes – und somit auch des ehemaligen Ostpreußens – übereinstimmten. Es waren vielmehr Menschen aus dem tiefsten Russland. Für diese waren die materielle Welt Ostpreußens, die menschengemachte Landschaft und die neuen Wohnformen ungewohnt und fremd.

Paradoxerweise wurde diese Sichtweise auf die Geschichte Ostpreußens – wenngleich mit entgegengesetzten weltanschaulichen Vorzeichen – auch von denjenigen Deutschen geteilt, die aus der Region deportiert wurden. Der bekannte Historiker Fritz Gause schrieb zu dieser Frage: «Die siebenhundertjährige Geschichte Königsbergs nahmen die Ausreisenden mit in ihr Vaterland. Was sie hinterließen, war Kaliningrad.» Für die ehemaligen Bewohner Ostpreußens war alles, was nach ihrer Deportation in ihrer Heimat geschah, die Geschichte eines fremden Landes und einer fremden Kultur. Es interessierte sie nicht weiter. Der Gerechtigkeit halber muss jedoch angemerkt werden, dass das Kaliningrader Gebiet für beinahe ein halbes Jahrhundert Ausländern vollständig verschlossen war und nur sehr spärliche Informationen über die dortige Lage über die Grenze gelangten.

Das Schicksal des ostpreußischen historischen Erbes wäre jedoch noch sehr viel trauriger, wenn sich nicht die Angehörigen der Kaliningrader Intelligentzia dafür engagiert hätten: Schullehrer und Hochschuldozenten, Mitarbeiter von Museen und Archiven, Journalisten, Schriftsteller, Architekten und schließlich auch Geschichtsliebhaber und Heimatkundler. Da sie bei den lokalen Machthabern keine Unterstützung fanden, wandten sie sich an Moskau, wo sie auf größeres Verständnis stießen. Ihnen ist es zu verdanken, dass schon im Jahre 1947 das Kant-Mausoleum vor der sicheren Zerstörung gerettet wurde – und somit auch die Ruine des Königsberger Domes.

Das Verhältnis zum historischen Erbe Ostpreußens sollte sich aber erst nach dem Tod Stalins im Jahre 1953 grundsätzlich ändern. Aufgrund einer örtlichen Initiative wurde vom Exekutivkomitee des Sowjets des Kaliningrader Gebietes am 22. Oktober 1956 eine Resolution «Über die Maßnahmen zur Dokumentation und zum Erhalt von historischen, archäologischen, künstlerischen und architektonischen Denkmälern» verabschiedet. Dieser Beschluss öffnete den Weg für einen Kurswechsel im Umgang mit den Denkmälern der Vorkriegszeit. Nun entstanden offizielle Listen von Denkmälern aus deutscher Zeit, die wissenschaftlich untersucht und dokumentiert wurden. Verschiedene öffentliche Gebäude, Befestigungsbauten, Burgen, Kirchen, Brücken und auch einige Skulpturen wurden unter staatlichen Schutz gestellt, und Geld wurde bewilligt (wenngleich in einem sehr bescheidenen Umfang), um Baudenkmäler zu restaurieren.

Das Ende des Chruschtschow'schen «Tauwetters» und der gesamten Epoche der antistalinistischen Liberalisierung in der zweiten Hälfte der sechziger Jahre führte zu einem neuen Zickzack-Kurs in der Kulturpolitik: Auf Beschluss der örtlichen Verwaltung und ungeachtet eines breiten gesellschaftlichen Widerstandes wurde damals die Ruine des Königsschlosses niedergerissen. Die Machthaber drängten zudem darauf, viele der deutschen Baudenkmäler wieder von den Denkmalslisten zu streichen. Dieser Rückschlag setzte sich fort, bis mit Michail Gorbatschow die Ära von Glasnost und Perestroika anbrach.

Wie auch zu Zeiten der Sowjetunion besteht im heutigen Russland ein stabiler gesellschaftlicher Konsens über die Frage, ob die als Ergebnis des Zweiten Weltkrieges entstandenen Grenzen verändert werden können. Die Gründung des Kaliningrader Gebietes im nördlichen Teil des ehemaligen Ostpreußens wird von seinen heutigen Bewohnern als ein Akt der historischen Gerechtigkeit betrachtet – als eine, wenngleich nur geringfügige, Kompensation für die Verluste, die die Nationalsozialisten der Sowjetunion zugefügt haben. In der Kaliningrader Öffentlichkeit wurde bislang nie über die Rechtmäßigkeit der Deportation der deutschen Zivilbevölkerung in den Jahren 1947/48 diskutiert. Diese Maßnahme wird bis heute allgemein als vollständig gerechtfertigte, gesetzmäßige und unausweichliche Maßnahme der sowjetischen Machthaber angesehen – als logische Schlussfolgerung aus dem Beschluss, dieses Gebiet in den Bestand der UdSSR einzugliedern. Zudem sahen sowohl die Machthaber als auch die einfachen Neusiedler in der Aussiedlung der Deutschen eine wichtige Vorbedingung, um «aus diesem Gebiet unser eigenes zu machen».

Eine solche Einschätzung schloss auch bisher nicht aus, dass auf der menschlichen Ebene Mitleid empfunden wurde. Augenzeugen der Aussiedlung in der zweiten Hälfte der vierziger Jahre bedauerten das Schicksal ihrer Bekannten, viele fanden, dass die Art und Weise, mit der die Aussiedlung vollzogen wurde, nicht menschenwürdig war, und äußerten Zweifel am wirtschaftlichen Sinn der ganzen Maßnahme. Für die Generation, die nach dem Krieg aufwuchs und den ehemaligen Bewohnern Ostpreußens nicht mehr persönlich begegnet ist, war dieses Thema aufgrund des politischen Tabus im Grunde völlig unbekannt: Die erste Arbeit, die sich mit der Deportation der Deutschen beschäftigt, wurde erst im Jahre 1994 veröffentlicht. Die Aufarbeitung dieses Themas in der russischen Wissenschaft und Öffentlichkeit ist somit längst noch nicht abgeschlossen. So wurde beispielsweise bis heute kein Versuch unternommen, die Problematik aus dem Blickwinkel der Menschenrechte zu betrachten.

Die vertriebenen deutschen Zivilisten empfanden den Verlust ihrer Heimat, der Gräber ihrer Verwandten, ihrer Elternhäuser, ihres familiären Eigentums und die Willkür der sowjetischen Behörden während der Deportation als harte Ungerechtigkeit. Nach ihrer Ankunft in Deutschland waren sie gezwungen, ohne ihre Heimat zu leben, und hatten nicht einmal die Aussicht darauf, diese überhaupt noch einmal in ihrem Leben wiederzusehen. Unterstützt durch die Regierung der Bundesrepublik, vereinigten sich die Vertriebenen in Landsmannschaften, und es gelang ihnen, besondere Formen zu finden, um mit ihrer nun in der Vergangenheit liegenden Heimat in Verbindung zu bleiben: Sie bemühten sich, Erinnerungen festzuhalten, die Geschichte ihrer Heimat zu untersuchen und die kulturellen Traditionen derjenigen Regionen zu pflegen und zu bewahren, die sie hatten verlassen müssen. Diese Fixierung auf die Vergangenheit, die im Grunde genommen nur für die Vertriebenen selbst interessant war, erschwerte in einem gewissen Maße ihre Integration und führte zu einer Art Isolation von der übrigen Bevölkerung der Bundesrepublik, die bald mit Problemen ganz anderer Art beschäftigt war.

Mit dem Zerfall der Sowjetunion und der Öffnung des Gebietes für Ausländer war es den ausgesiedelten Deutschen wieder möglich, ihre Geburtsorte zu besuchen. Anfang der neunziger Jahre begegneten die Kaliningrader den ersten «Heimwehtouristen» aus Deutschland, die bald zu Hunderten in das Gebiet strömten. Die dortigen Bewohner hörten anrührende und schreckliche Geschichten älterer Menschen, die gekommen waren, um nach Spuren ihrer alten Heimat zu suchen. Diese informellen Kontakte bewegten viele Kaliningrader dazu, ihre Region mit anderen Augen zu sehen: Das abstrakte Bewusstsein, dass dieses Gebiet einmal deutsch gewesen ist, wich plötzlich handfester Anschauung.

Die Russen begannen, sich Rechenschaft darüber abzulegen, dass diese Region auch vor dem Krieg ein lebendiges Dasein geführt hatte. Ihre neue Heimat, deren Geschichte für die Mehrheit der Neusiedler mit den Salutschüssen des Sieges von 1945 begonnen hatte, bekam plötzlich eine Vergangenheit. In der lokalen Öffentlichkeit entwickelte sich eine stürmische Auseinandersetzung um die Frage, wie man mit dem kulturellen Erbe der Deutschen umzugehen habe, wie es zu untersuchen, zu erhalten und zu entwickeln sei. Als herausragendes Beispiel mag hier die heftige und noch nicht beendete Diskussion um die Frage dienen, ob die Stadt ihren historischen Namen Königsberg zurückerhalten solle, sowie die schließlich auf höchster staatlicher Ebene gefällte Entscheidung, das 750-jährige Jubiläum der Stadtgründung zu begehen.

Seit Beginn der «Perestroika» wurde das Verbot, sich mit der Vorkriegsgeschichte der Region zu beschäftigen, schrittweise aufgehoben. Dieser Abschnitt der Vergangenheit wird nun auch an den Schulen und an der Universität gelehrt, ihm sind wissenschaftliche Konferenzen und Seminare gewidmet, und in den letzten Jahre erschien eine ganze Reihe von wissenschaftlichen Arbeiten über die Geschichte von Königsberg und Ostpreußens. 1994 begingen die Kaliningrader mit einem Festakt den 450. Jahrestag der Gründung der berühmten Albertina, und vor dem Hauptgebäude der neuen russischen Universität wurde auf dem historischen Sockel ein originalgetreuer Nachguss des verschollenen Kant-Denkmals von Christian Daniel Rauch aufgestellt. Die bedeutendste Errun-

Das «Rätehaus» in Kaliningrad – Wahrzeichen der nach dem Krieg auf den Ruinen Königsbergs neu aufgebauten Stadt. Es wurde nahe der Stelle errichtet, an der sich bis 1967 die Überreste des Königsberger Schlosses befanden.

genschaft der letzten Jahre war jedoch wahrscheinlich der Wiederaufbau des Königsberger Domes, der zum Wahrzeichen des heutigen Kaliningrad wurde.

Einige Bewohner des einstigen Ostpreußen wollten sich der Begegnung mit der eigenen Vergangenheit nicht stellen; andere verloren nach dem Besuch alle Illusionen und erkannten voller Enttäuschung, dass eine Rückkehr in das ehemalige Ostpreußen unmöglich ist. Aber viele kamen immer wieder, gewannen Bekannte und Freunde und knüpften wirtschaftliche und kulturelle Verbindungen. Ihre ehemalige Heimat, die bis zu diesem Zeitpunkt einzig in der Erinnerung fortbestand und die sich nun bis zur

Unkenntlichkeit verwandelt hatte, kehrte nun schrittweise in die Gegenwart zurück. Und diese Gegenwart ließ die ehemaligen Vertriebenen nicht gleichgültig. Ein Zeichen dafür ist der eindrucksvolle Strom humanitärer Hilfe, der sich aus Deutschland in das Kaliningrader Gebiet ergoss, als nach dem Zerfall des kommunistischen Systems eine schwere wirtschaftliche Krise ausbrach. Die Kaliningrader nahmen diese dringend benötigte Hilfe mit Dankbarkeit entgegen.

Der gesellschaftliche und politische Wandel, der in den letzten fünfzehn Jahren Russland, Deutschland und ganz Europa erfasste, machte es möglich, den Graben zu überwinden, der sich 1945 zwischen Deutschen und Russen aufgetan hatte – auch in der heiklen und immer noch schmerzlichen Frage des Schicksals der ostpreußischen Bevölkerung. Die Erfahrungen der grenzüberschreitenden Zusammenarbeit von Wissenschaftlern, Kulturschaffenden und Unternehmern, aber auch die Kontakte einfacher Menschen zeigen, dass es möglich – und absolut notwendig – ist, die schrecklichen Seiten der gemeinsamen Geschichte zu überwinden. Nicht aber, indem diese Seiten verschwiegen, Mythen und Tabus geschaffen werden, sondern indem auch die heiklen Fragen offen diskutiert werden. Schon heute, im Jahr des Gründungsjubiläums von Königsberg / Kaliningrad, wächst das Verständnis dafür, dass sich die Geschichte Ostpreußens nicht teilen lässt, dass diese Region vielmehr dazu bestimmt ist, als Brücke zu dienen, die Ost und West miteinander verbindet.

Ostpreußen, das 1945 seine staatliche Zugehörigkeit wechselte und seitdem durch neue Grenzen geteilt ist, sollte ein Archipel der Zusammenarbeit im zusammenwachsenden Europa werden – im Interesse seiner früheren und seiner jetzigen Bewohner.

Aus dem Russischen von Bert Hoppe

Zum Weiterlesen

Flucht und Vertreibung allgemein

Micha Brumlik: Wer Sturm sät. Die Vertreibung der Deutschen, Berlin 2005.

Marion Gräfin Dönhoff: Namen, die keiner mehr nennt. Ostpreußen – Menschen und Geschichte, München 1997.

Flucht und Vertreibung: Europa zwischen 1939 und 1948. Mit einer Einleitung von Arno Surminski, Hamburg 2004.

Norbert Frei: 1945 und Wir. Das Dritte Reich im Bewusstsein der Deutschen, München 2005.

Siegfried Lenz: Heimatmuseum. Roman, Hamburg 1978.

Theodor Schieder (Bearb.): Dokumentation der Vertreibung der Deutschen aus Ost-Mitteleuropa. Bonn 1953–1960.

Arno Surminski: Jokehnen oder Wie lange fährt man von Ostpreußen nach Deutschland? Roman, Berlin 2000.

Walter Ziegler (Hg.) Die Vertriebenen vor der Vertreibung. Die Heimatländer der deutschen Vertriebenen im 19. und 20. Jahrhundert. Strukturen, Entwicklungen, Erfahrungen, München 1999.

Schlesien / Polen

Klaus Bachmann / Jerzy Kranz (Hg.): Verlorene Heimat. Die Vertreibungsdebatte in Polen, Bonn 1998.

Wolfgang Benz / Georg G. Iggers / Fritz Klein u. a. (Hg.): Flucht und Vertreibung in europäischer Perspektive (= Zeitschrift für Geschichtswissenschaft 1 / 2003), Berlin 2003.

Horst Bienek: Gleiwitz. Eine oberschlesische Chronik in vier Romanen, München 2000.

Dieter Bingen/Włodzimierz Borodziej/Stefan Troebst (Hg.): Vertreibungen europäisch erinnern? Historische Erfahrungen – Vergangenheitspolitik – Zukunftskonzeptionen, Wiesbaden 2003.

Christa Blachnik: Kornblumen blühten am Wegesrand. Erinnerungen an Schlesien, Jena 1999.

Hans-Jürgen Bömelburg/Renate Stößinger/Robert Traba (Hg.): Vertreibung aus dem Osten. Deutsche und Polen erinnern sich, Olsztyn 2000.

Włodzimierz Borodziej/Hans Lemberg (Hg.): «Unsere Heimat ist uns ein fremdes Land geworden ...». Die Deutschen östlich von Oder und Neiße 1945–1950. Dokumente aus polnischen Archiven, Bd. I–IV, Marburg 2000–2004 (Oberschlesien wird in Band II von Ingo Eser behandelt).

Hartmut Broockmann/Werner Buchholz/Werner Conze u. a.: Deutsche Geschichte im Osten Europas: Schlesien, München 2002.

Stefan Chwin: Tod in Danzig. Roman, Berlin 1997.

K. Erik Franzen: Die Vertriebenen. Hitlers letzte Opfer, Mit einer Einführung von Hans Lemberg, Berlin/München 2001.

Maria Frisé: Meine schlesische Familie und ich. Erinnerungen, Berlin 2004.

Helga Hirsch: Die Rache der Opfer. Deutsche in polnischen Lagern 1944–1950, Berlin 1998.

Dorothea Koch-Thalmann: Mein Dorf oder die Reise rückwärts. Geschichten einer Kindheit in Schlesien zwischen 1932 und 1946, Dortmund 2000.

Ekkehard Kuhn: Schlesien. Brücke in Europa, Berlin 1996.

Gregor Thum: Die fremde Stadt. Breslau 1945, München 2003.

Thomas Urban: Der Verlust. Die Vertreibung der Deutschen und Polen im 20. Jahrhundert, München 2004.

Sudetenland / Tschechoslowakei

Adrian von Arburg: Patentrezept Zwangsumsiedlung. Tschechoslowakische Bevölkerungspolitik im mitteleuropäischen Vergleich 1945–1954, in: Matthias Niedobitek/Frank-Lothar Kroll (Hg.): Vertreibung und Minderheitenschutz, Berlin 2005 (Chemnitzer Europastudien – im Druck).

Detlef Brandes/Václav Kural (Hg.): Der Weg in die Katastrophe. Deutschtschechoslowakische Beziehungen 1938–1947, Essen 1994 (Veröffentlichungen des Instituts für Kultur und Geschichte der Deutschen im östlichen Europa, 3).

Detlef Brandes/Edita Ivaničková/Jiří Pešek (Hg.): Erzwungene Trennung, Vertreibungen und Aussiedlungen in und aus der Tschechoslowakei 1938–1947 im Vergleich mit Polen, Ungarn und Jugoslawien, Essen 1999 (Veröffentlichungen der Deutsch-Tschechischen und Deutsch-Slowakischen Historikerkommission, 8; Veröffentlichungen zur Kultur und Geschichte im östlichen Europa, 15).

Jaroslav Durych: Gottes Regenbogen, Stuttgart 1999.

Hugo Fritsch: Hugo das Delegationskind. Autobiographische Dokumentation. Schicksal eines Zwölfjährigen über Flucht, Vertreibung und Tod seiner Familie, Oberaudorf [2. Aufl. unter dem Titel: «Als Beneš meine Familie zerstörte ... Eine autobiographische Dokumentation», Eichendorf 2003].

Peter Härtling: Große, kleine Schwester. Roman, Köln 1998.

Emilia Hrabovec: Vertreibung und Abschub. Deutsche in Mähren 1945–1947, Frankfurt/Main u. a. 1995 (Wiener Osteuropa-Studien, 2).

Nähe und Ferne. Deutsche, Tschechen und Slowaken, Begleitbuch zur gleichnamigen Ausstellung, Stiftung Haus der Geschichte der Bundesrepublik/Zeitgeschichtliches Forum Leipzig und Edition Leipzig, 2004.

Odsun. Die Vertreibung der Sudetendeutschen. Begleitband zur Ausstellung, Sudetendeutsches Archiv (Hg.), München 1995.

Petr Pithart/Petr Příhoda (Hg.): Die abgeschobene Geschichte. Ein politisch-historisches Lesebuch. Deutsch von Otfrid Pustejovsky und Gudrun Heisig, München 1999.

Tomáš Staněk: Verfolgung 1945. Die Stellung der Deutschen in Böhmen, Mähren und Schlesien (außerhalb der Lager und Gefängnisse), Wien u. a. 2002 (Buchreihe des Instituts für den Donauraum und Mitteleuropa, 8).

Barbara von Wulffen: Urnen voll Honig. Böhmen – Aufbruch in eine verlorene Zeit, Frankfurt 1989.

Ostpreußen

Anatolij P. Bachtin / Gerhard Doliesen: Vergessene Kultur. Kirchen in Nord-Ostpreußen. Eine Dokumentation, Lüneburg 1998.

Fritz Gause: Die Geschichte der Stadt Königsberg in Preußen. Bd. I. 3. ergänzte Auflage; Bd. II und III. 2. ergänzte Auflage. Köln / Weimar / Wien 1996.

Bert Hoppe: Auf den Trümmern von Königsberg. Kaliningrad 1946–1970, München 2000 (Schriftenreihe der Vierteljahrshefte für Zeitgeschichte, Bd. 80).

Ulla Lachauer: Die Brücke von Tilsit. Begegnungen mit Preußens Osten und Russlands Westen, Reinbek 1994.

Ulla Lachauer: Ostpreußische Lebensläufe, Hamburg 1998.

Eckhard Matthes (Hg.): Als Russe in Ostpreußen. Sowjetische Umsiedler über ihren Neubeginn in Königsberg / Kaliningrad nach 1945, Stuttgart 1999.

Ruth Kibelka: Ostpreußens Schicksalsjahre 1944–1948, Berlin 2001.

Michael Wieck: Zeugnis vom Untergang Königsbergs. Ein «Geltungsjude» berichtet, Heidelberg 2001 (Beschreibung der Jahre 1933–1948).

Peter Wörster: Das nördliche Ostpreußen nach 1945. 3 Teile, hg. v. Johann-Gottfried-Herder-Institut, Marburg 1978–1980.

Manfred Zeidler: Kriegsende im Osten. Die Rote Armee und die Besetzung Deutschlands östlich von Oder und Neiße 1944 / 45, München 1996 (Wichtiges Buch, das auf die Frage der Ursachen für die Gewalttaten der Rotarmisten eingeht).

Über die Autoren

Adrian von Arburg, geboren 1974, studierte Geschichte an den Universitäten Bern, Wien und der Karls-Universität Prag. Dissertation über die Situation der Deutschen in den böhmischen Ländern von 1945 bis 1953. Zahlreiche Veröffentlichungen zur Geschichte der tschechischen Siedlungspolitik nach 1945. Seit 2004 wissenschaftliche Mitarbeit im Editionsprojekt Migration und Transformation. Dokumente zu Vertreibung, Zwangsaussiedlung und Neubesiedlung in den böhmischen Ländern, 1945–1950.

Włodzimierz Borodziej, geboren 1956, ist Professor für Zeitgeschichte an der Universität Warschau und polnischer Co-Vorsitzender der Deutsch-Polnischen Schulbuchkommission. Letzte Veröffentlichungen u. a. (Hg., mit Hans Lemberg): «Unsere Heimat ist uns ein fremdes Land geworden ...» Die Deutschen östlich von Oder und Neiße 1945–1950, Marburg 2000–2004; Der Warschauer Aufstand 1944 (Frankfurt/M. 2004) und (als Herausgeber) Polskie Dokumenty Dyplomatyczne 1972, Warszawa 2005.

Juri Kostjaschow, geboren 1955 in Jurga (Sibirien), studierte Geschichte mit Schwerpunkt Osteuropa an der Moskauer Universität. Nach der Promotion wechselte er 1981 an die Universität Kaliningrad, wo er seit 1999 als Professor für Neue Geschichte lehrt. Zu seinen Interessenschwerpunkten gehören die Geschichte Ostpreußens und die Nachkriegsgeschichte des Kaliningrader Gebiets. Unter seiner Leitung wurden im Rahmen eines Forschungsprojekts 1990/91 mehr als 200 Zeitzeugen zu ihren Erlebnissen in der Nachkriegszeit und zu ihrer Biographie befragt – auf Deutsch erschienen unter dem Titel «Als Russe in Ostpreußen: Sowjetische Umsiedler über ihren Neubeginn in Königsberg / Kaliningrad nach 1945», hg. von Eckhard Matthes, Ostfildern 1999.

Ulla Lachauer, geboren 1951, Historikerin, arbeitet als freie Journalistin und Dokumentarfilmerin. Zahlreiche Buchveröffentlichungen, u. a. Die Brücke von Tilsit. Begegnungen mit Preußens Osten und Russlands Westen (Rowohlt 1994), Paradiesstraße. Lebenserinnerungen der ostpreußischen Bäuerin Lena Grigoleit (Rowohlt 1997), Ostpreußische Lebensläufe (Rowohlt 1998) und Ritas Leute. Deutsch-russische Familiengeschichte. (Rowohlt 2002). Ulla Lachauer lebt in Mannheim.

Hans-Dieter Rutsch, geboren 1954, studierte Germanistik und Geschichte in Potsdam. Seit 1986 Arbeit als Dramaturg, Autor und Regisseur beim DEFA Studio für Dokumentarfilme in Babelsberg, 1995 Mitbegründer von Havel-Film Babelsberg. Er realisierte über fünfzig Dokumentationen, Features und Reportagen.

Beate Schlanstein, geboren 1961, ist stellvertretende Leiterin der Programmgruppe Gesellschaft / Dokumentation des Westdeutschen Rundfunks, verantwortlich für die Programme im Bereich Geschichte / Zeitgeschichte. Studium der Romanistik, Anglistik, Politikwissenschaft und Geschichte in Bochum, Paris und Hamburg. Autorin zahlreicher Filmdokumentationen zu historischen Themen, u. a. über die Zuwanderung der Polen ins Ruhrgebiet. Seit 1998 regelmäßig Lehraufträge über die Vermittlung und Darstellung von Geschichte im Fernsehen.

Christian Schulz, geboren 1967, studierte Slawistik und Kommunikationswissenschaft in Göttingen und Leipzig. Seit 1991 zunächst als freier Autor im Printbereich tätig, arbeitet er seit 1995 als Reporter für das Fernsehen. Von 1997 bis 2000 war er als Korrespondent in Moskau tätig. Seitdem hat er zahlreiche TV-Dokumentationen für ARD, MDR, WDR, NDR, ZDF, arte u. a. mit den Schwerpunkten Ex-Sowjetunion und Zeitgeschichte realisiert. Er lebt als Regisseur und Buchautor in Leipzig.

Deutsche Gebietsverluste

NORWEGEN
Oslo
Stavanger

Skagerrak

SCHWEDEN

Nordsee

Kattegat

Öland

DÄNEMARK

Karlskrona

Kopenhagen

Schleswig
10.2.1920

Rügen

Pommern

Hamburg

Bromber

NIEDERLANDE
Amsterdam

Berlin

Posen

BELGIEN
Brüssel

Posen

Breslau

Köln

DEUTSCHES
REICH

Schlesien

Eupen-
24.7.1920
Malmedy

Leipzig

Weimar

Gablonz

Groß
Döb

LUX.
13.1.1935
Saarland

Sudetenland

Frankfurt

Saarbrücken

Prag

Elsaß-

Nürnberg

TSCHECHO-

1919

Straßburg

Lothringen

Donau

Brünn

FRANKREICH

Dijon

München

Linz

Wien

SCHWEIZ

ÖSTERREICH

Burgen-
land

Genf

Kärnten

Drau

Lyon

Südtirol

Mailand

ITALIEN

Kroatien

JUGO-
SLAWIEN

Venedia

0   50   100 km

Europa 1937

FINNLAND
Ladogasee
● Helsinki
● Leningrad
Åland
1921–35
neutralist.

● Tallinn
Narva ●

Dagö

ESTLAND
Peipussee

Ilmensee

Ösel

Ostsee

otland

LETTLAND

● Riga

Düna

LITAUEN
● Polozk
Memel ●
● Witebsk

Memelgebiet
1923

Weißrussische
SSR

● Kaunas

reie Stadt
Danzig
Königsberg ●
● Wilna
Tollmingkehmen ○
● Minsk

Ostpreußen
● Suwalki
Wilna-
gebiet

SOWJETUNION

West-
reußen
● Białystok

● Thorn

Weichsel

Bug

● Warschau
● Brest-Litowsk

● Lodz
POLEN

● Lublin

● Rowno

● Kiew

● Krakau
● Lemberg

Dnjepr

Ukrainische SSR

SLOWAKEI

Dnjestr

Bug

● Tschernowitz

● Budapest

Transnistrien

UNGARN
RUMÄNIEN
Pruth

Bessarabien
1918/20

Schwarzes
Meer

Deutsche Gebietsverluste

Saarland (seit 1946 franz. Zoll- und Wirtschaftsgebiet; 1.1.1957 Land der Bundesrepublik Deutschland)

Nordsee

NORWEGEN

Oslo

Stavanger

Stockholm

Skagerrak

SCHWEDEN

Kattegat

Öland

DÄNEMARK

Karlskrona

Kopenhagen

Rügen

Hamburg

Pommern

Szczec

unter poln. Verwaltung

Bydgoszcz

Amsterdam

NIEDERLANDE

Berlin

DDR
1949

Posnań

unter poln. Verwaltung

Brüssel

DEUTSCHLAND
1949

Köln

Leipzig

Wrocław

Schlesien

BELGIEN

Bonn

Weimar

**Jablonec
nad Nisou**

**Dobrzeń
Wiel**

LUX.

Frankfurt

Rhein

Sudetenland

Prag

Saarbrücken

Nürnberg

TSCHECHO-
1948 VR

Straßburg

Donau

Brünn

FRANKREICH

Dijon

München

Linz

Wien

SCHWEIZ

ÖSTERREICH

Genf

Drau

Lyon

ITALIEN

JUGO-
SLAWIEN
1945 Förderative VR

Mailand

Triest
1947–54

Venedig

0 50 100 km

Europa 1949

S 36/4

Thema Drittes Reich bei rororo

«Der Schoß ist fruchtbar noch, aus dem das kroch.»
Bertolt Brecht

Ian Kershaw: Der NS-Staat
*Geschichtsinterpretationen und
Kontroversen im Überblick*
rororo 60796

**Christopher R. Browning
Ganz normale Männer**
*Das Reserve-Polizeibataillon 101
und die «Endlösung» in Polen*
rororo 60800

**Christopher R. Browning
Der Weg zur «Endlösung»**
Entscheidungen und Täter
rororo 61344

**Hellmut G. Haasis
«Den Hitler jag' ich in die Luft»**
*Der Attentäter Georg Elser.
Eine Biographie.* rororo 61130

**Stefan Aust/Gerhard Spörl (Hg.)
Die Gegenwart der Vergangen-
heit.** *Der lange Schatten des
Dritten Reiches.* rororo 60936

**Fritz Blankenhorn
...und fahr'n wir ohne Wieder-
kehr.** *Von Ostpreußen nach
Sibirien 1944–1949.* rororo 23548

**Uwe Bahnsen/J.P. O'Donnell
Die Katakombe – Das Ende in
der Reichskanzlei**
rororo 61696

**Joachim Fest
Der Untergang**
*Hitler und das Ende des Dritten
Reiches. Eine historische Skizze*

rororo 61537

Weitere Informationen in der Rowohlt Revue *oder unter* www.rororo.de